市政工程施工标准化指导手册

市政桥梁工程施工标准化指导手册

Standardized Instruction Manual for Construction of Municipal Bridge Engineering

陕西华山路桥集团有限公司
张　伟　刘军涛
编著

中国建筑工业出版社

图书在版编目（CIP）数据

市政桥梁工程施工标准化指导手册 = Standardized Instruction Manual for Construction of Municipal Bridge Engineering / 张伟，刘军涛编著 . -- 北京：中国建筑工业出版社，2025. 6. -- (市政工程施工标准化指导手册). -- ISBN 978-7-112-31353-2

Ⅰ. U445-65

中国国家版本馆 CIP 数据核字第 2025QB8341 号

责任编辑：李玲洁
责任校对：党　蕾

市政工程施工标准化指导手册
市政桥梁工程施工标准化指导手册
Standardized Instruction Manual for Construction of Municipal Bridge Engineering
陕西华山路桥集团有限公司
张　伟　刘军涛　编著
*
中国建筑工业出版社出版、发行（北京海淀三里河路9号）
各地新华书店、建筑书店经销
北京点击世代文化传媒有限公司制版
临西县阅读时光印刷有限公司印刷
*
开本：850毫米×1168毫米　1/32　印张：11　字数：316千字
2025年6月第一版　2025年6月第一次印刷
定价：**128.00**元
ISBN 978-7-112-31353-2
（45331）

如有内容及印装质量问题，请与本社读者服务中心联系
电话：（010）58337283　QQ：2885381756
（地址：北京海淀三里河路9号中国建筑工业出版社604室　邮政编码：100037）

编委会

前 言

为进一步提升市政桥梁工程施工标准化水平，陕西华山路桥集团有限公司编著了《市政桥梁工程施工标准化指导手册》（以下简称本手册）。在编制过程中，编制组进行了深入的调查研究和专题研讨，总结了市政桥梁工程施工与质量验收的实践经验，参考了国内外相关规范，并以多种形式广泛征求了基层单位的意见，最后经多次审核修订成书。

本手册的主要内容包括：第 1 章桩基础、第 2 章承台、第 3 章墩身、第 4 章盖梁、第 5 章桥台、第 6 章支座系统、第 7 章预制混凝土梁、第 8 章现浇混凝土梁、第 9 章钢结构桥梁、第 10 章系杆拱桥、第 11 章桥面系、第 12 章附属结构。

本手册由陕西华山路桥集团有限公司负责解释。读者在使用本手册过程中，如有意见或建议请反馈给陕西华山路桥集团有限公司（地址：陕西省西安市国际港务区港兴二路 5699 号招商局丝路中心南区 3 号楼），以便今后修订时参考。

目　录

第 1 章　桩基础 001

1.1　人工挖孔桩 001

1.2　机械成孔 005

1.3　钢筋笼施工 018

1.4　混凝土灌注施工 024

1.5　桩头破除 028

1.6　沉入桩 029

第 2 章　承台 039

2.1　基坑 039

2.2　承台施工 068

第 3 章　墩身 084

3.1　墩身翻模施工 084

3.2　墩身爬模施工 089

3.3　空心薄壁墩施工 096

第 4 章　盖梁 103

4.1　工艺流程 103

4.2　施工要点 103

4.3　控制措施 122

第 5 章 桥台 125
5.1 台身施工 125
5.2 台背施工 130

第 6 章 支座系统 132
6.1 垫石施工 132
6.2 支座安装 138

第 7 章 预制混凝土梁 148
7.1 预制混凝土梁施工 148
7.2 预制混凝土梁的运输与安装 167
7.3 先简支后连续桥梁体系转换施工 174

第 8 章 现浇混凝土梁 178
8.1 悬臂浇筑施工 178
8.2 现浇梁施工 193

第 9 章 钢结构桥梁 215
9.1 钢箱梁施工 215
9.2 钢桁梁施工 245
9.3 钢混叠合梁施工 275

第 10 章 系杆拱桥 292
10.1 混凝土拱桥施工（上承式） 292
10.2 钢管（钢箱）混凝土系杆拱桥施工（中承式） 297

第 11 章　桥面系 311
11.1　桥面防排水设施 311
11.2　桥面铺装层 313
11.3　桥面伸缩装置 314
11.4　地袱、缘石、挂板 317
11.5　桥梁防护设施 318
11.6　人行道 319

第 12 章　附属结构 323
12.1　隔声和防眩装置 323
12.2　梯道 327
12.3　桥头搭板 332
12.4　照明 336

参考文献 343

第1章　桩基础

1.1　人工挖孔桩

1.1.1　工艺流程

平整场地→测量定位→孔口护圈→分层开挖及护壁→成孔检测→下钢筋笼→灌注混凝土→检查验收。

1.1.2　施工要点

1 孔口处应设置高出地面不小于300mm的护圈，并应设置临时排水沟，防止地表水流入孔内（图1-1）。

图1-1　孔口护圈

2 群桩挖孔施工时相邻两桩孔不得同时开挖，宜间隔交错跳挖。

3 护壁可采用现浇钢筋混凝土、预制混凝土护圈或钢护筒。挖孔作业时，挖一节必须浇筑一节护壁，护壁的节段高度必须严格按专项施工方案执行，严禁只挖但不及时浇筑护壁的冒险作业。钢护筒、预制护圈护壁外侧与孔壁间应填实，不得有空洞（图 1-2）。

图 1-2　护壁施工

4 桩孔直径应符合设计规定，孔壁支护不得占用桩径尺寸。挖孔过程中，应经常检查桩孔尺寸、平面位置和竖轴线倾斜情况，如偏差超出规定范围应随时纠正。

5 挖孔达到设计高程并经确认后，应将孔底松渣、杂物和沉淀泥土等清除干净。当孔底地质与设计要求不符时，应进一步探明孔底以下的地质能否满足设计要求，并采取处置措施（图 1-3）。

图 1-3　开挖成孔

6 挖孔灌注桩在成孔过程及终孔后，应对桩孔的孔位、孔径、孔形、孔深、沉渣厚度和倾斜度进行检验（图 1-4）。

图 1-4　桩孔检验

1.1.3　安全保证措施

1 施工前应编制专项施工方案，并应对作业人员进行安全技术交底。

2 孔内的作业人员必须佩戴安全帽、系好安全带，作业人员上下时必须系好安全绳，孔口应设置防坠器。

3 孔内应设防水带罩灯泡，电压应为安全电压（通常为 36V，潮湿环境或大面积导电环境为 24V 或 12V），电缆应为防水绝缘电缆，并应设置漏电保护器。当设置水泵、电钻等动力设备时，电缆应严格接地（图 1-5）。

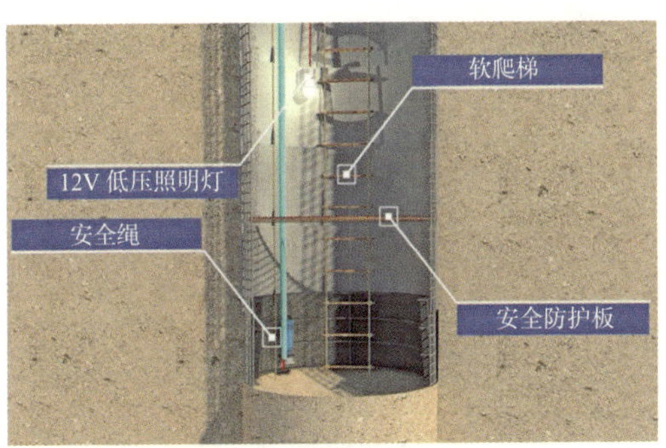

图 1-5　孔内安全防护

4 人工挖孔作业前，应对孔内有毒有害气体检测，当孔深大于 10m 或空气质量不符合要求时，孔内作业必须采取强制通风措施（图 1-6）。

图 1-6　孔内有害气体检测

5 桩孔内如遇岩层需要进行爆破作业时，应编制爆破专项设计方案，宜采用浅眼松动爆破法，并应严格控制炸药用量，在炮眼附近应对孔壁加强防护或支护。桩孔内爆破后，应先通风排烟，经检查确认无有害气体后，方可进入孔内继续作业。爆破作业的安全管理应符合现行国家标准《爆破安全规程》GB 6722 的有关规定。

6 孔下施工作业人员不得超过 2 人，孔口必须有监护人。井下作业时，须实时观察井壁情况，发现异常应立即通报，孔口应设置安全围栏和安全禁区标牌，严禁堆放杂物和行走机械。非作业时间孔口应设置罩盖，夜间施工时孔口应设置警示红灯（图 1-7）。

图 1-7　孔口安全防护

1.2 机械成孔

1.2.1 冲击钻钻孔

1 工艺流程

平整场地→测量定位→护筒埋设→钻机就位→泥浆制备→钻孔施工→成孔检测→一次清空→钢筋笼制作、安装→安装导管→二次清空→灌注混凝土→拆除钢护筒→检测验收。

2 施工要点

1）钻孔施工准备工作应符合下列规定：

（1）桩位位于旱地时，可在原地适当平整并填土压实形成工作平台。

（2）在浅水中，宜用筑岛法施工。

（3）在深水中，宜搭设平台。如水流平稳，钻机可设在船上，船必须锚固稳定。

（4）制浆池、储浆池、沉淀池宜设在桥梁的下游，也可设在船上或平台上。

2）护筒的设置应符合下列规定：

（1）护筒宜采用钢板卷制。在陆上或浅水区筑岛处的护筒，其内径应大于桩径至少200mm，壁厚应能使护筒保持圆筒状且不变形（图1-8）。

图1-8 桩位测定

（2）在旱地和筑岛处设置护筒时，可采用挖坑埋设法，且护筒的底部和四周应采用黏质土回填并分层夯实，使护筒底口处不致漏失泥浆；在水中沉设护筒时，宜采用导向架定位，并应采取有效措施保证其平面位置、倾斜度的准确性，以及护筒连接处的焊接质量，焊接连接处的内壁应无凸出物，且应耐拉、耐压，不漏水。

（3）护筒顶宜高于地面 0.3m 或水面 1.0 ~ 2.0m，同时应高于桩顶设计高程 1.0m。在有潮汐影响的水域，护筒顶应高出施工期最高水位 1.5 ~ 2.0m，并应在施工期间采取稳定孔内水头高度的措施；当桩孔内有承压水时，护筒顶应高于稳定后的承压水位 2.0m 以上（图 1-9）。

图 1-9　护筒埋设、复测

（4）护筒的埋置深度应根据设计要求或桩位的水文、地质情况经计算确定。对有冲刷影响的河床，护筒宜沉入施工期局部冲刷线以下 1.0 ~ 1.5m，且宜采取防止河床在施工期被过度冲刷的防护措施。

（5）排渣口位置宜设置在便于排渣和清运的位置，排渣口的尺寸和坡度应保证排出钻渣并能顺利流入排渣池。

3）钻孔施工应符合下列规定：

（1）钻孔时，孔内水位宜高出护筒底脚 0.5m 以上或地下水位以上 1.5 ~ 2.0m。

（2）钻机宜选用装有自动控制系统的设备，钻孔应连续成孔，不得中途停顿。

（3）钻孔中出现塌孔时，可采用增加泥浆的相对密度，回填黏土、石渣等措施后继续钻进；钻孔偏斜、弯曲时，可调整钻机在原位反复扫孔，钻孔正常后继续钻进；钻孔发生严重偏斜、弯曲，或出现梅花孔、探头石时，应回填重钻；出现缩孔时，可增加孔内泥浆量或泥浆的相对密度，采用上下反复扫孔的方法恢复孔径；冲击钻钻孔发生卡钻时，应采取措施，使钻头松动后再提起。

（4）采用冲击钻成孔时，应小冲程开孔，并应使初成孔的孔壁坚实、竖直、圆顺，能起到导向的作用。待钻进深度超过钻头全高加冲程后，方可进行正常的冲击。冲击钻在钻进过程中，应采取有效措施防止塌孔；排渣和停钻时，应及时向孔内补浆，保持水头高度。

4）钻孔泥浆应符合下列规定：

（1）泥浆材料可采用：黏土、膨润土等材料进行制备。泥浆的配合比和配制方法宜通过试验确定，其性能应与钻孔方法、土层情况相适应。泥浆性能指标应符合表1-1的规定。

泥浆性能指标（冲击钻孔）　　表1-1

钻孔方法	地层情况	相对密度	黏度（Pa·s）	含砂率（%）	胶体率（%）	失水率（mL/30min）	泥皮厚度（mm/30min）	静切力（Pa）	pH
冲击钻孔	易塌地层	1.20～1.40	22～30	≤4	≥95	≤20	≤3	3.0～5.0	8～11

注：1. 地下水位高或其流速大时，指标取高限，反之取低限。
2. 地质状态较好，孔径或孔深较小的取低限，反之取高限。

（2）钻孔过程中，应随时对孔内泥浆的性能进行检测，不符合要求时应及时调整（图1-10～图1-12）。

（3）钻孔桩施工宜采用泥浆分离器进行泥浆循环，处理后重复使用，减小排放量（图1-13）。

（4）施工完成后，废弃的泥浆应采取先集中沉淀再处理的措施，严禁随意排放，污染环境。

图 1-10　泥浆含砂率检测

图 1-11　泥浆黏度检测

图 1-12　泥浆相对密度检测

图 1-13　泥浆分离器施工

5）清孔应符合下列规定：

（1）钻孔深度达到设计高程后，应对孔深、孔径和孔的倾斜度进行检验，符合要求后方可清孔（图 1-14）。

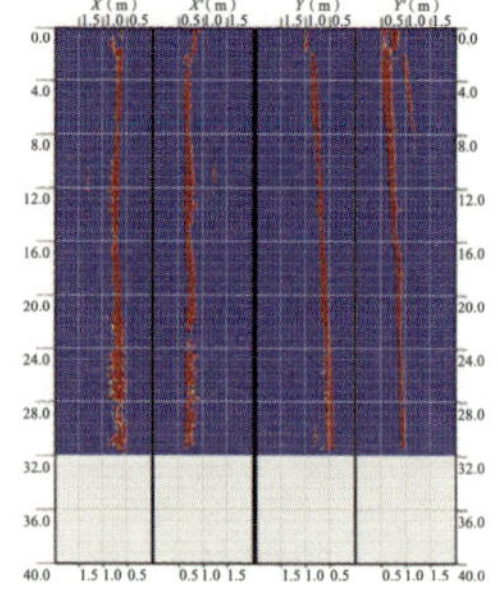

图 1-14　孔深、孔径、孔的倾斜度检查（超声波成孔质量检测仪）+ 影像图

（2）清孔时，必须保持孔内水头高度，防止塌孔（图 1-15）。

（3）清孔后，泥浆的相对密度宜控制在 1.03 ~ 1.15，黏度宜在 17 ~ 20Pa · s，含砂率宜小于 2%，胶体率宜大于 98%。对于砂卵石层等易塌孔特殊地质环境，泥浆的相对密度、黏度应根据实际情况确定。孔底沉淀厚度应不大于设计规定。

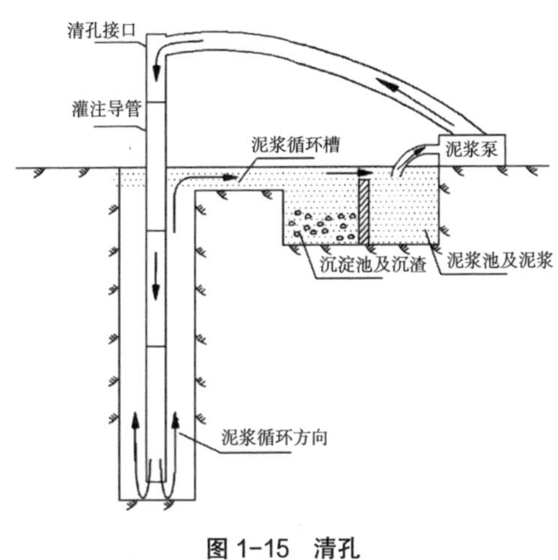

图 1-15　清孔

（4）在吊入钢筋骨架后，灌注水下混凝土之前，应再次检查孔内泥浆的性能指标和孔底沉淀厚度，如超过规定值，应进行第二次清孔，符合要求后方可灌注水下混凝土。

（5）不得采用加深钻孔深度的方式代替清孔。

3 安全、环境保护保证措施

1）钻孔灌注桩施工前应制定环境保护方案，施工过程中产生的泥浆及钻渣应及时清运，不得随意排放（图 1-16）。

2）邻近堤防及其他水利、防洪设施进行灌注桩施工时，应符合相关部门的规定。

3）施工暂停时，应对孔口进行遮蔽防护，防止人员或物件坠入孔内（图 1-17）。

图 1-16　泥浆清运

图 1-17　孔口防护

4）泥浆池临边应设置硬质防护栏，防护栏埋设位置距泥浆池边缘不得小于 500mm，护栏高度不得低于 1200mm，并应设置安全警示标识牌（图 1-18）。

图 1-18　泥浆池防护

1.2.2　旋挖钻孔桩

1 工艺流程

平整场地→测量定位→护筒埋设→钻机就位→钻孔施工→成孔检测→一次清空→钢筋笼制作、安装→二次清空→灌注混凝土→拆除钢护筒→检测验收。

2 施工要点

1）钻孔施工准备工作除满足冲击钻相关施工要求外，还应符合下列规定：

泥浆材料可采用黏土、膨润土、化学泥浆等材料制备。化学泥浆应在泥浆池提前造浆，待反应充分后方可使用。

2）护筒的设置除满足冲击钻施工规定外，出现大直径、超长灌注桩时，钢护筒制作和设置还应符合下列要求（图 1-19、图 1-20）：

图 1-19　埋设护筒

图 1-20　旋挖钻孔桩施工

（1）钢护筒的内径宜根据设计桩径，并考虑护筒的长度、设置倾斜率和平面位置允许误差等因素综合确定。

（2）钢护筒的壁厚宜按刚度要求经计算确定。当钢护筒长度大于 10m，且需要锤击或振动下沉时，其壁厚比宜不大于 120。

（3）钢护筒制作加工时，其椭圆度应小于 d/100，且不大于 30mm；直径的允许偏差应为 ±10mm；筒体端面的倾斜度最大允许偏差为 3mm；纵轴线弯曲矢高应不大于护筒长度的 0.1%，且不大于 30mm；钢护筒对接时的错边量应不大于 0.2 倍的钢板厚度，且不大于 4mm。

（4）在制作、运输时，在每节钢护筒上下口内壁的径向宜布置一组或多组单向临时加劲撑架，且撑架本身应具有足够的刚度。

（5）塌孔不严重时，可增加泥浆的相对密度继续钻进，严重时必须回填重钻。

（6）出现流砂现象时，应增加泥浆的相对密度，提高孔内压力，或用黏土、砂浆等处理。

（7）钻孔时，应严格控制钻进和提钻速度，起落钻头速度应均匀，不得过猛或骤然变速，减少对孔壁的扰动。遇到砂卵石层地质时，可采用双护筒保护措施。

（8）当遇到砂层地质时，宜选择单牙轮或双牙轮平底钻头。当遇到岩石地层时可根据岩石的种类、硬度选择金刚石或硬质合金钻头。

3）钻孔泥浆除满足冲击钻施工规定外还应符合下列规定：

泥浆的配合比和配制方法宜通过试验确定（图 1-21、图 1-22），其性能应与钻孔方法、土层情况相适应。泥浆性能指标应符合表 1-2 的规定。

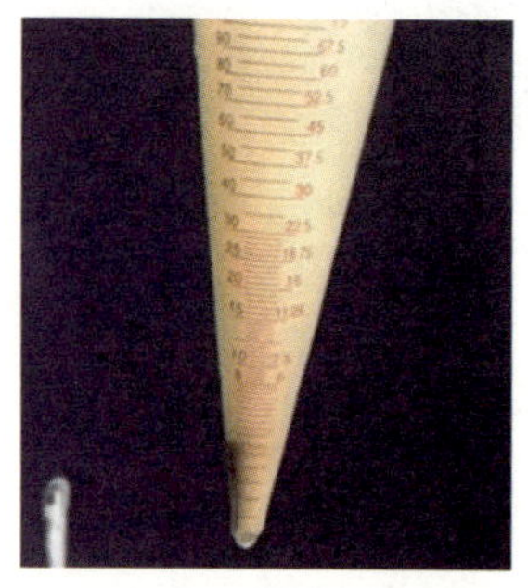

图 1-21　泥浆含砂率检测

图 1-22　泥浆相对密度检测

泥浆性能指标（旋挖钻孔）　　表 1-2

钻孔方法	地层情况	相对密度	黏度（Pa·s）	含砂率（%）	胶体率（%）	失水率（mL/30min）	泥皮厚度（mm/30min）	静切力（Pa）	pH
旋挖钻孔	一般地层	1.02～1.10	18～22	≤ 4	≥ 95	≤ 20	≤ 3	1.0～2.5	8～11

注：1. 地下水位高或其流速大时，指标取高限，反之取低限。

2. 地质状态较好，孔径或孔深较小的取低限，反之取高限。

使用旋挖钻机专用高效聚合物化学泥浆，相对密度小、含砂率极低、黏度高、渗透能力强、清洁环保；这种化学泥浆制浆速度快，护壁效果好，沉淀凝聚速度快，无污染，可有效控制沉渣厚度、增强桩基承载力、降低灌注难度及施工成本（图 1-23）。

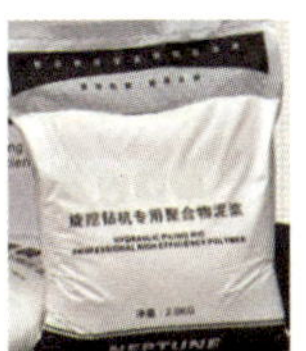

图 1-23　旋挖钻机专用聚合物泥浆

化学泥浆性能指标见表 1-3。

化学泥浆性能指标参考　表 1-3

地层状况	泥浆密度（kg/m^3）	黏度（Pa·s）
黏土与页岩	0.2 ~ 0.6	18 ~ 30
淤泥，细砂到中砂	0.3 ~ 0.7	20 ~ 32
粗砂，较小的砾石	0.4 ~ 0.9	22 ~ 35
卵砾石	0.5 ~ 1.1	24 ~ 45

孔深、孔径、孔的倾斜度检查如图 1-24 所示。

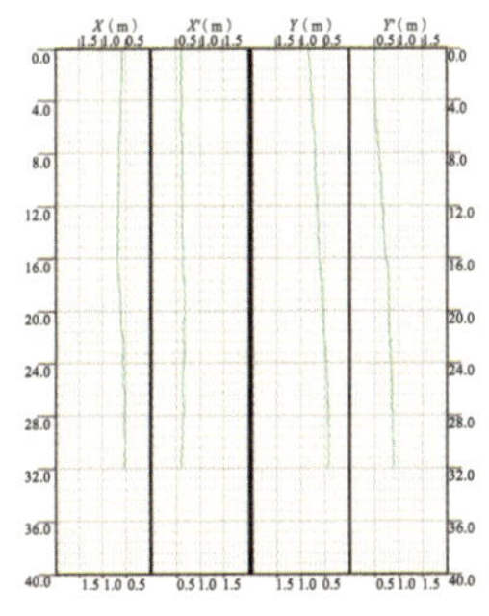

图 1-24　孔深、孔径、孔的倾斜度检查（超声波成孔质量检测仪）

1.2.3 正、反循环钻孔桩

1 工艺流程

平整场地→测量定位→护筒埋设→钻机安装、就位→泥浆制备→钻孔施工→成孔检测→一次清空→钢筋笼制作、安装→安装导管→二次清空→灌注混凝土→拆除钢护筒→检测验收（图 1-25、图 1-26）。

图 1-25　正循环回转钻进成孔法

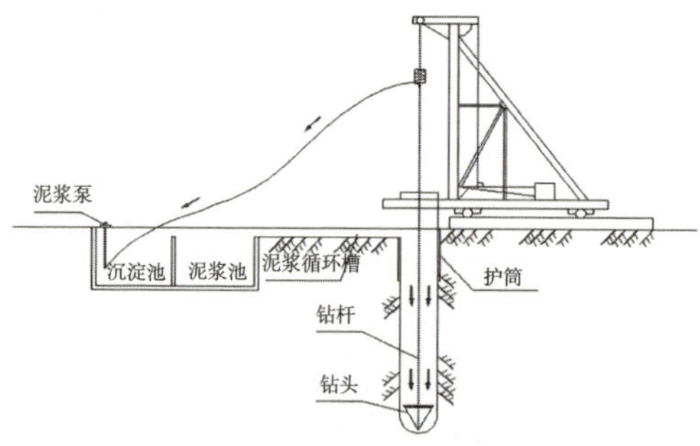

图 1-26　反循环回转钻进成孔法

2 施工要点

1）钻孔施工准备工作除满足冲击钻施工规定外还应符合下列规定：

（1）现场宜设置钢泥浆箱，泥浆池组（回浆用沉淀池、泥浆储备池等）容量为钻孔容积的1.5～2.0倍，在泥浆箱底部及四周确保泥浆不能外流。

（2）桩基施工前对灌注桩用混凝土导管进行水密承压试验，确保灌注质量。

（3）钻机就位后应使钻头中心、钻杆、转盘孔中心、起吊滑轮在同一铅垂线上，钻头中心与设计桩位中心一致，钻机底盘保持水平，在钻进过程中要经常检查钻机是否有倾斜、移位，如有应及时调整。

2）护筒的设置除满足冲击钻施工规定外还应符合下列规定：

旱地、筑岛处护筒可采用挖坑埋设法，护筒底部和四周所填黏质土必须分层夯实。水域护筒设置，应严格注意平面位置、竖向倾斜、倾斜角和两节护筒的连接质量均须符合要求。沉入时可采用压重、振动、锤击并辅以筒内除土的办法。

3）钻孔施工应符合下列规定：

（1）开钻时低挡位慢速钻进，以保证桩位准确性，在砂土层中应慢速钻进，通过调节钻压、转速、泥浆指标等参数来控制钻进成孔速度，防止孔斜、缩径、塌孔等现象的产生。

（2）开钻时慢速钻进，待钻头全部进入地层后，加速钻进。

（3）钻进过程中，采用纵横十字线控制桩位，钻机工每班、测量组隔天校正桩位、垂直度，确保桩的桩位、垂直度满足规范、验标要求。

（4）采用正、反循环回旋钻机（含潜水钻）钻孔时，宜根据成孔的不同阶段、不同地层及岩层坡面等情况，采取不同的钻进工艺。减压钻进时，钻机的主吊钩始终应承受部分钻具的重力，孔底承受的钻压应不超过钻具重力之和（扣除浮力）的80%。

（5）在钻孔排渣、提钻头除土或因故停钻时，应保持孔内水位及泥浆的相对密度和黏度。处理孔内事故或因故停钻时，必须将钻头提出孔外。

（6）出现钻孔偏斜，宜调整钻机姿态，回填夯实后重钻。如偏移量较小，可考虑修孔纠偏。

（7）出现梅花孔后，可用片、卵石混合黏土回填钻孔，重新冲击。

（8）出现钻孔漏浆后，可增加泥浆黏度或回填黏土掺片石、卵石反复冲击增强护壁。属于护筒漏浆的，应按有关护筒制作与埋设的规定办理，属于裂隙漏浆的，可调整制浆工艺，适当加大泥浆稠度或在制浆时掺入适量水泥。

4）钻孔泥浆应符合下列规定：

（1）泥浆的配合比和配制方法宜通过试验确定，其性能应与钻孔方法、土层情况相适应。泥浆性能指标应符合表 1-4 的规定。

泥浆性能指标（正、反循环钻孔）　　表 1-4

钻孔方法	地层情况	相对密度	黏度（Pa·s）	含砂率（%）	胶体率（%）	失水率（mL/30min）	泥皮厚度（mm/30min）	静切力（Pa）	pH
正循环钻孔	一般地层	1.05～1.20	16～22	4～9	≥96	≤25	≤2	1.0～2.5	8～10
	易塌地层	1.20～1.45	19～28	4～9	≥96	≤15	≤2	3.0～5.0	8～10
反循环钻孔	一般地层	1.02～1.06	16～20	≤4	≥95	≤20	≤3	1.0～2.5	8～10
	易塌地层	1.06～1.10	18～28	≤4	≥95	≤20	≤3	1.0～2.5	8～10
	卵石土	1.10～1.15	20～35	≤4	≥95	≤20	≤3	1.0～2.5	8～10

注：1. 地下水位高或其流速大时，指标取高限，反之取低限。
2. 地质状态较好，孔径或孔深较小的取低限，反之取高限。

（2）钻孔过程中，应随时对孔内泥浆的性能进行检测，不符合要求时应及时调整。

（3）钻孔泥浆宜进行循环处理后重复使用，减小排放量。对重要工程的钻孔桩施工，宜采用泥砂分离器进行泥浆循环。

（4）施工完成后废弃的泥浆应采取先集中沉淀再处理的措施，严禁随意排放，污染环境。

5）清孔应符合下列规定：

（1）钻孔深度达到设计高程后，应对孔径、孔深和孔的倾斜度进行检验，符合要求后方可清孔。

（2）清孔排渣时，必须保持孔内水头，防止塌孔。

（3）在吊入钢筋骨架后，灌注水下混凝土之前，应再次检查孔内泥浆的性能指标和孔底沉淀厚度，如超过规范规定，应进行第二次清孔，符合要求后方可灌注水下混凝土。

（4）不得采用加深钻孔深度的方式代替清孔。

3 安全、环境保护保证措施

1）钻孔灌注桩施工前应制定环境保护方案，施工过程中产生的泥浆应采取循环利用，分离出来的泥渣及钻渣采用密闭的泥渣车运至指定地点集中处理，绝不能污染周边环境。

2）钻机就位后，应对钻机及配套设备进行全面的检查，钻机安设必须平稳、牢固。

3）对已完成施工的桩孔（包括已经完成混凝土浇灌的），做好孔口的覆盖，防止人员掉入。夜间加强照明，特别是对孔口的照明，防止人员掉入。

4）泥浆池四周采用工具式栏杆围护，栏杆高度1.2m，并在栏杆上悬挂安全警示标志。

5）所使用的电缆线必须定期检查，接头必须绑扎牢固，确保不透水、不漏电；对于可能处于水、泥浆浸泡的电缆线应做架空处理，不得挤压电缆线及水管。

6）钻机上设立明显的操作规程牌，并严格按照操作规程进行现场操作。

7）施工前提前做好地下管线的摸排情况，有地下管线的提前做好管线的保护措施和相应警示标志。

8）施工过程中，桩机回转范围及桩孔位采用高度1.2m工具式可拆卸栏杆三面围护，卸渣外侧采用警示带围护，并在栏杆上悬挂安全警示标志。

9）现场的设备必须有防雨措施，堆放整齐，保持现场整洁，达到文明施工的要求。

1.3 钢筋笼施工

1.3.1 工艺流程

钢筋下料→钢筋笼制作→钢筋笼验收及存放→钢筋笼运输→钢筋笼安装→检查验收。

1.3.2 灌注桩钢筋骨架的制作、运输与安装

1 钢筋笼制作时，宜采取加设三角支撑、十字支撑等措施，保证骨架的刚度，主筋的接头应错开布置。大直径长桩的钢筋笼宜在胎架上采用滚焊机分段制作（图 1-27）。

图 1-27 钢筋笼制作

2 钢筋笼宜整体吊装入孔。需分段入孔时，上下两段应保持顺直、平齐，上下主筋须编号。接头应符合有关规定：

1）钢筋接头常采用直螺纹套筒连接、搭接、焊接、挤压锥套锁紧连接等方式（图 1-28 ~ 图 1-30）。桩头钢筋宜采用套管进行包裹。

图 1-28　钢筋笼接头采用直螺纹套筒连接

图 1-29　钢筋笼接头采用搭接焊接

图 1-30　钢筋笼接头采用挤压锥套锁紧连接

2）搭接焊和帮条焊接头的焊缝高度应等于或大于 0.3d，焊缝宽度应等于或大于 0.7d（d 为主筋直径）。

3）全丝套筒钢筋直螺纹接头连接安装时可采用管钳扳手施拧紧固，被连接钢筋的端头应在套筒中心位置相互顶紧，标准型、正反丝型、异径型接头在安装后其单侧外露螺纹宜不超过 2p（p 为螺纹的螺距）；对无法对顶的其他直螺纹连接接头，应采取附加锁紧螺母、顶紧凸台等措施紧固。

4）安装完成后，应采用扭力扳手校核其拧紧扭矩，直螺纹接头连接安装最小拧紧扭矩应符合表 1-5 的规定。

直螺纹接头连接安装最小拧紧扭矩　　表 1-5

钢筋直径（mm）	≤ 16	18 ~ 20	22 ~ 25	28 ~ 32	36 ~ 40	50
拧紧扭矩（N · m）	100	200	260	320	360	460

注：校核用扭力扳手的准确度级别可选用 10 级。

3 应在骨架外侧设置控制混凝土保护层厚度的垫块，垫块的间距在竖向应不大于 2m，在横向圆周应不少于 4 处（图 1-31）。

图 1-31　钢筋笼保护层垫块

4 钢筋骨架在运输过程中，应采取适当的措施防止其变形。

5 钢筋骨架在安装时，其顶端应设置吊环。

6 安装整体式工字钢平台，应安放稳固，放置完成后用水准仪找平后方可使用（图 1-32）。

图 1-32　安装整体式工字钢平台

7 受力钢筋表面不得有裂纹及其他损伤，钢筋加工及安装实测项目应符合规范要求。

8 钢筋表面应无裂皮、油污、颗粒状或片状锈蚀及焊渣、烧伤，绑扎或焊接的钢筋网和钢筋骨架不得松脱和开焊。焊接接头和连接套筒不得出现裂纹。

9 检测管由无缝钢管制成，检测管连接采用套管，并要求不漏水。检测管等间距布置，焊接在桩基加强箍筋上。检测管高出桩基顶面 50cm，浇筑混凝土前将检测管注满水，并用塞子堵死以免杂物进入检测管内。

10 检测管连接时，管与管之间用外套管连接，其螺纹处必须使用止水胶带，并牢固拧紧密封。每对称下完一节时，须在检测管内注入清水，检查管路的密封性，以声测管内注满清水，并保持水位稳定不下降为准。检测管必须使用合格的钢丝，按每间隔 2m 与钢筋笼主筋绑扎牢固，出露在孔口的声测管上部管口，使用堵头拧紧，防止杂物掉入注浆管内，确保声测管路畅通（图 1-33）。

11 当采用素混凝土桩基时，通过采用检测管位置的通长筋来固定。

图 1-33　检测管安装

1.3.3　职业健康安全

1 凡从事钢筋加工、焊接的施工人员，应经过安全、质量、技术培训，成绩合格后方可持证上岗。

2 施工人员应佩戴相应的安全防护用具和劳保用品，操作人员不能违章作业，管理人员不能违章指挥。

3 每班组施工前和施工过程中应检查电源、电器是否安全正常，防止火灾事故的发生。

4 施工用电应按照现行行业标准《建筑与市政工程施工现场临时用电安全技术标准》JGJ/T 46 的相关内容进行，并执行“一机、一闸、一箱、一漏、一接地”和“三相五线制”的规定。

5 施工中所用的机械、电气设备应达到现行国家安全防护标准，经安全检验及性能合格后方可使用。设备应采取防雨措施。

6 钢筋笼采用起重机起吊，为防止钢筋笼变形，在钢筋笼加工完成后加劲圈内设置临时三角支撑，在起吊安装时采用三点吊装，吊点尽量靠近三角支撑位置，为了保证骨架吊起时不变形，利用起重机的主钩和副钩采用三点吊法施工（图 1-34）。上口用起重机主钩采用扁担梁起吊，下口用一根钢丝绳和卡环，一端用 U 形卡环固定在钢筋笼下口第二个加劲环上，另一端卡扣在钢筋笼长靠近 1/2 处，起重机副钩吊在钢丝绳上，起重机慢慢同步提升主钩和副钩，离开地面一定高度后继续提升主钩、副钩保持不动，直至钢筋笼完全垂直吊起，吊起过程中人拉住控制绳控制钢筋笼方向，保证钢筋笼不随意旋转。

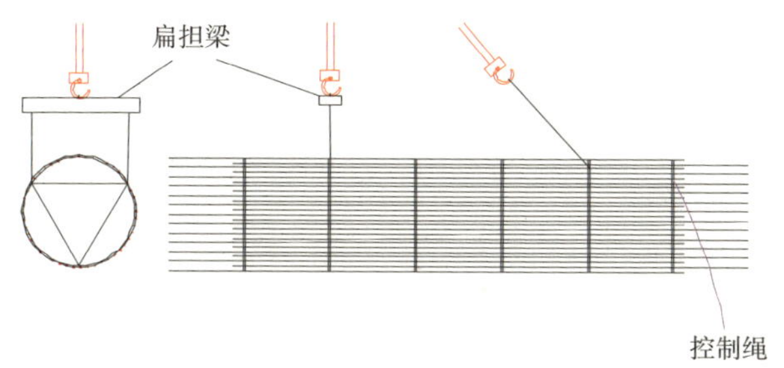

图 1-34　钢筋笼起吊方式

7 钢筋笼下置到设计位置，采用 2 根 14mm 焊接吊筋进行固定。吊筋顶焊接有吊耳，并用型钢将钢筋笼固定在护筒外侧的地坪上，固定强度应能承受钢筋笼自重，固定后应确保钢筋骨架与孔中心线吻合，不会发生倾斜和移动。吊筋底与钢筋笼顶部采用焊接连接固定（图 1-35）。

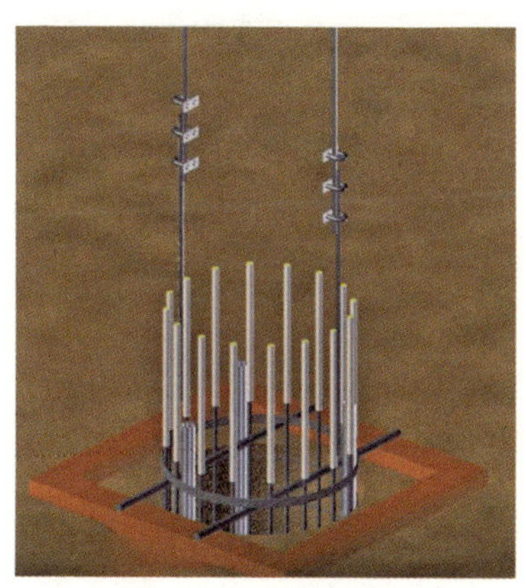

图 1-35　钢筋笼固定

8 为防止钢筋骨架在浇筑混凝土时上浮，在钢筋笼上端对称设置吊环或固定杆与护筒焊接，使钢筋骨架对准桩基中心，防止钢筋骨架的倾斜和移动。灌注中，当混凝土表面接近钢筋笼底时，应放慢混凝土灌注速度，并使导管保持较大埋深，使导管底口与钢筋笼底端间保持较大距离，以便减小对钢筋笼的冲击。

1.4 混凝土灌注施工

1.4.1 工艺流程

下导管→安装料斗→灌注首批混凝土→连续灌注混凝土→拆除钢护筒→检查验收。

1.4.2 灌注水下混凝土

1 灌注水下混凝土之前，应再次检查孔内泥浆性能指标和孔底沉渣厚度。如超过规定，应进行第二次清孔，符合要求后方可灌注水下混凝土。

2 水下混凝土宜采用钢导管灌注，导管内径宜为 200 ~ 350mm。导管使用前，应进行水密承压和接头抗拉试验，严禁采用压气试压。进行水密试验的水压应不小于孔内水深 1.3 倍处的压力，亦应不小于导管壁和焊缝可能承受灌注混凝土时最大内压力的 1.3 倍。

3 导管采用法兰盘接头宜加锥形活套；采用螺旋丝扣型接头时必须有防止松脱的装置。导管长度按孔深和工作平台高度决定，宜采用组合式连接，下导管前对每节导管进行编号，注明长度，节与节之间连接紧密不漏水。

4 导管其中部应等长，底部长度宜为 4m，与漏斗下连接部位导管长度为 1m 或 0.5m；导管上料斗体积由桩径、桩长和导管埋入混凝土中的深度确定，导管外壁用明显标志逐节编号，并自下而上标明尺度，以计算导管埋深，根据桩孔深度，确定导管的拼装长度。

5 导管组装后轴线偏差，不超过钻孔深的 0.5% 且不大于 10cm；

试压压力为孔底静水压力的 1.3 倍（图 1-36）。

图 1-36　导管水密性试验检测

$$P=\gamma_c h_c-\gamma_w H_w \qquad (1\text{-}1)$$

式中　P——导管可能受到的最大内压力（kPa）；

γ_c——混凝土拌合物的重力密度（取 24kN/m^3）；

h_c——导管内混凝土柱最大高度（m），以导管全长或预计的最大高度计；

γ_w——桩孔内水或泥浆的重力密度（kN/m^3）；

H_w——桩孔内水或泥浆的深度（m）。

6 水下灌注混凝土必须具备良好的和易性，配合比应通过实验确定；坍落度宜为 160～220mm。

7 水下灌注混凝土的含砂率宜为 40%～50%，并宜选用中粗砂；粗骨料的最大粒径应小于 40mm。

8 首批灌注混凝土的数量应能满足导管首次埋置深度 1.0m 以上的需要。

9 首批混凝土入孔后，应连续灌注，不得中断（图 1-37）。

10 在灌注过程中，应保持孔内的水头高度。导管的埋置深度宜控制在 2～6m，并应随时测探桩孔内混凝土面的位置，及时调整导管埋深；在确保能将导管顺利提升的前提下，方可根据现场的实际情况适当放宽导管的埋深，但最大埋深应不超过 9m。应将桩孔内溢出的水或泥浆引流至适当地点处理，不得随意排放。

图 1-37　混凝土灌注

11 灌注时应采取措施防止钢筋骨架上浮。当灌注的混凝土顶面距钢筋骨架底部以下 1m 左右时，宜降低灌注速度；混凝土顶面上升到骨架底部 4m 以上时，宜提升导管，使其底口高于骨架底部 2m 以上后再恢复正常灌注速度。

12 灌注的桩顶标高应比设计高出 0.5 ~ 1m。使用全护筒灌注水下混凝土时，护筒底端应埋入混凝土内不小于 1.5m，随导管提升逐步上拔护筒。

13 断桩处理措施

1）当导管堵塞而混凝土尚未初凝时，可吊起导管，再吊起一节钢轨或其他重物在导管内冲击，把堵管的混凝土冲散或迅速提出导管，用高压水冲掉堵管混凝土后，重新放入导管浇筑混凝土。

2）当断桩位置在地下水位以上时，如果桩的直径较大（一般在 1m 以上），可抽掉桩孔内泥浆，在钢筋笼的保护下，作业人员下到桩孔中，对先前浇筑的混凝土面进行凿毛处理并清洗钢筋，然后继续浇筑混凝土。

3）当断桩位置在地下水位以下时，可用直径较原桩直径稍小的钻头，在原桩位处钻孔，钻至断桩部位以下适当深度时，重新清孔，并在断桩部位增设一节钢筋笼，其下半截埋入新钻的孔中，然后继续浇筑混凝土。

4）当导管被钢筋笼挂住时，如果钢筋笼埋入混凝土中不深，可提起钢筋笼，转动导管，使导管脱离。如果钢筋笼埋入混凝土较深，应放弃导管。

5）灌注桩因严重塌方而断桩或导管拔出后重新放入导管时均形成断桩，是否需要在原桩外侧补桩，需经检测后与有关单位商定。

14 堵管防止措施

1）混凝土配合比应严格按照有关水下混凝土的规范配制，并经常测试坍落度，防止导管堵塞。

2）严禁不经测算盲目提拔导管，防止导管脱离混凝土面。

3）钢筋笼主筋接头要焊平，以免提升导管时，法兰挂住钢筋笼。

4）浇筑混凝土应使用经过检漏和耐压试验检验的导管。

5）浇筑混凝土前应保证混凝土搅拌机能正常运转，必要时应有一台备用搅拌机作应急之用。连续浇筑发生堵管时，可以上下抖动或拔出后二次灌注。

1.4.3　职业健康安全

1 灌孔所用的料斗、架子焊接必须牢固，导管连接必须紧密，满足施工要求，根据气象条件合理安排现场施工。

2 根据施工现场情况合理安排起重机停靠位置，使之处于最佳起吊位置，不得歪拉斜吊和超负荷起吊。

3 作业队在灌孔过程中，必须指定一人专门负责指挥，并配备必要的通信设备与起重机司机沟通。做到指挥清楚，司机明白。指挥人员所站位置不能影响起重机司机的视线。

4 灌孔拆卸的导管堆放必须整齐并及时进行清洗，对工作范围残留的泥浆也必须及时冲洗干净，以防作业人员在作业过程中滑倒。

1.5 桩头破除

1.5.1 工艺流程

基坑开挖→放样→环切→钢筋剥离→桩头剥离→清理桩头→钢筋复位。

1.5.2 施工要点

1 灌注桩混凝土强度达到设计强度的 80% 以上时方可破除。

2 环切时严禁破坏钢筋，桩头破除后，桩顶部分微凸（桩中心略高，周边略低）（图 1-38）。

3 在破除桩头过程中，要保护好桩头钢筋和声测管，不得随意弯折桩头钢筋。

4 嵌入承台（或系梁）的锚固钢筋长度不得低于设计要求的最小锚固长度。

5 破除桩头后，桩顶应无残余的松散混凝土，露出新鲜混凝土面（图 1-38）。

图 1-38　桩基—桩头环切

1.6 沉入桩

1.6.1 预制钢筋混凝土桩

1 工艺流程

桩的检查验收→桩机就位→吊装、插桩→沉桩→接桩→下一节段施工。

2 施工要点

1）桩的检查验收

（1）钢筋混凝土桩的横向收缩裂缝宽度不得大于 0.2mm，深度不得大于 20mm，裂缝长度不得大于 1/2 桩宽；预应力混凝土桩不得有裂缝。

（2）桩的表面出现蜂窝麻面时，其深度不得大于 5mm，每面的蜂窝面积不得超过该面总面积的 0.5%。

（3）有棱角的桩，棱角破损深度应在 5mm 以内，且每 10m 长的边棱角上只能有一处破损，在一根桩上边棱破损的总长度不得大于 500mm。

（4）预制桩出场前应进行检验，出场时应具备出场合格检验记录。进场后检查桩的出厂合格证、质量检验报告、混凝土强度、桩长、截面积等项目。

2）桩机就位

桩机就位并调整桩架使之处于铅垂状态，并在拟打桩的侧面或桩架上每隔 1.0m 设置一处刻度标志，送桩器上每隔 0.1m 设置一处刻度标志，以之作为沉桩以及贯入度等的控制依据（图 1-39）。

3）吊装、插桩

当桩架组立好后即可吊装（图 1-40）、插桩，吊点应符合规定，各吊点必须同时受力。插桩时要对准桩位，确保桩位、桩中心线及锤中心线在同一直线上，然后缓缓放下桩锤，利用锤重把桩压入土中，打开时应慢打低击，随着桩入深度增加逐渐加大锤击力量。在打桩过程中应有专人负责填写打桩记录。

图 1-39　桩机就位

图 1-40　吊装

4）沉桩

（1）沉桩顺序宜由一端向另一端进行，当基础尺寸较大时，宜由中间向两端或四周进行；如桩埋置有深浅，宜先沉深的，后沉浅的；在斜坡地带，应先沉坡顶的，后沉坡脚的。在桩的沉入过程中，应始终保持锤、桩帽和桩身在同一轴线上。

（2）施工前应进行工艺试桩和承载力试桩，确定沉桩的施工工艺、技术参数和检验桩的承载力。试桩附近应有钻探资料；试桩的规格应与工程桩一致，所用设备应与正式施工时相同。特大桥和地质复杂的大、中桥，宜采用静压试验方法确定单桩容许承载力；一般大、中桥的试桩，可采用静载试验法，锤击沉入的中、小桥试桩，在缺乏上述试验条件时，可结合具体情况，选用适当单桩容许承载力。

（3）在比较坚硬的土层中首节桩可设置桩靴（图 1-41）。

（4）锤击沉桩一般适用于中密砂粒土、黏土底层（图 1-42）。施工应符合下列规定：

① 预制钢筋混凝土桩和预应力混凝土桩在锤击沉桩前，桩身混凝土强度应达到设计要求。

② 桩锤的选择宜根据地质条件、桩身结构强度、单桩承载力、锤的性能并结合试桩情况确定，且宜选用液压锤和柴油锤。其他辅助装备应与所选用的桩锤相匹配。

图 1-41　桩靴

③ 开始沉桩时，宜采用较低落距，且桩锤、送桩与桩宜保持在同一轴线上；在锤击过程中，应采用重锤低击。

④ 沉桩过程中，若遇到贯入度剧变，桩身突然发生倾斜、移位或有严重回弹，桩顶出现严重裂缝、破碎，桩身开裂等情况时，应暂停沉桩，查明原因。

⑤ 锤击沉桩应考虑锤击振动对其他新浇筑混凝土结构物的影响，当结构物混凝土强度未达到 5MPa 时，距结构物 30m 范围内，不得进行沉桩；锤击能量超过 280kN · m 时，应适当加大沉桩处与结构物的距离。

⑥ 锤击沉桩控制，应根据地质情况、设计承载力、锤型、桩型和桩长综合考虑，并应符合下列规定：

A. 设计桩尖土层为一般黏性土时，应以高程控制。桩沉入后，桩顶高程的允许偏差为 ±100mm。

B. 设计桩尖土层为砾石、密实砂土或风化岩时，应以贯入度控制。当沉桩贯入度已达到控制贯入度，而桩端未达到设计高程时，应继续锤击贯入 100mm 或锤击 30 ~ 50 击，其平均贯入度应不大于控制贯入度，且桩端距设计高程宜不超过 1 ~ 3m（硬土层顶面高程相差不大时取小值）。超过上述规定时，应会同监理单位和设计单位研究处理。

C. 设计桩尖土层为硬塑状黏性土或粉细砂时，应以高程控制为主，贯入度作为校核。当桩尖已达到设计高程而贯入度仍较大时，应继续锤击使其贯入度接近控制贯入度，但继续下沉时，应考虑施工水位的影响；当桩尖距离设计高程较大，而贯入度小于控制贯入度时，可按上条执行。

⑦ 对发生“假极限”“吸入”“上浮”现象的桩，应进行复打。

图 1-42　锤击沉桩

（5）在砂类土层、碎石类土层中，锤击沉桩困难时，可采用射水锤击沉桩，以射水为主，锤击配合；在黏性土、粉土中采用射水锤击沉桩时，应以锤击为主，射水配合；在湿陷性黄土中采用射水沉桩时，应按设计要求进行。

① 射水锤击沉桩时，应根据土质情况随时调节射水压力，控制沉桩速度。当桩尖接近设计高程时，应停止射水，改用锤击，保证桩的承载力。停止射水的桩尖高程，可根据沉桩试验确定的数据及施工情况决定，当缺乏资料时，距设计高程不得小于 2m。

② 钢筋混凝土桩或预应力混凝土桩采用射水配合锤击沉桩时，宜

采用较低落距锤击。

③ 采用中心射水法沉桩时，应在桩垫和桩帽上留有排水通道；采用侧面射水法沉桩时，射水管应对称设置。

④ 采用射水锤击沉桩后，应及时与邻桩或稳定结构夹紧固定，防止桩倾斜位移。

（6）振动沉桩宜用于锤击沉桩效果较差的密实的黏性土、砾石、风化岩（图 1-43）。

图 1-43 振动沉桩

① 振动沉桩在选锤或换锤时，应验算振动上拔力对桩身结构的影响。振动沉桩机、机座、桩帽应连接牢固，与桩的中心轴线应保持在同一直线上。

② 开始沉桩时，宜利用桩自重下沉或射水下沉，待桩身入土达一定深度确认稳定后，再采用振动下沉。每一根桩的沉桩作业，宜一次完成，不宜中途停顿过久，避免土的阻力恢复，使继续下沉困难。

③ 振动沉桩时，应以设计规定的或通过试桩验证的桩尖高程控制为主，以最终贯入度（mm/min）作为校核。当桩尖已达到设计高程，

而与最终的贯入度相差较大时，应查明原因，会同监理单位和设计单位研究处理。

5）接桩

（1）在同一墩、台的桩基中，同一水平面内的桩接头数不得超过基桩总数的 1/4，但采用法兰盘按等强度设计的接头，可不受此限制。

（2）接桩时，应保持各节桩的轴线在同一直线上，接好后应进行检查，符合要求方可进行下道工序。

（3）采用焊接连接的混凝土桩（图 1-44），应按设计要求准确预埋连接钢板。焊接应牢固，位置应准确。

图 1-44 焊接接桩

（4）采用法兰盘连接的混凝土桩，法兰盘应对准位置连接在钢筋或预应力筋上；先张法预应力混凝土桩采用法兰盘连接时（图 1-45），应先将法兰盘连接在预应力筋上，然后再进行张拉；法兰盘应保证焊接质量。法兰盘的结合处应密贴，法兰螺栓应对称逐个拧紧，并加设弹簧垫圈或加焊，锤击时应采取有效措施防止螺栓松动。

6）下一节段施工

重复上述步骤直至沉桩完成。

图 1-45 法兰盘接桩

1.6.2 钢管桩

1 工艺流程

桩的检查验收→桩机就位→吊桩、插桩→沉桩→接桩→管桩顶与承台连接。

2 施工要点

1）桩的检查验收

（1）钢管桩可采用成品钢管或自制钢管，对焊接钢管的管节制作，管端平整度应不超过 2mm，管端平面倾斜应小于 1%。对管节的对口拼装，当管径小于或等于 700mm 时，其相邻管节管径的允许偏差应小于或等于 2mm；当管径大于 700mm 时，其相邻管节管径的允许偏差应小于或等于 3mm。相邻管节的竖向焊缝应错开 1/8 周长以上。

（2）制作钢管桩出场应有出厂合格证明和质量检验报告。钢管桩的分节长度应满足桩架的有效高度、制作场地条件、运输与装卸能力等要求。进场时应检验桩的出厂合格证、质量检验报告、桩长、管节外形、焊缝尺寸、焊缝探伤等。

（3）钢管桩桩身不得有凹凸现象或深度大于 0.5mm 和该钢材厚度允许负偏差 1/2 的划痕，焊缝应无裂纹、焊瘤、夹渣、未焊透、电弧擦伤、未填满弧坑及设计不允许出现的外观缺陷。

2）桩机就位

参考 1.6.1 预制钢筋混凝土桩相关规定。

3）吊桩、插桩

参考 1.6.1 预制钢筋混凝土桩相关规定。

4）沉桩（图 1-46）

（1）沉入封闭式桩尖的钢管桩时，应采取必要措施防止其上浮；在砂土中沉入开口或半封闭桩尖的钢管桩时，应防止管涌。

（2）当环境温度在 -10℃以下时，应暂停钢管桩锤击沉桩和焊接接桩施工。

图 1-46　沉桩

5）接桩（图 1-47）

（1）沉桩平台或打桩船应保持平稳，上、下节钢管桩应保持在同一轴线上；焊接工作平台应牢固，并应避免受潮水及波浪的影响；对口定位点焊应对称进行。

（2）沉桩锤击后，如有变形和破损，接桩前应将变形和破损的部分割除，并采用砂轮机磨平。

图 1-47 接桩

6）管桩顶与承台连接（图 1-48）

（1）钢筋笼下口主筋与托板可靠焊接，钢筋笼主筋上口与限位筋焊接牢固。

（2）钢筋笼主筋锚入承台长度要符合设计图纸要求。钢筋应沿管桩圆周均匀布置，并应焊牢。

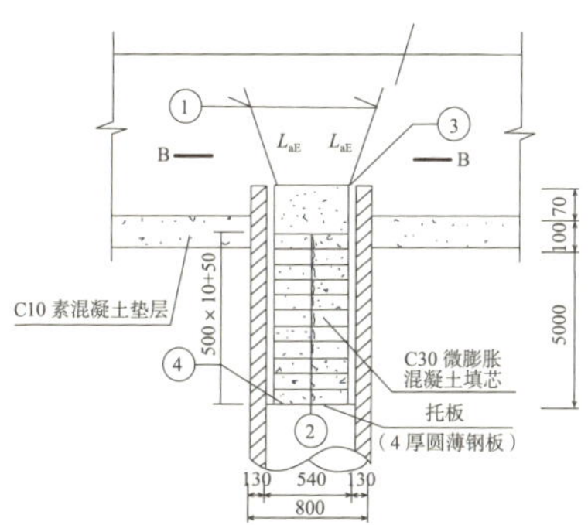

①~④代表 4 种钢筋；B-B 代表此图是剖面图

图 1-48 管桩顶与承台连接

（3）浇筑填芯混凝土之前，应先将管桩内壁浮浆清除干净并且涂刷混凝土界面剂。

（4）采用微膨胀混凝土填芯，强度同承台混凝土强度等级且不低于 C30。

3 控制措施

1）质量控制措施

（1）钢管桩打完后应测量复核，在每根桩顶至少设三个标高点。

（2）桩身倾斜，但未断裂，且桩长较短，或因基坑开挖造成桩身倾斜，而未断裂，可采用局部开挖后用千斤顶纠偏复位法处理。

（3）桩位偏差大，可采用复打、补桩等方法处理。

（4）桩位偏斜过大，原设计的承台平面尺寸满足不了规范规定的构造要求，可用扩大承台法处理。

2）安全控制措施（吊装 / 起重 / 安全区域 / 水上措施）

（1）起重作业应严格执行现行行业标准《建筑机械使用安全技术规程》JGJ 33 和 1980 年由国家建筑工程总局颁发的《建筑安装工人安全技术操作规程》中的有关规定和要求。

（2）施工现场应全封闭管理，设置安全警示措施，夜间设置警示灯。

（3）水上作业平台周边必须设置防护栏杆，并挂设安全网，如设置防护栏杆有困难的，工人作业必须系安全带。作业平台上须备足并正确放置救生设备（救生衣、救生圈、救生绳等）。

（4）作业平台应设置夜间警示灯。照明灯具加装遮光设施，防止眩光干扰船舶的航行。

3）环保控制措施

（1）施工现场的强噪声设备宜设置在远离居民区的一侧，并应采取降低噪声措施。

（2）废油料、泥浆、钻渣、施工污水禁止随意倾倒，统一规划，集中处理。泥浆、钻渣使用专用的密封罐车运至合法的地点排放。施工废水、生活污水未经过处理不直接排入江河内，必须经沉淀处理，达标后排放。

（3）施工机械应防止严重漏油，禁止机械在运转时产生的油污水未经处理就直接排放或维修施工机械时油污水直接排放。

第2章　承台

2.1　基坑

2.1.1　工艺流程

施工准备→测量放样→基坑开挖（放坡 / 支护）→降水→基底处理→基底检验。

2.1.2　施工要点

1 施工准备

1）基坑施工前，应全面了解水文、地质、周边构筑物和地下管线等情况，确定开挖方式，制定专项施工方案。

2）基坑开挖前应根据水文、地质、开挖方式及施工环境条件等因素，验算基坑边坡的稳定，确定是否对坑壁采取支护措施。当基坑深度较小且坑壁土层稳定时，可直接放坡开挖；坑壁土层不易稳定且有地下水影响，或放坡开挖场地受到限制，或放坡开挖工程量过大时，应按设计要求对坑壁进行支护，设计未要求时，应结合实际情况选择适宜的坑壁支护方案，并应进行支护的专项设计。

2 基坑开挖

1）不支护坑壁进行基坑放坡开挖施工时应符合下列规定：

基坑坑壁坡度宜按地质条件、基坑深度、施工方法等情况确定。当为无水基坑且土层构造均匀时，基坑坑壁坡度可按表 2-1 确定：当土质较差有可能使坑壁不稳定而引起坍塌时，基坑坑壁坡度应适当缓于表 2-1 的坡度要求。

基坑坑壁坡度　　表 2-1

坑壁土类别	坑壁坡度		
	坡顶无荷载	坡顶有静荷载	坡顶有动荷载
砂类土	1 : 1	1 : 1.25	1 : 1.5
卵石、砾类土	1 : 0.75	1 : 1	1 : 1.25
粉质土、黏质土	1 : 0.33	1 : 0.5	1 : 0.75
极软岩	1 : 0.25	1 : 0.33	1 : 0.67
软质岩	1 : 0	1 : 0.1	1 : 0.25
硬质岩	1 : 0	1 : 0	1 : 0

注：1. 坑壁有不同土层时，基坑坑壁坡度可分层选用，并搭设平台。

2. 坑壁土的类别按现行行业标准《公路土工试验规程》JTG 3430 划分；岩面单轴抗压强度小于 5MPa、5 ~ 30MPa、大于 30MPa 时，分定为极软、软质、硬质岩。

3. 当基坑深度大于 5m 时，基坑坑壁坡度可适当放缓或加设平台。

当有地下水时，地下水位以上的基坑部分可放坡开挖；地下水位以下部分，若土质易坍塌或水位在基坑底以上较高时，应采用加固土体或降低地下水位等方法开挖（图 2-1）。

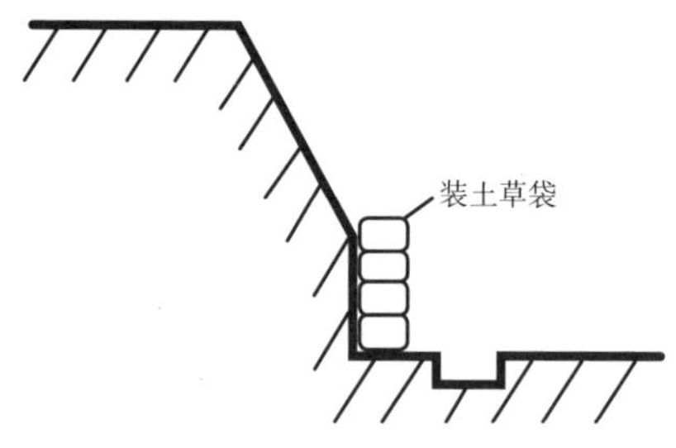

图 2-1　下部加固

基坑为渗水性的土质基底时，坑底的平面尺寸应根据排水要求（包括排水沟、集水井、排水管网等）和基础模板所需基坑大小确定（图 2-2、图 2-3）。

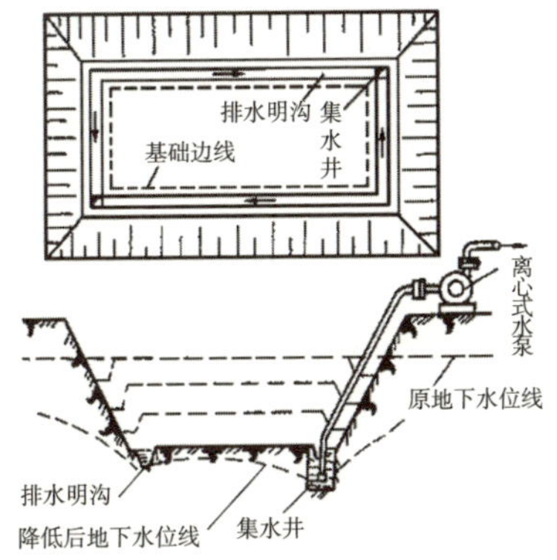

图 2-2 基坑排水布置

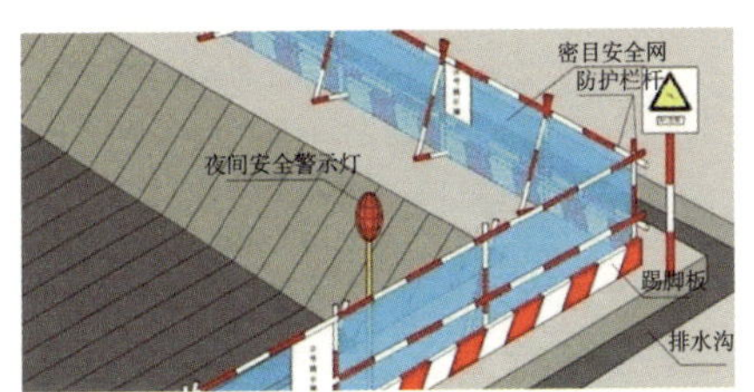

图 2-3 基坑顶排水沟

基坑开挖采取机械开挖与人工开挖的方法相结合。同一墩位处桩基混凝土强度均达到设计要求后，进行基坑开挖及测量（图 2-4）。

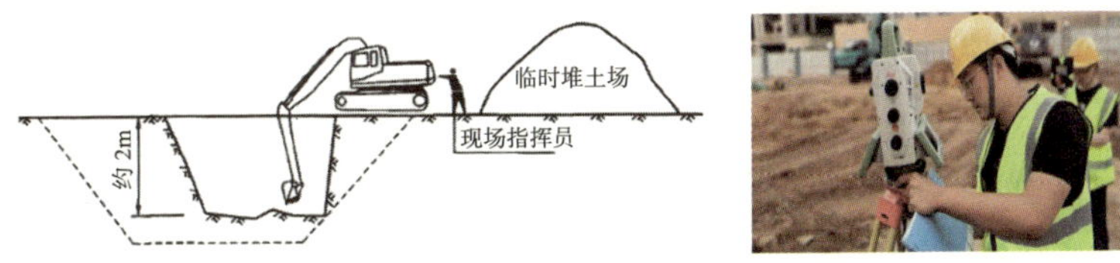

图 2-4 基坑开挖及测量

2）基坑坑壁采用喷射混凝土、锚杆喷射混凝土、预应力锚索和土钉支护等方式进行加固时，其施工应符合下列规定：

（1）对基坑开挖深度小于 10m 的较完整中风化基岩，可直接喷射混凝土加固坑壁，喷射混凝土之前应将坑壁上的松散层或岩渣清理干净。

（2）对锚杆、预应力锚索和土钉支护，均应在施工前按设计要求进行抗拉拔力的验证试验，并确定适宜的施工工艺。

（3）采用锚杆挂网喷射混凝土加固坑壁时（图 2-5），各层锚杆进入稳定层的长度、间距和钢筋的直径应符合设计要求。当孔深小于或等于 3m 时，宜采用先注浆后插入锚杆的施工工艺；当孔深大于 3m 时，宜先插入锚杆后注浆。锚杆插入孔内后应居中固定，注浆应采用孔底注浆法，注浆管应插至距孔底 50 ~ 100mm 处，并随浆液的注入逐渐拔出，注浆的压力宜不小于 0.2MPa。

（4）采用土钉支护加固坑壁时，施工前应制定专项施工方案和施工监控方案，配备适宜的机具设备。土钉支护中的开挖、成孔、土钉设置及喷射混凝土面层等的施工可按现行团体标准《基坑土钉支护技术规程》CECS 96 的规定执行。

（5）不论采用何种加固方式，均应按设计要求逐层开挖、逐层加固，坑壁或边坡上有明显出水点处应设置导管排水。

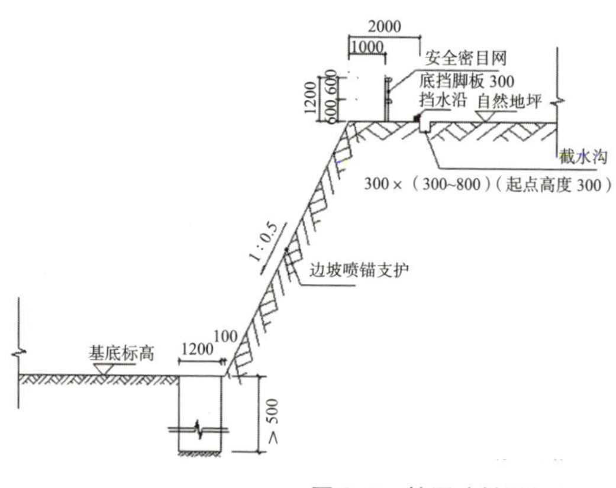

图 2-5　挂网喷射混凝土

3）对坑壁采取支护措施进行基坑的开挖时，应符合下列规定：

基坑较浅且渗水量不大时，可采用竹排、木板、混凝土板或钢板等对坑壁进行支护；基坑深度小于或等于 4m 且渗水量不大时，可采用槽钢、H 型钢或工字钢等进行支护；地下水位较高，基坑开挖深度大于 4m 时，宜采用锁口钢板桩或锁口钢管桩围堰进行支护，在条件许可时亦可采用水泥土墙、混凝土围圈或桩板墙等支护方式。

对支护结构应进行设计计算，支护结构受力过大时应加设临时支撑，支护结构和临时支撑的强度、刚度及稳定性应满足基坑开挖施工的要求，不同类型支护结构的特点如表 2-2 所示。

不同类型支护结构的特点 表 2-2

类型		特点
排桩	预制混凝土板桩	1. 预制混凝土板桩施工较为困难，对机械要求高，且挤土现象很严重； 2. 桩间采用槽榫接合方式，接缝效果较好，有时需辅以止水措施； 3. 自重大，受起吊设备限制，不适合深大基坑
	钢板桩	1. 成品制作，可反复使用； 2. 施工简便，但施工有噪声； 3. 刚度小，变形大，与多道支撑结合，在软弱土层中也可采用； 4. 新钢板桩止水性尚好，如有漏水现象，须增加防水措施
	钢管桩	1. 截面刚度大于钢板桩，在软弱土层中开挖深度大； 2. 须有防水措施相配合
	钻孔灌注桩	1. 刚度大，可用于深大基坑； 2. 施工对周边地层、环境影响小； 3. 需降水或和止水措施配合使用，如搅拌桩、旋喷桩等
	SMW 工法桩	1. 强度大，止水性好； 2. 内插的型钢可拔出反复使用，经济性好； 3. 具有较好发展前景，在上海等城市已有工程实践； 4. 用于软土地层时，一般变形较大
重力式水泥土挡墙 / 水泥土搅拌桩挡墙		1. 无支撑，墙体止水性好，造价低； 2. 墙体变形大

续表

类型	特点
地下连续墙	1. 刚度大，开挖深度大，可适用于所有地层； 2. 强度大，变形小，隔水性好，同时可兼作主体结构的一部分； 3. 可邻近建筑物、构筑物使用，环境影响小； 4. 造价高

（1）预制混凝土板桩（图 2-6）

常用钢筋混凝土板桩截面的形式有四种：矩形、T 形、工字形及口字形。矩形截面板桩制作较方便，桩间采用槽榫接合方式（图 2-7），接缝效果好，是使用最多的一种形式。工字形截面板桩由翼缘和加劲肋组成，其抗弯能力较大，但施打较困难，翼缘直接起挡土作用，加劲柱则用于加强翼缘的抗弯能力，并将板上的侧压力传至地基土，板桩间的搭接一般采用踏步式止口。工字形截面板桩的截面形状较合理，因此受力性能好。刚度大、材料省，易于施打，挤土也少。口字形截面桩板一般由两块槽形板现浇组合成整体，在未组合成口字形前，槽形板的刚度较小。

图 2-6 预制混凝土板桩

图 2-7 桩截面接口

预制混凝土板桩施工较为困难，对机械要求高，且挤土现象很严重，加之混凝土板桩一般不能拔出，因此，它在永久性的支护结构中使用较为广泛，但国内基坑工程中使用不很普遍。

（2）钢板桩与钢管桩

钢板桩强度高，桩与桩之间的连接紧密，隔水效果好，具有施工灵活、板桩可重复使用等优点，是基坑常用的一种挡土结构。但由于板桩打入时有挤土现象，而拔出时则又会将土带出，造成板桩位置出现空隙，这对周边环境都会造成一定影响。而且板桩的长度有限，其适用的开挖深度也受到限制，一般最大开挖深度在 7 ~ 8m。板桩的形式有多种，拉伸型是最常用的，在基坑较浅时也可采用大规格的槽钢（采用槽钢且有地下水时要辅以必要的降水措施）。采用钢板桩作支护结构时在其上口及支撑位置须用钢围檩将其连接成整体，并根据深度设置支撑或拉锚（图 2-8）。

图 2-8 钢板桩施工支护

为提高钢板桩的刚度以适用于更深的基坑，可采用组合式形式，也可用钢管桩。但钢管桩的施工难度相比于钢板桩更高，由于锁口止水效果难以保证，须有防水措施相配合，并设置施工支护（图 2-9）。

图 2-9 钢管桩施工支护

（3）钻孔灌注桩

钻孔灌注桩一般采用机械成孔。明挖基坑中多采用螺旋钻机、冲击式钻机和正反循环钻机、旋挖钻等。对正反循环钻机，由于其采用泥浆护壁成孔，故成孔时噪声低，适用于城区施工，在地铁基坑和高层建筑深基坑施工中得到广泛应用。

对悬臂式排桩，桩径宜大于或等于 600mm；对拉锚式或支撑式排桩，桩径宜大于或等于 400mm；排桩的中心距不宜大于直径的 2 倍。桩身混凝土强度等级不宜低于 C25，排桩顶部应设置混凝土冠梁。混凝土灌注桩宜采取间隔成桩的施工顺序；应在混凝土终凝后，再进行相邻桩的成孔施工。钻孔灌注桩围护结构经常与止水帷幕联合使用（图 2-10），止水帷幕一般采用深层搅拌桩。如果基坑上部受环境条件限制时，也可采用高压旋喷桩止水帷幕，但要保证高压旋喷桩止水帷幕的施工质量。近年来，素混凝土桩与钢筋混凝土桩间隔布置的钻孔咬合桩也有较多应用此类结构，可直接作为止水帷幕。

图 2-10　钻孔灌注桩围护结构

（4）SMW 工法桩（型钢水泥土搅拌墙）

SMW 工法桩围护墙是利用搅拌设备就地切削土体，然后注入水泥类混合液搅拌形成均匀的水泥土搅拌墙，最后在墙中插入型钢（图 2-11、图 2-12），即形成一种劲性复合围护结构，此类结构在上海等软土地区有较多应用。

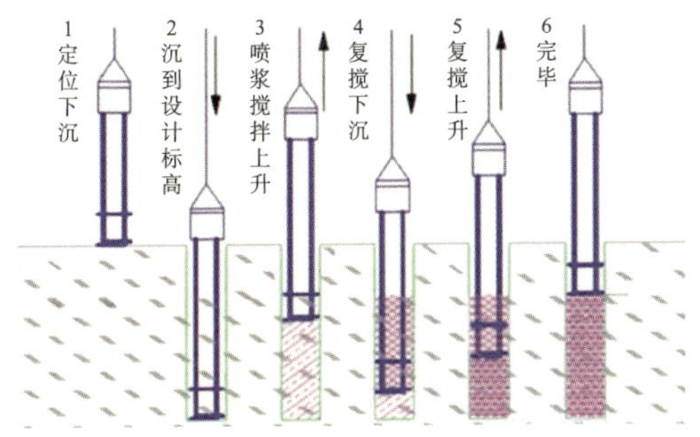

图 2-11　SMW 工法施工顺序

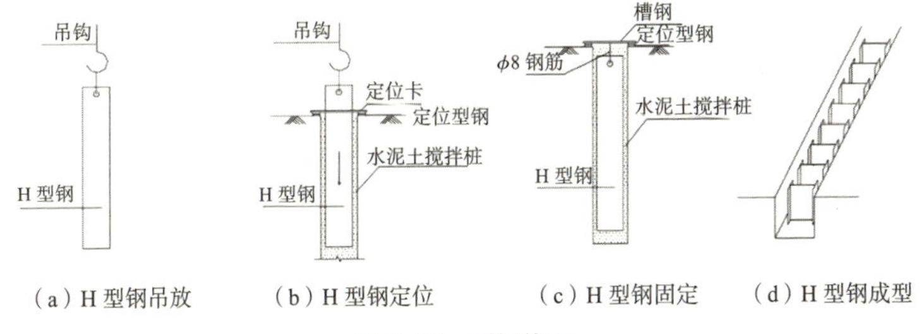

（a）H 型钢吊放　（b）H 型钢定位　（c）H 型钢固定　（d）H 型钢成型

图 2-12　型钢施工

拟拔出回收的型钢，必须清除表面铁锈或灰尘，再在型钢表面涂抹减摩剂（图 2-13），涂抹均匀，以确保减摩剂层的粘结质量。且宜在桩体施工结束后 30min 内插入，插入前应检查其平整度和接头焊缝质量。

图 2-13　涂抹减摩剂

（5）重力式水泥土挡墙

重力式挡土墙分三种形式：直立式、倾斜式、台阶式（图 2-14）。深层搅拌桩是用搅拌机械将水泥、石灰等和地基土相拌合，形成相互搭接的格栅状结构形式，也可相互搭接成实体结构形式。采用格栅形式时，要满足一定的面积转换率，对淤泥质土，不宜小于 0.7；对淤泥，不宜小于 0.8；对一般黏性土、砂，不宜小于 0.6。由于采用重力式结构，开挖深度不宜大于 7m。对嵌固深度和墙体宽度也要有所限制，对淤泥质土，嵌固深度不宜小于 1.2h（h 为基坑挖深），宽度不宜小于 0.7h；对淤泥，深度不宜小于 1.3h，宽度不宜小于 0.8h。

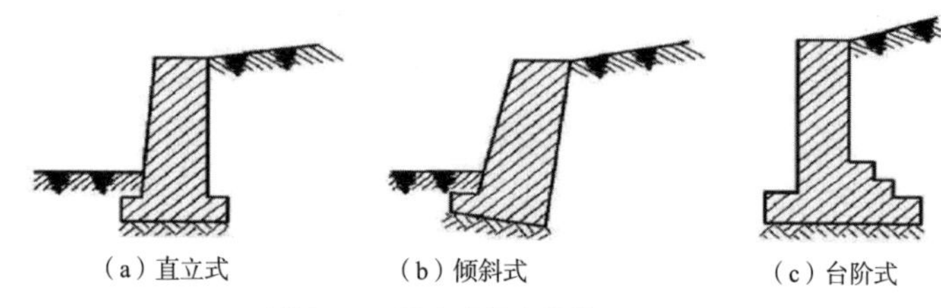

（a）直立式　（b）倾斜式　（c）台阶式

图 2-14　重力式挡土墙的三种形式

水泥土挡墙的 28d 无侧限抗压强度不宜小于 0.8MPa，当需要增加墙体的抗拉性能时可在水泥土桩内插入钢筋、钢管或毛竹等杆筋。杆筋插入深度宜大于基坑深度，并应锚入面板内。面板厚度不宜小于 150mm，混凝土强度等级不宜低于 C15。

（6）地下连续墙

地下连续墙主要有预制钢筋混凝土连续墙和现浇钢筋混凝土连续墙两类，通常地下连续墙一般指后者。地下连续墙有如下优点：施工时振动小、噪声低，墙体刚度大，对周边地层扰动小；可适用于多种土层，除夹有孤石、大颗粒卵砾石等局部障碍物时影响成槽效率外，对黏性土、无黏性土、卵砾石层等各种地层均能高效成槽。

地下连续墙施工采用专用的挖槽设备，沿着基坑的周边，按照事先划分好的幅段，开挖狭长的沟槽。目前使用的成槽机械，按其工作原理可分为抓斗式、冲击式和回转式等类型。地下连续墙的一字形槽段长度宜取 4 ~ 6m。当成槽施工可能对周边环境产生不利影响或槽壁稳定性较差时，应取较小的槽段长度。必要时，宜采用搅拌桩对槽壁进行加固；地下连续墙的转角处或有特殊要求时，单元槽段的平面形状可采用 L 形、T 形等。每个幅段的沟槽开挖结束后，在槽段内放置钢筋笼，并浇筑水下混凝土。将若干个幅段通过锁口管接头等构造连成一个整体，形成一个连续的地下墙体，即现浇钢筋混凝土壁式连续墙（图 2-15、图 2-16）。

（a）开挖导沟

（b）修筑导墙

（c）制备泥浆

（d）开挖沟槽

（e）吊放接头管、钢筋笼

（f）下导管

（g）灌注水下混凝土

（h）拔出接头管

图 2-15　地下连续墙施工工艺

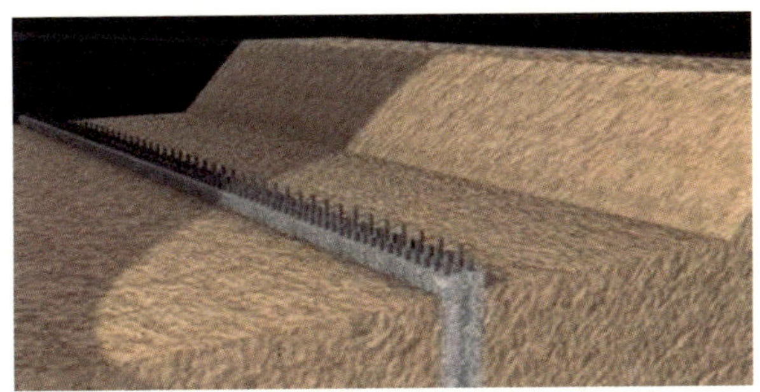

图 2-16　地下连续墙

4）承台施工采用围堰作为挡水（土）设施时，应根据承台的结构特点、水文、地质和施工条件等因素确定适宜的围堰形式，并应对围堰进行专项设计。施工期间环境条件发生较大变化时，应对围堰设计方案重新进行论证，各类围堰适用范围如表 2-3 所示。

各类围堰适用范围 表 2-3

<table>
<tr><th colspan="2">围堰类型</th><th>适用范围</th></tr>
<tr><td rowspan="6">土石围堰</td><td>土围堰</td><td>水深≤ 1.5m，流速≤ 0.5m/s，河边浅滩，河床渗水性较小的地区</td></tr>
<tr><td>土袋围堰</td><td>水深≤ 3m，流速≤ 1.5m/s，河床渗水性较小，或淤泥较浅的地区</td></tr>
<tr><td>木竹条土围堰</td><td>水深 1.5 ~ 7m，流速≤ 2.0m/s，河床渗水性较小，能打桩，盛产竹木的地区</td></tr>
<tr><td>竹篱土围堰</td><td>水深 1.5 ~ 7m，流速≤ 2.0m/s，河床渗水性较小，能打桩，盛产竹木的地区</td></tr>
<tr><td>竹、钢丝笼围堰</td><td>水深 4m 以内，河床难以打桩、流速较大的地区</td></tr>
<tr><td>堆石土围堰</td><td>河床渗水性很小，流速≤ 3.0m/s，石块能就地取材的地区</td></tr>
<tr><td rowspan="2">板桩围堰</td><td>钢板桩围堰</td><td>深水或深基坑，流速较大砂类土、黏性土、碎石土及风化岩等坚硬河床；防水性能好，整体刚度较强的地区</td></tr>
<tr><td>钢筋混凝板桩围堰</td><td>深水或深基坑，流速较大的砂类土、黏性土、碎石土河床除用于挡水防水外还可以作为基础结构的一部分，亦可采取拔除周转使用，能节约大量木材</td></tr>
<tr><td colspan="2">套箱围堰</td><td>流速≤ 2.0m/s，覆盖层较薄，平坦的岩石河床埋置不深的水中基础，也可用于修建桩基承台</td></tr>
<tr><td colspan="2">双壁围堰</td><td>大型河流的深水基础，覆盖层较薄、平坦的岩石河床</td></tr>
</table>

（1）围堰施工的一般规定：

① 围堰高度应高出施工期间可能出现的最高水位（包括浪高）0.5 ~ 0.7m。

② 围堰应防水严密，不得渗漏。

③ 围堰应减少对现状河道通航、导流的影响。对河流断面被围堰压缩而引起的冲刷，应有防护措施（包括河岸与堰外边坡）。

④ 堰内平面尺寸应满足基础施工的需要。

⑤ 应便于施工、维护及拆除。材质不得对现况河道水质产生污染。

（2）土围堰施工要求

① 筑堰材料宜用黏性土、粉质黏土或砂质黏土（即“黏土”，砂土不行）。填出水面之后应进行夯实。填土应从上游开始自两端至下游合龙。

② 筑堰前必须将筑堰部位河床杂物、石块及树根等清除干净。

③ 堰顶宽度 1 ~ 2m；机械挖基时宽度 ≥ 3m。内坡脚与堰内基坑边的距离 ≥ 1m（图 2-17、图 2-18）。

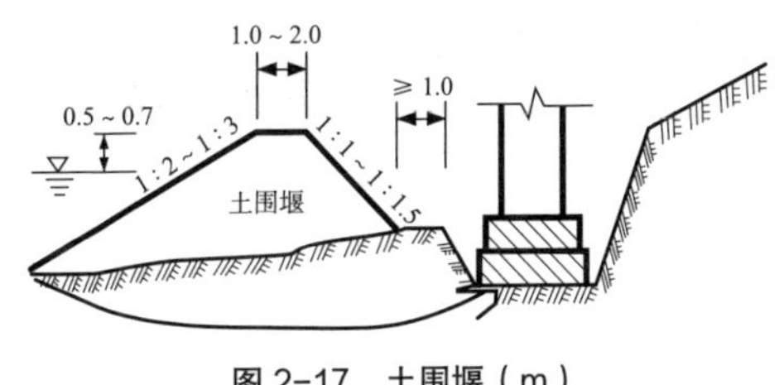

图 2-17　土围堰（m）

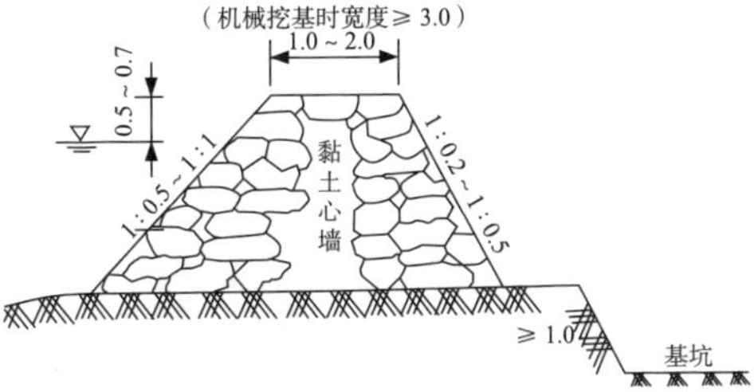

图 2-18　土围堰施工（m）

（3）土袋围堰施工要求

① 围堰两侧用草袋、麻袋、玻璃纤维袋或无纺布袋装土堆码。袋中宜装不渗水的黏性土。围堰中心部分可填筑黏土及黏性土心墙 [增强抗渗性（土袋间隙会渗水）]。

② 堆码土袋，应从上游开始自两端至下游合龙。

（4）钢板桩围堰施工要求

① 有大漂石及坚硬岩石的河床不宜使用钢板桩围堰（钢板桩难打下去）。

② 施打时，必须安装导向设备（图 2-19），以保证钢板桩的正确位置。

图 2-19　导向设备安装

③ 施打顺序一般从上游向下游合龙。

④ 钢板桩可用捶击、振动、射水等方法下沉，但在黏土中不宜使用射水下沉方法（图 2-20）。

图 2-20　钢板桩下沉

⑤ 经过整修或焊接后的钢板桩应用同类型的钢板桩进行锁口试验、检查。接长的钢板桩，其相邻两钢板桩的接头位置应上下错开（通常上下错开至少 1m）。

⑥ 钢围堰浇筑水下封底混凝土之前，应按照设计要求进行清基，

并由潜水员逐片检查合格后方可封底。

⑦ 抽水后，应对钢板桩进行检查堵漏，以防漏水（图 2-21）。

⑧ 利用钢围堰及钢护筒形成钻孔平台，进行桩基施工（图 2-22）。

图 2-21 堵漏

图 2-22 平台上桩基施工

（5）套箱围堰施工要求

① 无底套箱用木板、钢板或钢丝网水泥制作，内设木、钢支撑。套箱可制成整体式或装配式。

② 制作中应防止套箱接缝漏水。

③ 下沉套箱前（图 2-23），同样应清理河床。若套箱设置在岩层上时，应整平岩面。当岩面有坡度时，套箱底的倾斜度应与岩面相同，以增加稳定性并减少渗漏。

（6）双壁钢围堰施工要求

① 应做专项设计，其承载力、刚度、稳定性应验算且满足要求；双壁钢围堰锚碇系统及使用期限等应满足施工要求。

② 双壁钢围堰各节、块拼焊时（图 2-24），应按预先安排的顺序对称进行。拼焊后应进行焊接质量检验及水密性试验。

图 2-23 套箱下沉

图 2-24 拼块安装

③ 钢围堰浮运定位时，应对浮运、就位和灌水着床时的稳定性进行验算。在水深或水急处浮运时，可在围堰两侧设导向船。围堰下沉前初步锚碇于墩位上游处。在浮运、下沉过程中，围堰露出水面的高度不应小于 1m。

④ 准确定位后，应向堰体壁腔内迅速、对称、均衡地灌水，使围堰落床。

⑤ 落床后，应随时观测水域内流速增大而造成的河床局部冲刷，必要时可在冲刷段用卵石、碎石垫填整平。

⑥ 着床后，应加强对冲刷和偏斜情况的检查，发现问题及时调整（图 2-25）。

图 2-25　围堰完成

（7）锁口钢管柱围堰的施工除应符合钢围堰相关规定外，尚应符合下列规定：

① 钢管的材质和截面特性应满足围堰受力的要求。锁口的形式应根据土层地质情况和止水要求确定，当用于水中或透水性土层中的围堰时，应对锁口采取可靠的上水处理措施（图 2-26）。

② 施打钢管时，如土层中有孤石、片石或其他障碍物，其底口应做加强处理。

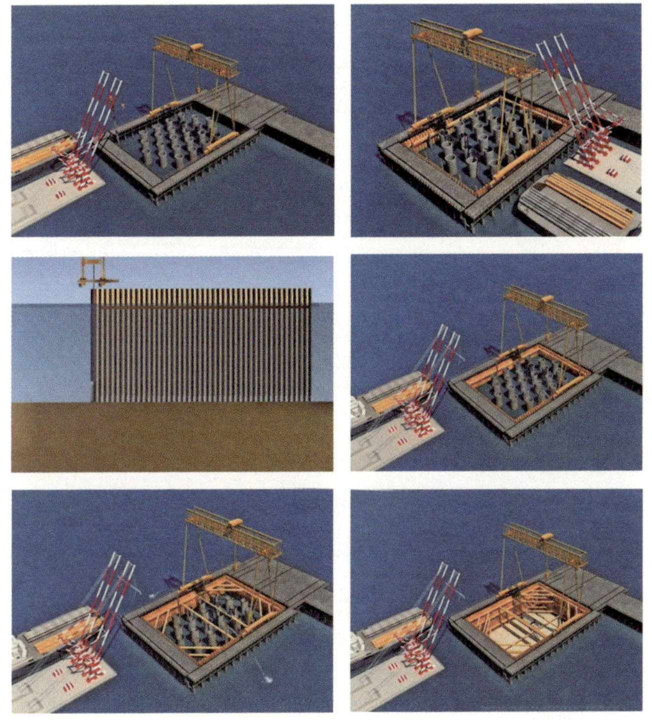

图 2-26　锁口钢管柱围堰施工

3 基坑降水

工程降水有多种方法，可根据土质类别、渗透系数、降水深度等因素选用，参照表 2-4。

工程降水方法的选用　　表 2-4

<table>
<tr><th colspan="2">适用条件及降水方法</th><th>土质类别</th><th>渗透系数（m/d）</th><th>降水深度（m）</th></tr>
<tr><td colspan="2">集水明排</td><td>填土、黏性土、粉土、砂土、碎石土</td><td>—</td><td>—</td></tr>
<tr><td>降水井</td><td>真空井点</td><td>粉质黏土、粉土、砂土</td><td>0.01 ~ 20.0</td><td>单级≤ 6，多级< 12</td></tr>
</table>

续表

适用条件及降水方法		土质类别	渗透系数（m/d）	降水深度（m）
降水井	喷射井点	粉土、砂土	0.1 ~ 20.0	≤ 20
	管井	粉土、砂土、碎石土、岩石	＞ 1.0	不限
	渗井	粉质黏土、粉土、砂土、碎石土	＞ 0.1	由下伏含水层的埋藏条件和水头条件确定
	辐射井	黏性土、粉土、砂土、碎石土	＞ 0.1	4 ~ 20
	电渗井	黏性土、淤泥、淤泥质黏土	≤ 0.1	≤ 6
	潜埋井	粉土、砂土、碎石土	＞ 0.1	≤ 2

1）采用集水坑排水时应符合下列规定：

（1）基坑开挖时，宜在坑底基础范围之外设置集水坑并沿坑底周围开挖排水沟，使水流入集水坑内，然后用水泵排出坑外。集水坑的尺寸宜视渗水量的大小确定（图 2-27）。

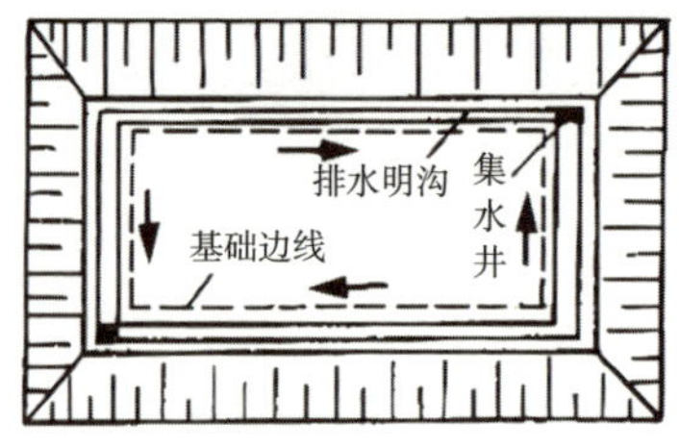

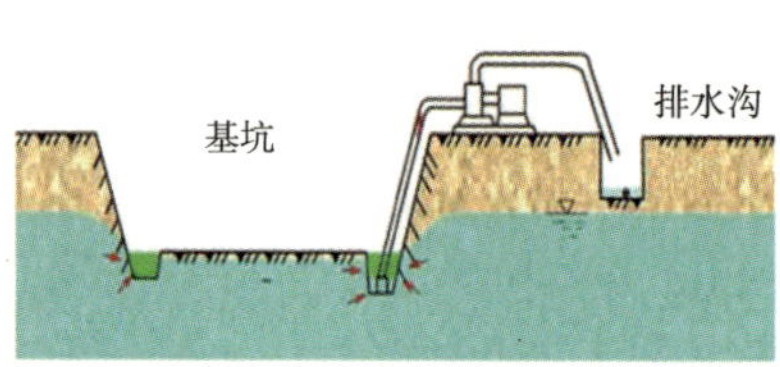

图 2-27　排水布置

（2）排水设备的能力宜为总渗水量的 1.5 ~ 2.0 倍。

2）采用井点降水法排水时应符合下列规定：

（1）当基坑开挖较深，基坑涌水量大，且有围护结构时，应选择井点降水方法。即用真空（轻型）井点、喷射井点或管井深入含水层内，用不断抽水的方式使地下水位下降至坑底以下，以方便土方开挖。井点降水法宜用于粉砂、细砂、地下水位较高、有承压水、挖基较深、坑壁不易稳定的土质基坑，在无砂的黏质土中不宜采用。井点类别的选择，宜按土层的渗透系数、要求降低水位的深度以及工程特点确定。

（2）轻型井点布置应根据基坑平面形状与大小、地质和水文情况、工程性质、降水深度等而定（图 2-28）。

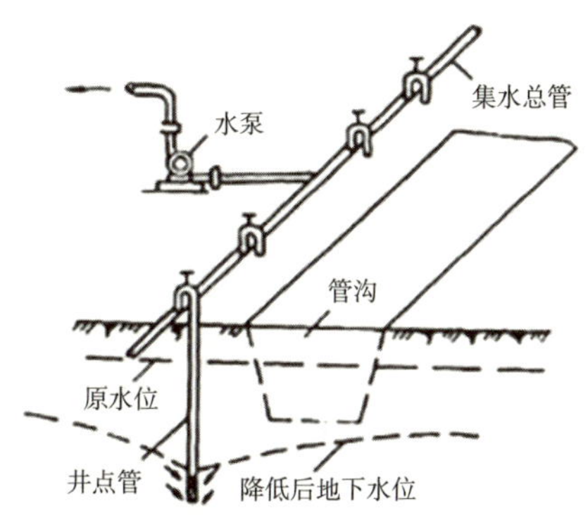

图 2-28　轻型井点（真空井点）

当基坑（槽）宽度小于 6m 且降水深度不超过 6m 时，可采用单排井点，布置在地下水上游一侧（图 2-29）。

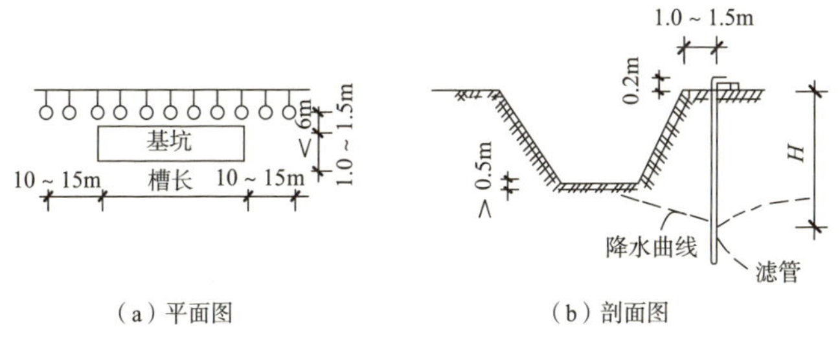

（a）平面图　　（b）剖面图

图 2-29　单排井点降水

当基坑（槽）宽度大于 6m 或地质不良，且渗透系数较大时，宜采用双排井点降水，布置在基坑（槽）的两侧（图 2-30）。

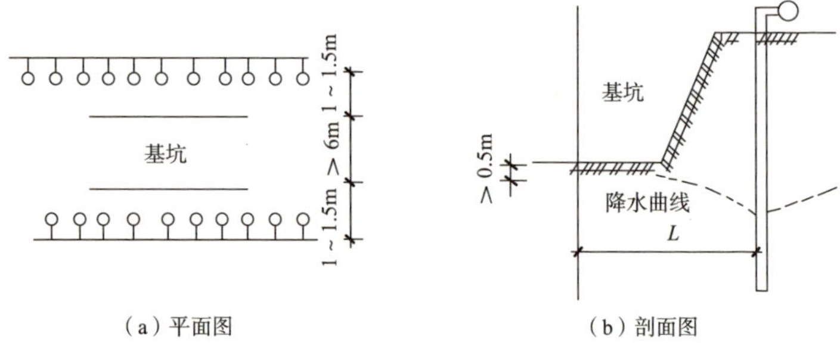

（a）平面图　　（b）剖面图

图 2-30　双排井点降水

当基坑面积较大时，宜采用环形井点降水（图 2-31）。挖土运输设备出入道可不封闭，间距可达 4m，一般留在地下水下游方向。

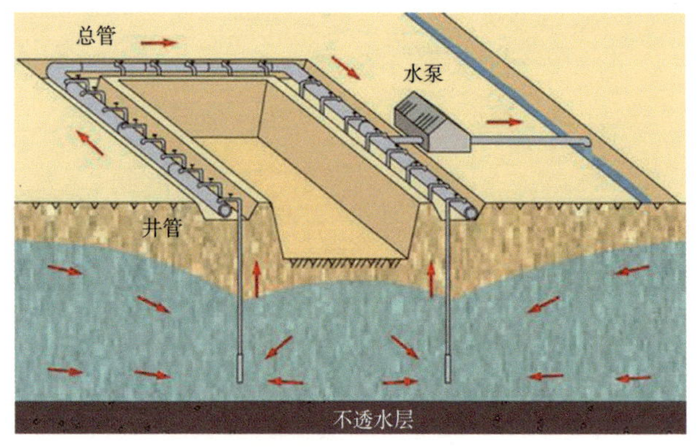

图 2-31　环形井点降水

（3）轻型井点宜采用金属管，井管距坑壁不应小于 1.0 ~ 1.5m（距离太小易漏气），井点间距一般为 0.8 ~ 1.6m。集水总管标高宜尽量接近地下水位线并沿抽水水流方向有 0.25% ~ 0.5% 的上仰坡度，水泵轴心与总管齐平。井点管的入土深度应根据降水深度及储水层所在位置决定，但必须将滤水管埋入含水层内，并且比挖基坑（沟、槽）底深 0.9 ~ 1.2m，井点管的埋置深度应经计算确定（图 2-32）。

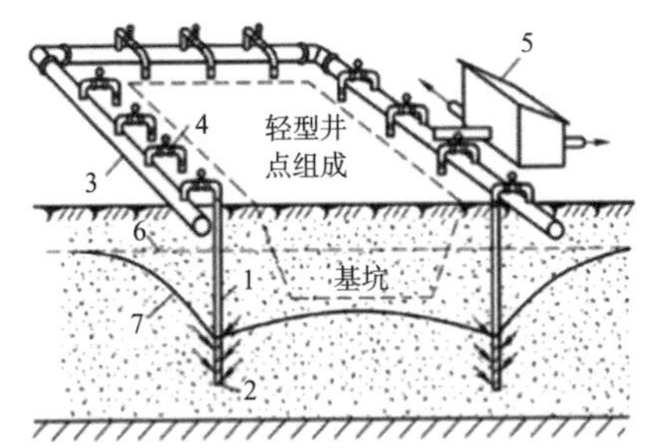

1—井点管；2—滤管；3—集水总管；4—弯联管；5—水泵房；6—原地下水位；
7—降低后地下水位

图 2-32　轻型井点降水

（4）井管的成孔可根据土质分别采用射水成孔或冲击钻机、旋转钻机及水压钻探机成孔。井点降水曲线应低于基底设计高程或开挖高程至少 0.5m。管井的滤管可采用无砂混凝土滤管、钢筋笼、钢管或铸铁管（图 2-33）。成孔工艺应适合地层特点，对不易塌孔、缩径地层宜采用清水钻进，采用泥浆护壁钻孔时，应在钻进到孔底后清除孔底沉渣并立即置入井管、注入清水，当泥浆的相对密度不大于 1.05 时，方可投入滤料。滤管内径应按满足单井设计流量要求而配置的水泵规格确定，管井成孔直径应满足填充滤料的要求；滤管与孔壁之间填充的滤料宜选用磨圆度好的硬质岩石成分的圆砾，不宜采用棱角形石渣料、风化料或其他黏质岩石成分的砾石。井管底部应设置沉砂段。

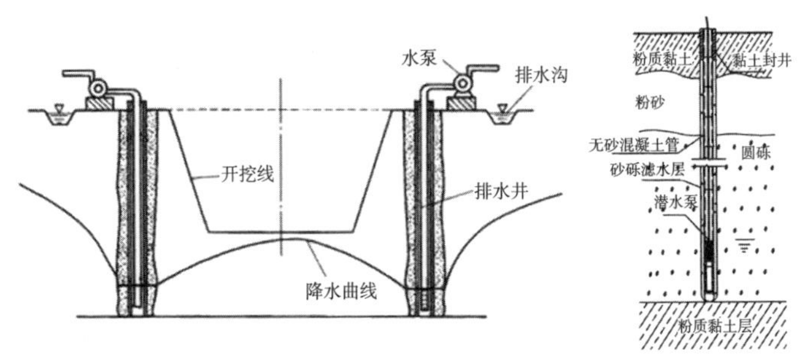

图 2-33　管井降水

3）采用止水帷幕法应符合下列规定：

（1）采用止水帷幕法施工时应进行施工设计。帷幕防渗层的厚度应满足基坑防渗的要求，止水帷幕的渗透系数宜小于 10×10^{-6}cm/s。

（2）采用防水土工膜在围堰外侧铺底时，应将河床面杂物清除干净并整平。土工膜应从围堰外侧的水位以上铺起，并超过堰脚不小于 3m；土工布之间的接头应搭接严密，铺底土工膜上应满压不小于 300mm 厚的砂土袋。

① 隔水帷幕深入降水含水层的隔水底板中（图 2-34），井点降水以疏干基坑内的地下水为目的，即落底式帷幕。这类隔水帷幕将基坑内的地下水与基坑外的地下水分隔开来，基坑内、外地下水无水力联系。此时，应把降水井布置于坑内，降水时，基坑外地下水不受影响。

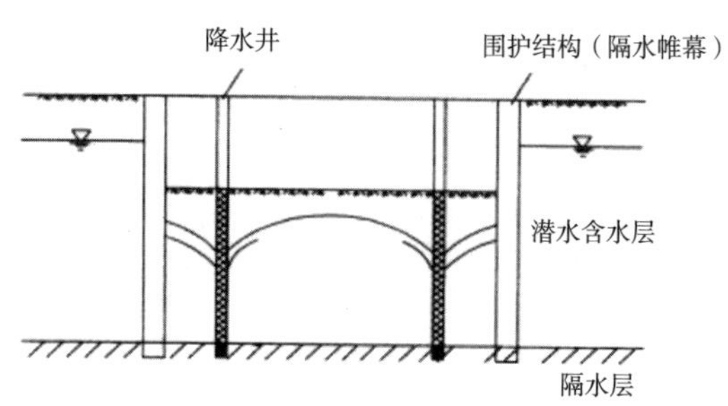

图 2-34　隔水帷幕深入降水含水层的隔水底板

② 隔水帷幕位于承压水含水层隔水顶板中（图 2-35），通过井点降水降低基坑下部承压含水层的水头，以防止基坑底板隆起或承压水突涌为目的，这类隔水帷幕未将基坑内、外承压含水层分隔开。由于不受围护结构的影响，基坑内、外地下水连通，这类井点降水影响范围较大。此时，应把降水井布置于基坑外侧。

③ 隔水帷幕底位于承压水含水层中（图 2-36），如果基坑开挖较浅，坑底未进入承压水含水层，井点降水以降低承压水水头为目的；如果基坑开挖较深，坑底已经进入承压水含水层，井点降水前期以降低承

压水水头为目的，后期以疏干承压含水层为目的。这类隔水帷幕底位于承压水含水层中，基坑内、外承压含水层部分被隔水帷幕隔开，仅含水层下部未被隔开。承压含水层上部基坑内、外地下水不连续，下部含水层连续相通。在这类情况下，应把降水井布置于坑内侧，这样可以明显减少降水对环境的影响，而且隔水帷幕插入承压水含水层越深，这种优势越明显。

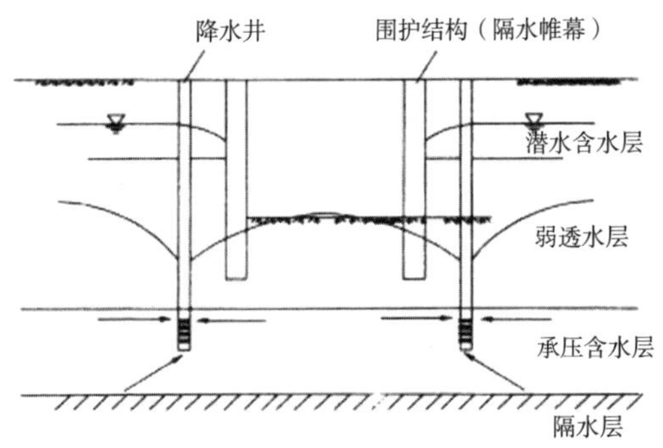

图 2-35　隔水帷幕底位于承压水含水层隔水顶板

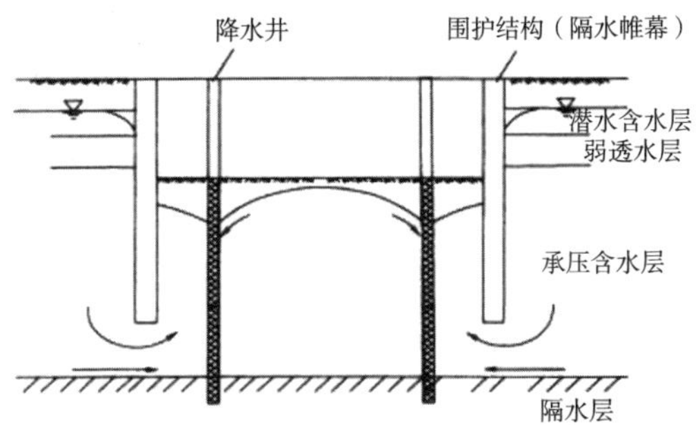

图 2-36　隔水帷幕底位于承压水含水层中

4 基底处理

对符合设计要求的细粒土、特殊土等基底，经修整完成后，应尽快设置混凝土垫层并进行基础的施工，不得使基底浸水或长期暴露。

基坑开挖后如基底的地质情况与设计不符，则应按程序进行设计变更并应对地基进行处理。地基处理应根据地基土的种类、强度和密度，按照设计要求，并结合现场情况，采用相应的处理方法。地基处理的范围应宽出基础之外不小于 0.5m。

对强度低、稳定性差的细粒土及特殊土地基，如饱和软弱黏土、粉砂土、湿陷性黄土、膨胀土、季节性冻土等，处理时应视该类土的处治深度和含水率等情况，采取固结、换填等措施，使之满足设计要求。

粗粒土和巨粒土地基的处理应符合下列规定：

1）对于强度和稳定性满足设计要求的粗粒土及巨粒土基底，应将其承重面平整夯实（图 2-37）。

图 2-37 基底整平

2）基底有水不能彻底排干时，应先将水引至排水沟，然后再在其上进行基础的施工。

5 基底检验

基坑基底的检验应包括基底的平面位置、尺寸和基底高程，以及基底的地质情况和承载力是否与设计资料相符；基底处理和排水情况是否符合要求；检查施工记录及有关试验资料等。

基底的平面位置应符合设计要求，且应满足基础施工作业的需要。

基底高程的允许偏差应符合相关规定。

小桥涵的地基检验可采用直观或触探方法，必要时可进行土质试验。

大、中桥和地基土质复杂、结构对地基有特殊要求的地基检验，宜采用触探和钻探（钻深至少 4m）取样做土工试验，亦可按设计的特殊要求进行荷载试验。

2.1.3 保证措施

1 危险性较大的分部分项工程（简称“危大工程”）施工前编制专项施工方案，开挖深度超过 5m（含 5m）的基坑土方开挖、支护、降水工程施工单位组织召开专家论证会对专项施工方案进行论证。

2 对于按照规定需要验收的危大工程验收合格的，经施工单位项目技术负责人及总监理工程师签字确认后，方可进入下一道工序。危大工程验收合格后，施工单位应当在施工现场明显位置设置验收标识牌，公示验收时间及验收人员等（图 2-38）。

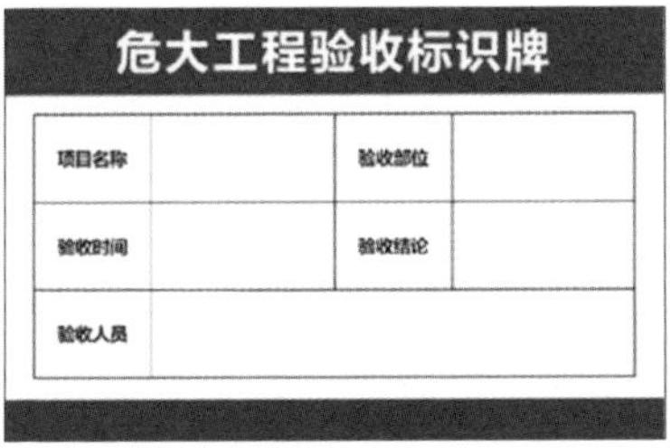

危大工程验收标识牌

项目名称		验收部位	
验收时间		验收结论	
验收人员			

图 2-38 危大工程验收公示牌

3 基坑工程施工中的一个重要环节，就是在基坑开挖及地下工程施工过程中，对基坑岩土性状、支护结构变位和周围环境条件的变化，进行各种观察及分析工作，并将监测结果及时反馈，根据预测判定施工对周围环境造成影响的程度，从而指导设计与施工，实现信息化管理（图 2-39）。

图 2-39　深基坑信息化管理

现场监测的对象包括：支护结构；基坑及周围岩土体，地下水；周边环境中的被保护对象，包括周边建筑、管线、轨道交通、铁路及重要的道路等；其他应监测的对象等（图 2-40）。

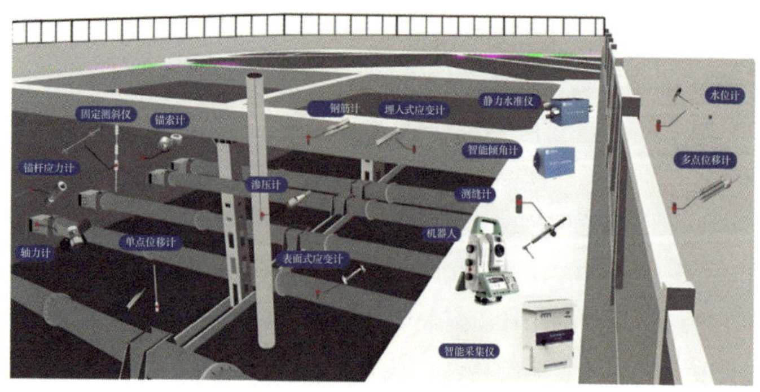

图 2-40　基坑安全监测示意图

4 基坑分块开挖顺序

基坑开挖应根据支护结构设计、降水排水要求确定开挖方案。开挖范围及开挖、支护顺序均应与支护结构设计工况相一致。挖土方开挖时严格遵循自上而下分层、分段的原则进行（图 2-41），严格控制开挖与支撑之间的时间、空间间隔，严禁超挖；软弱地层支撑应采用钢筋混凝土支撑等加强措施；应先撑后挖，采用换撑方案时应先撑后拆；支撑不到位严禁开挖土体；严格换撑、拆撑验收，严禁支撑架设滞后、违规换撑、拆撑。发生异常情况时，应立即停止挖土，并应立即查清原因且采取措施，正常后方能继续挖土。基坑开挖过程中，必须采取措施防止碰撞支撑、围护桩或扰动基底原状土。

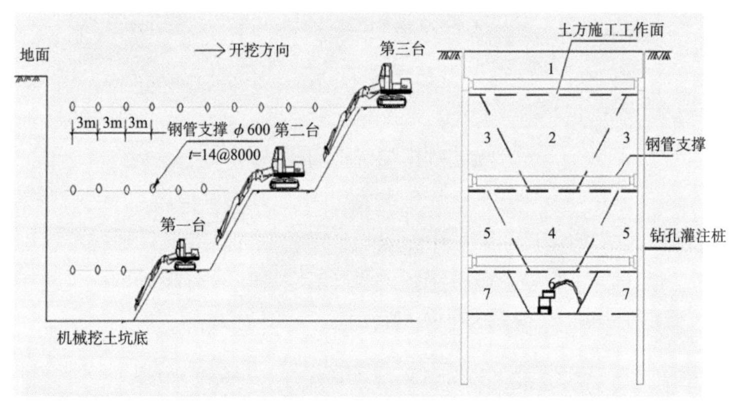

1～7代表开挖顺序

图 2-41 土方分层、分段开挖

5 软土地区基坑开挖还受到时间效应和空间效应的作用，因此基坑开挖参数（时间参数、空间参数）和施工顺序的确定应满足以下要求：

1）减少开挖过程中的土体扰动范围，采用分层分块开挖且空间几何尺寸能最大限度地限制支护墙体的变形和坑周土体的位移与沉降。

2）尽量缩短基坑开挖卸荷后无支护暴露时间。

3）满足对称开挖、均衡开挖的要求，使基坑受力均衡。

4）可靠而合理地利用土体自身在开挖过程中控制位移的潜力，安全、经济地解决基坑工程中稳定与变形的问题并实时监测（图 2-42）。

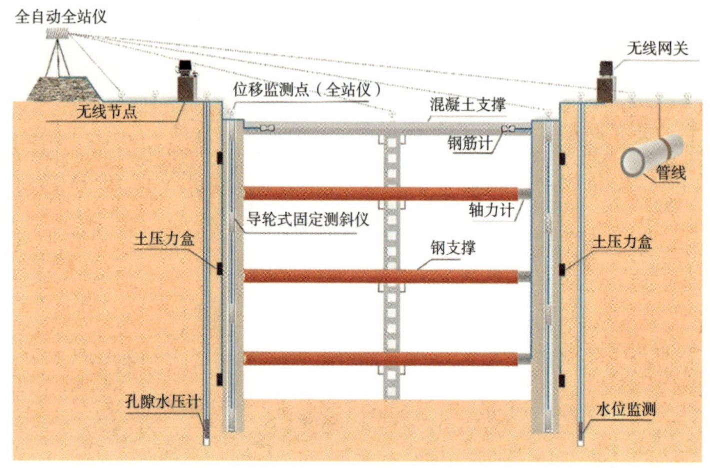

图 2-42　基坑监测示意图

6 支护结构施工与基坑开挖期间，支护结构达到设计强度要求前，严禁在设计预计的滑裂面范围内堆载；不应堆放材料和运行施工机械，材料堆放、挖土等应减少对周边环境、支护结构、工程桩等的不利影响。

基坑开挖应符合下列规定：

1）基坑开挖应按支护结构设计规定的施工顺序和开挖深度分层开挖（图 2-43），并应遵循“对称平衡、分层分段（块）、限时挖土、限时支撑”的原则。

2）基坑的支撑应遵循“先撑后挖、分层开挖、严禁超挖”的原则。

3）采用明排降水的沟槽（基坑），当边坡土体出现裂缝、沉降失稳等征兆时，必须立即停止开挖，进行加固、削坡等处理。

施工现场应根据风力和大气湿度的具体情况，进行土方开挖、回填、转运作业，沿线安排洒水车，洒水降尘（图 2-44）。

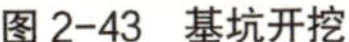

图 2-43　基坑开挖

图 2-44　基坑湿法作业

7 从事土方、渣土、砂石、灰浆和施工垃圾等散装、流体物料运输的车辆应采取密闭或覆盖措施，并按规定路线行驶，现场出入口处应采取保证车辆清洁的措施，设专人清扫社会交通路线（图 2-45）。

图 2-45　道路降湿清洗

8 施工区域需要进行安全保障，包括实施管制措施，设置警示标识、警示灯等提示设施和临边防护设施（图 2-46），保证施工现场的安全和通畅，并避免对周边交通和行人的影响。建筑基坑周围 6m 以内不得堆放阻碍排水的物品或垃圾，设置排水沟保持排水畅通。

施工现场应悬挂限速标志，道路畅通，应有循环干道，满足运输、消防要求。且主干道路宽度不小于 3.5m，载重汽车转弯半径不宜小于 15m，基坑上下楼梯安全可靠（图 2-47）。如因条件限制，应当采取措施。

图 2-46　基坑临边防护设施

图 2-47　基坑上下楼梯

9 雨季施工应充分利用地形与既有排水设施，做好防雨和排水工作，宜避开主汛期施工（图 2-48）。

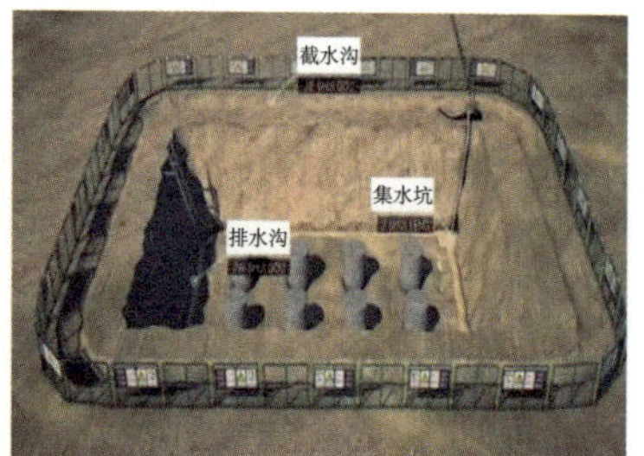

图 2-48　基坑防排水设置

2.2　承台施工

2.2.1　工艺流程

凿除桩头及垫层施工→测量放线→承台钢筋施工→承台模板施工→承台混凝土施工→混凝土养护→预制安装承台→基坑回填。

2.2.2　施工要点

1 凿除桩头及垫层施工

桩头混凝土凿除之前由测量员提供一个水准点，并在每个钻孔桩设计桩顶以下 5cm 处做记号（图 2-49）。

图 2-49　桩基—桩头标高

凿除混凝土时以此固定点作为参照点进行施工，并且凿除混凝土至设计桩顶标高以上 5 ~ 10cm 时停止机械施工改为人工凿除，以免破坏有效桩体（图 2-50）。

图 2-50　桩基—桩头凿除

凿除桩头并清理后，进行钢筋调直及桩基检验（图 2-51、图 2-52）。

水下封底（湿封法）：

当采用水下封底时，即在水下浇筑一层混凝土，封住坑底，养护一段时间，待其强度达到设计要求后，再抽开坑内的水，并凿除封底混凝土表面的浮浆层，接着浇筑钢筋混凝土承台。水下封底（湿封法）

施工主要有以下要点：

1）基底的浮泥、沉积物和风化岩块等应清除干净；软土地基应铺设碎石或卵石垫层。

2）浇筑前，每根导管应有足够的混凝土量，浇筑时能一次将导管底埋住。封底混凝土的原材料、配合比等可按钻孔灌注桩水下混凝土的相关规定执行，每根导管开始灌注时所用的混凝土坍落度宜采用下限，首批混凝土需要的数量应通过计算确定。

3）水下混凝土封底的浇筑顺序，应从低处开始，逐渐向周围扩大（图 2-53）。

图 2-51　桩基—桩头钢筋调直

图 2-52　桩基检验

图 2-53 水下混凝土封底的浇筑

4）每根导管的混凝土应连续浇筑，且导管埋入混凝土的深度不宜小于 1.0m；最终浇筑成的混凝土面应略高于设计高程。

5）水下封底混凝土强度达到设计强度等级，能满足抗浮要求时，方可将井内水抽除，并凿除表面松散混凝土进行承台施工。

2 测量放线

测量放线找出承台边线，往边线外侧 20cm 立垫层模板。在桩头钢筋某一断面上用油漆做统一标高标记，作为浇筑垫层混凝土时的参考点。垫层混凝土表面要求平整（图 2-54）。

图 2-54 浇筑垫层及测量放线

3 承台钢筋施工

1）钢筋绑扎

先绑扎承台的底层钢筋，安装支撑骨架，安装完一层，再绑扎侧面钢筋和顶层钢筋，补齐水平对拉筋，最后安装墩身预埋筋。一般情况下先长轴后短轴，由一端向另一端依次进行，操作时按图纸要求划线、铺钢筋、穿箍筋、绑扎、成型（图 2-55）。

图 2-55　承台钢筋施工

（1）钢筋之间的间距和距离是承台施工中需要严格控制的要点之一。尤其是承台中的主梁和柱子等关键部位，要保持钢筋之间的距离均匀，以增强连接的稳定性和均匀分布荷载。同时，还要注意避免钢筋产生挤压变形和扭曲变形，以保证钢筋的正常使用寿命。

（2）承台和地基的连接是承台施工中重要的一环。在进行连接前，要对连接表面进行清理，并确保无油污、杂物和锈蚀等。连接时，要保证连接件的质量可靠，连接力学性能符合要求。

2）大体积混凝土承台冷却水管布置

冷却水管安装时要求位置准确，安放稳固，每层冷却水管进出水口均须引至基础（承台）顶以上。

当冷却水管与钢筋相碰时，冷却水管可适当调整位置。注意每层与钢筋牢固绑扎，管道畅通，丝口接头牢靠，并进行通水试验，防止混凝土在浇筑过程中出现冷却水管漏水或堵塞现象（图 2-56）。

图 2-56　承台冷却水管安装

3）墩柱预埋钢筋安装

（1）钢筋预埋是确保承台结构强度和稳定性的重要步骤。根据设计图纸精确布置钢筋位置和间距。在预埋过程中，钢筋的固定和位置要符合设计要求，避免过度挤压或歪斜。同时，在预埋完成后，需要及时检查钢筋连接是否牢固。

（2）装配式预制墩柱钢筋预埋施工。墩柱预埋钢筋绑扎须在承台模板固定完成且加设保护层垫块之后，因为立柱预埋钢筋的位置定位在承台顶钢筋上，模板未固定前整个承台钢筋处于晃动状态（图 2-57）。

图 2-57　墩身钢筋定位

承台预埋钢筋与预制墩柱灌浆套筒匹配连接，应采用与套筒配套的定位胎具来定位钢筋（图 2-58）。定位胎具的主要组成构件有框架、定位钢管、卡板、水平限位销及支腿等。其中卡板用来定位面板，限位销用来固定插入无缝钢管内的主筋位置。

图 2-58　钢筋预埋定位胎具

具体安装要点如下：

① 依据预埋钢筋平面坐标及高程，通过测量放线，临时绑扎安装胎具四角位置的 4 根预留钢筋。

② 将胎具吊装在 4 根预留钢筋上，测量并调整胎具的标高至胎具水平，满足设计要求时用卡板固定。

③ 将 4 根预留钢筋与承台内其他钢筋焊接，或将胎具与基坑围护结构连接，确保预埋结构的整体稳定性。

④ 将剩余的预埋钢筋插入定位胎具的钢管内，调整预埋的位置，并用限位销固定。

⑤ 在浇筑混凝土前，应对预埋钢筋的高程、角度及相对位置进行测量复核。

⑥ 浇筑混凝土时，应测量复核预埋主筋的位置，减小混凝土对预埋钢筋的冲击。

4 承台模板施工（图 2-59）

1）模板的制作安装应符合下列规定：

（1）钢模板应按批准的加工图进行制作，成品经检验合格后方可使用。组装前应对零部件的几何尺寸和焊缝进行全面检查，合格后方可进行组装。

图 2-59　承台模板

（2）制作钢木组合模板时，钢与木之间的接触面应贴紧。面板采用防水胶合板的模板，除应使胶合板与背楞之间密贴外，还应对在制作过程中裁切过的防水胶合板茬口，按产品的要求及时涂刷防水涂料。

（3）采用其他材料（高分子合成材料面板、硬塑料或玻璃钢）制作模板时，其接缝应严密，边肋及加强肋应安装牢固，并应与面板成一整体。

（4）模板在安装前，先刷隔离剂。安装完成后，检查隔离剂是否符合要求，不合格的地方应补刷。为防止出现漏浆、烂根现象，在模板就位前，模板底口须贴海绵条。

2）模板安装前应检查钢筋位置是否准确，垫块绑扎是否规范（图 2-60）。

3）模板加固通过钢管、顶托、方木与基坑四周坑壁挤密、撑实，确保模板稳定牢固、尺寸准确，并清除模内杂物，承台模板安装完毕后检查尺寸、轴线、高程（图 2-61）。凡使用过的钢模，每次应对模板进行整修，每次使用前，模板应认真修理平整，开焊处要补焊磨光。

图 2-60　承台保护层混凝土垫块绑扎

图 2-61　承台模板安装

4）调模：模板安装完毕，采用挂线法调直，吊垂球法控制其垂直度，将对模板轴线偏差、标高进行复核及测量，合格后投入使用（图 2-62）。

图 2-62　模板偏差调整

5 承台混凝土施工

大体积混凝土的施工应提前制定专项施工方案，并应对混凝土采取温度控制措施，大体积混凝土的浇筑、温度控制应符合下列规定：

1）施工前应根据原材料、配合比、环境条件、施工方案和施工工艺等因素，进行温控设计和温控监测设计，并应在浇筑后按该设计要求对混凝土内部和表面的温度实施监测和控制。对大体积混凝土进行温度控制时，应使其内部最高温度不高于 75℃，内表温差不大于 25℃，混凝土表面与大气温差不大于 20℃（图 2-63）。

2）大体积混凝土可分层、分块浇筑，分层、分块的尺寸宜根据温控设计的要求及浇筑能力合理确定（图 2-64）。

图 2-63　大体积混凝土测温

图 2-64　混凝土浇筑

当结构尺寸相对较小或能满足温控要求时，可全断面一次浇筑。混凝土下料超过 2m 时，则采用串筒、溜槽浇筑（图 2-65）。混凝土的浇筑应连续进行。

图 2-65　溜槽浇筑

3）承台混凝土开始浇筑前，冷却水管就开始循环通水（图 2-66），以免阻塞，影响冷却效果。通过潜水泵向水箱连续供水。承台施工时，模板顶面要高出混凝土面至少 30cm，并确保模板不漏水，以存储保温水。冷水从进水口用高压水泵泵入，出水口流出的热水覆盖于混凝土表面用作保温水。

4）混凝土振捣使用插入式振捣时，插进深度一般为 50 ~ 100mm；混凝土振捣时间一般为 20 ~ 30s，以混凝土面停止下沉、不冒气泡、表面微微泛浆为宜。邻近模板周边，安排熟练的混凝土工，专门振捣（图 2-67）。

图 2-66 冷却水管循环通水

图 2-67 承台浇筑振捣

5）承台混凝土浇筑前应通知监理进行旁站，按有关规定由试验室负责制作混凝土试件，并指定现场技术员填写混凝土施工记录，详细记录浇筑日期和时间、原材料质量、混凝土的配合比、坍落度、拌合质量、混凝土的浇筑和振捣方法、浇筑进度和浇筑过程中出现的问题等，并详细记入工程日志中（图 2-68）。

图 2-68 坍落度测量

6 混凝土养护

大体积混凝土的温度控制宜按照“内降外保”的原则，在混凝土内部设置冷却水管，通循环水冷却，对混凝土外部采取覆盖蓄热或蓄水保温等措施进行。在混凝土内部通水降温时，进出口水的温差宜小于或等于 10℃，且水温与内部混凝土的温差宜不大于 20℃，降温速率宜不大于 2℃ /d; 利用冷却水管中排出的降温用水在混凝土顶面蓄水保温养护时，养护水温度与混凝土表面温度的差值应不大于15℃。

大体积混凝土采用硅酸盐水泥或普通硅酸盐水泥时，其浇筑后的养护时间宜不少于14d，采用其他品种水泥时宜不少于21d。在寒冷天气或遇气温骤降天气时浇筑的混凝土，除应对其外部加强覆盖保温外，尚宜适当延长养护时间（图2-69）。

混凝土浇筑结束后约2～3h内，用刮刀和木抹二次收浆抹面（图2-70），以闭合收缩裂纹。初凝前喷雾养护后覆盖一层塑料薄膜保湿，覆盖土工布保温，以减小混凝土降温速率。

图2-69　覆盖保温养护

图2-70　混凝土二次收浆抹面

7 预制安装承台

承台预制施工的场地规划、预制台座和存放台座设置、场内起吊移运、陆上和水上运输，以及临时设施、临时受力装置和受力结构等应符合相关规定。

承台单独预制或承台与底节墩身整体预制时，可根据桩基施工后的实际平面位置偏差适当调整承台上的桩孔预留位置，但应得到设计认可。

预制承台应在桩基础施工完成并经质量检验合格后方可进行安装，安装前应采取有效措施将桩基或钢护筒表面的淤泥等附着物清洗干净。

在陆地上安装承台时，应先开挖基坑至规定的基底高程，必要时浇筑封底或垫层混凝土，然后再起吊、就位进行安装。

在水上采用围堰止水后安装承台时，可先设置围堰、开挖基坑至规定的基底高程、浇筑封底混凝土，排出堰内的水后，再起吊、就位进行安装。

8 基坑回填

1）承台施工完成且混凝土强度达到设计强度的 70% 以后，方可进行基坑回填（图 2-71），基坑的回填须采用能够充分压实的材料，不得用草皮土、垃圾和有机土等不合格材料回填。

图 2-71　基坑回填

2）回填时应同时在两侧及基本相同的标高上进行，特别要防止对承台形成过大的单侧压力；回填材料应分层摊铺、压实，并进行检验（图2-72）；每层厚度一般不超过30cm。

图2-72 回填检验

2.2.3 保证措施

1 大体积混凝土养护的关键是保持适宜的温度和湿度，以便控制混凝土内外温差，在促进混凝土强度正常发展的同时防止混凝土裂缝的产生和发展。大体积混凝土的养护，不仅要满足强度增长的需要，还应通过温度控制，防止因温度变形引起混凝土开裂。混凝土养护阶段的温度控制措施有：

1）混凝土浇筑完毕后，在初凝前宜立即进行洒水养护工作（图2-73）。

图2-73 混凝土洒水养护

2）应专人负责温度控制养护工作。

3）大体积混凝土浇筑体内监测点布置，应能反映混凝土浇筑体内最高温升、里表温差、降温速率及环境温度，做好测温记录，发现监测结果异常时应及时采取相应措施。

4）混凝土拆模时，混凝土的表面温度与中心温度之间、表面温度与环境温度之间的温差不超过20℃。

5）采用内部降温法来降低混凝内外温差。内部降温法是在混凝土内部预埋水通入冷却水，降低混凝土内部最高温度。冷却在混凝土刚浇筑完时就开始进行。

6）保温法是在结构外露的混凝土表面以及模板外侧覆盖保温材料（如塑料工布、麻袋、阻燃保温被等），在缓慢散热的过程中，减少混凝土的内外温差。根据工程的具体情况，尽可能延长养护时间，拆模后立即回填或再覆盖保护，同时预防近期气候影响，防止混凝土早期和中期裂缝。

7）大体积混凝土保湿养护时间不宜少于14d，应经常检查塑料薄膜或养护剂涂层完整情况，并应保持混凝土表面湿润（图2-74）。

8）保温覆盖层拆除应分层逐步进行，当混凝土表面温度与环境最大温差小于20℃时，可全部拆除。

图2-74　承台保湿养护

2 施工区域需要进行安全保障，包括实施管制措施，设置警示标识、警示灯等提示设施和临边防护设施（图2-75），保证施工现场的安全和通畅，并避免对周边交通和行人的影响。建筑基坑周围6m以内不得堆放阻碍排水的物品或垃圾，设置排水沟保持排水畅通。

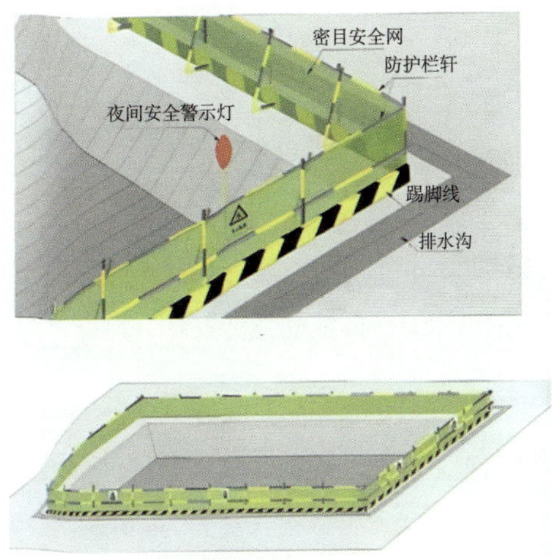

图 2-75　基坑临边防护设施

3 基坑上下楼梯安全可靠（图 2-76）。如因条件限制，应当采取措施。

图 2-76　基坑上下楼梯

第3章　墩身

3.1　墩身翻模施工

3.1.1　工艺流程

施工准备→钢筋安装→模板的翻转安装→混凝土的浇筑→拆模与混凝土养护。

3.1.2　施工要点

1 施工准备

1）模板

施工前对模板进行试拼打磨（图 3-1），以解决模板接缝、错台等问题。

图 3-1　模板打磨

2）爬梯、塔式起重机的安装

爬梯若不能安装在承台上时，地基承载力应满足要求，基础用混凝土浇筑，安装时为保证爬梯垂直，须对爬梯脚部进行调平处理，爬梯和塔式起重机随着高度增加，必须设置附臂与墩柱进行可靠连接（图 3-2、图 3-3）。

图 3-2　爬梯与墩柱安全连接

图 3-3　塔式起重机与墩柱安全连接

2 钢筋安装

钢筋安装须设置安全可靠的操作平台，竖向钢筋采用直螺纹套筒连接，水平箍筋和拉筋按常规工艺施工，根据设计要求安装劲性骨架，以固定墩柱钢筋（图 3-4），钢筋绑扎完成注意预埋爬梯和塔式起重机连接件。

3 模板的翻转安装

翻模模板提升采用起重机提升法，一套模板总高度为 6.75m，分三节，每节模板高度为 2.25m，每次向上翻升底部两节模板，以保证每次浇筑高度为 4.5m（图 3-5）。

图 3-4　劲性骨架固定墩柱钢筋

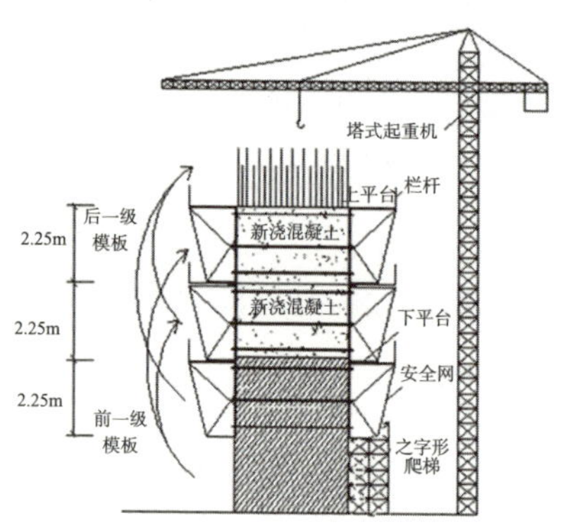

图 3-5　模板安装

4 混凝土的浇筑

混凝土采用起重机提升料斗分层浇筑（图 3-6），对于大于 2m 落差采用“串筒”辅料，以防止混凝土因大落差而出现离析现象。

5 拆模与混凝土养护

混凝土浇筑完成，待强度达到要求，拆除模板后采用墩身外侧围挂打孔 PVC 管喷淋进行混凝土洒水养护（图 3-7），PVC 管随模板翻升用绳子提拉逐步上升。

图 3-6 混凝土浇筑

图 3-7 混凝土洒水养护

3.1.3 质量保证措施

1 模板接缝采用双面胶带处理以防止漏浆，模板安装前对模板进行打磨，并刷隔离剂。

2 模板安装完毕后必须用钢尺检测其几何尺寸，水准仪或水平管检测水平面高度，全站仪检测平面位置，线坠检测竖直度。

3 高墩放样注意避免日照引起的水平偏差（一般在 2cm 内），放样时间应安排在早上 9 点前或下午 4 点以后。

4 混凝土采用分层浇筑，振捣密实，浇筑完成时混凝土面宜低于模板 10mm，以保证混凝土面的连续性。

5 当混凝土的强度大于 2.5MPa 时清除浮浆，凿毛清理后进行下一段施工。

6 为确保墙身外观质量，模板翻升到位后，必须对模板进行彻底清理、调直、修补和加固。

7 拆模后及时修复表面缺陷，保证墩身颜色一致、棱角分明。

8 混凝土浇筑完成后，应及时进行养护，养护时间应不少于 7d。

3.1.4　安全保证措施

1 凡患有高血压、心脏病等不适合高空作业的人员不得参加翻模施工。

2 进入施工现场必须佩戴安全帽，进行高空或悬挂作业时必须系好安全带，穿防滑鞋。

3 翻模施工中，模板加固必须派专人检查，防止混凝土浇筑过程中出现爆模等恶性安全事故发生。

4 当施工现场风力大于 6 级或暴风雨、浓雾天气应暂停施工，并对机械设备材料等进行转移和固定，确保人员和施工设施的安全。

5 进行焊接切割作业时，根据作业位置和环境定出危险范围，禁止在作业下方危险区域内堆放可燃、易爆物品和停留人员。

6 施工操作平台四周应设置安全网，形成一个封闭的施工环境。

7 高空作业使用的工具和材料必须放于工具箱或临时固定，防止高空坠物。

8 下层混凝土未达到凝期要求时不得拆除其下层模板。

9 对于跨道路施工，为保证作业下方道路交通安全，必须设置临时安全通道，净空 5m，长度应超过大桥宽度。

3.2 墩身爬模施工

3.2.1 工艺流程

施工准备→预埋件埋设→爬模安装→安装液压系统→钢筋混凝土施工→脱模→导轨爬升→爬架架体及模板爬升→安装模板。

3.2.2 施工要点

1 施工准备

爬模组装之前须进行放线，确定提升架中心线、模板边线、墩中心线等，对行走导轨涂抹润滑剂，对模板涂抹隔离剂，做好施工材料场地规划（图3-8）。

图3-8 墩身爬模施工

2 预埋件埋设

1）第一级在爬模装置安装前埋设。

2）第二级开始，随升随埋设（图3-9）。

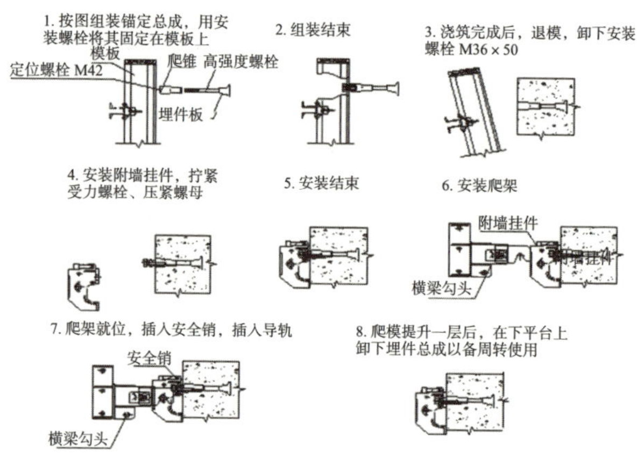

图 3-9　预埋件埋设顺序图

3 爬模安装

1）安装模板：平模支完后，支角模，角模与平模之间设调节缝板（图 3-10）。

图 3-10　模板安装

2）安装爬架：提升架先在地面组装，待模板支完后，插入已支的模板背面，提升架活动支眼同模板背楞连接，并用可调丝扣调节模板截面尺寸和垂直度（图 3-11）。

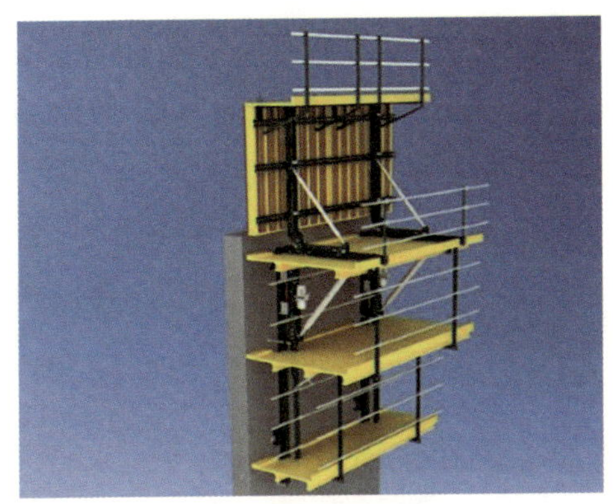

图 3-11 爬架模型图

3）安装围圈：围圈由上下弦槽钢、斜撑、立撑等组成装配式桁架，安装在提升架外侧，将提升架连成整体。围圈在对接和角接部位的连接件进行现场焊接。

4）安装外架柱梁：在提升架立柱外侧安装外挑梁及外架立柱，形成挑平台和吊平台，外挑梁在滑道夹板中留一定间隙，使提升架立柱有活动余地。

5）安装操作平台：铺平台板；外架立柱外侧设吊平台护栏；外架立柱上端，设上操作平台护栏，高 2m；平台及吊平台护栏下端均设踢脚板；从平台护栏上端到吊平台护栏下端，满挂安全网，并折转包住吊平台。

4 安装液压系统

1）根据工程具体情况，每榀提升架上安装 1 ~ 2 台千斤顶，千斤顶上部必须设限位器，并在支承杆上设限位卡，每个千斤顶安装一只针形阀。

2）主油管安装成环形油路，每个环形油路设有若干分油管和分油器，每个分油器接通 5 ~ 8 个千斤顶。

3）在进行液压系统排油排气和加压试验后（图 3-12），插入支撑杆，结构体内埋入支承杆，用短钢筋同墙立筋加固焊接。

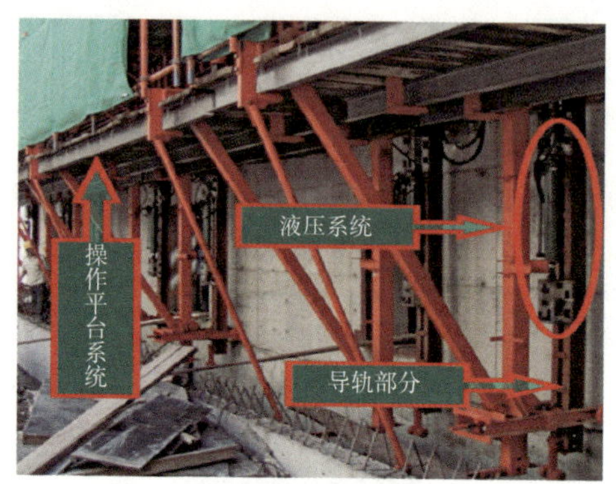

图 3-12　液压系统

5 钢筋混凝土施工

1）钢筋绑扎：竖向钢筋采用直螺纹套筒连接，水平箍筋和拉筋按常规工艺施工。第一级钢筋必须在爬模装置安装前绑扎，从第二级开始，钢筋随升随绑（图 3-13）。

图 3-13　钢筋绑扎

2）混凝土分层浇筑，每层高度不超过 30cm，严禁从爬模的一端浇筑满后向另一端斜向浇筑。

3）浇筑完毕后要及时养护不少于 7d，养护方法同翻模施工。

6 脱模

混凝土强度达到 2MPa 后可进行脱模，大模板采取分段整体进行脱模，角模脱模后同大模板相连，一起爬升。

7 导轨爬升（图 3-14）

1）混凝土强度达到 15MPa 以上，上部爬升悬挂件安装完成。清洁爬升导轨，并在导轨表面涂上润滑油；液压油缸上、下顶升弹簧装置方向一致向上。

2）经确认爬升条件具备后，打开液压油缸的进油阀门，启动液压控制柜，拆除导轨顶部楔形插销，开始导轨的爬升。当液压油缸完成一个行程的顶升后，经确认其上、下顶升装置到位后，再开始下一个行程的爬升。

3）当导轨爬升到位后，按从右到左插上爬升导轨顶部楔形插销，以确保插销锁定装置到位。下降导轨顶部楔形插销与悬挂件完全接触。

4）导轨爬升完成后，关闭油缸进油阀门、关闭控制柜、切断电源。

图 3-14 导轨爬升

8 爬架架体及模板爬升（图 3-15）

1）清理爬架上的冗余荷载；改变液压油缸上下顶升弹簧装置状态，使其一致向下；解除墩身与爬架的连接件；完成前节段螺栓孔的修补。

2）经确认爬架爬升条件具备后，打开液压油缸的进油阀门，启动液压控制柜，拔去安全插销，开始爬架爬升。

3）当爬架爬升 2 个行程后，拔除悬挂插销。

4）当爬架爬升到位后，应及时插上承重插销及安全插销，关闭油缸进油阀门、关闭控制柜、切断电源。

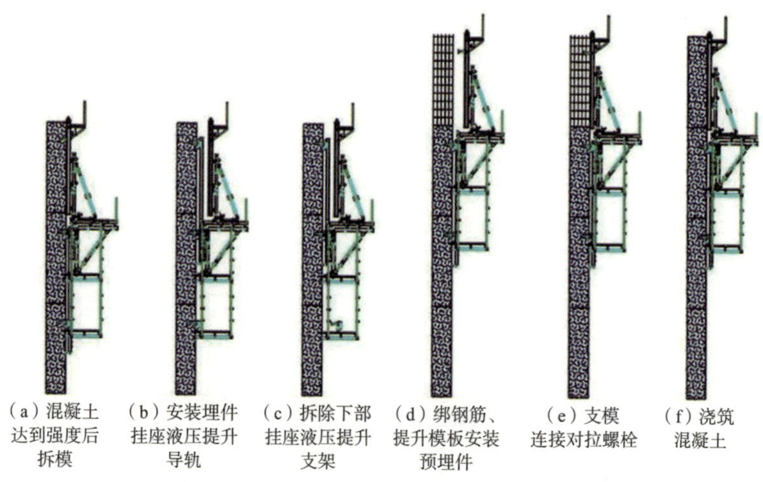

（a）混凝土达到强度后拆模　（b）安装埋件挂座液压提升导轨　（c）拆除下部挂座液压提升支架　（d）绑钢筋、提升模板安装预埋件　（e）支模连接对拉螺栓　（f）浇筑混凝土

图 3-15　模板爬升流程示意图

9 安装模板

1）安装模板前，先确定爬架悬挂预埋件位置，然后按测量所放出的理论位置安装模板，通过调节爬架系统上设置的纵、横向模板，滑动调节系统，完成模板的安装、固定。

2）模板安装时防偏纠偏措施

严格控制支承杆高程、限位卡底部高程、千斤顶顶面高程，要使它们保持在同一水平面上，做到同步爬升，每隔 500mm 调平一次。

3.2.3　质量保证措施

1 埋件预埋的位置要求准确，在浇筑混凝土前必须派专人进行复核，确保误差不大于1mm。

2 严格控制混凝土配合比、水灰比、坍落度。

3 每次拆模后都必须将模板面板附着的杂物清理干净，并在浇筑混凝土前刷隔离剂。

4 为防止模板爬升过程中出现偏移和扭转，在正常施工中，每一模都要用仪器测量墩中线，发现偏移或扭转及时纠正。

5 其他同翻模施工。

3.2.4 安全保证措施

1 工人在进行模板安装及拆除时必须戴安全带，安全带挂在安全的骨架上。

2 爬模工程应设专职安全员，负责爬模施工的安全监控。

3 操作平台与地面之间应有可靠的通信联络，操作人员发现有不安全问题，应及时处理、排除并立即向总指挥反馈信息。

4 爬升前爬模总指挥应告知平台上所有操作人员，清除影响爬升的障碍物。

5 爬模装置拆除时，参加拆除的人员必须系好安全带并扣好保险钩；每起吊一段模板或架体前，操作人员必须离开。

6 墩身四周设置安全区域，做好围栏，防止坠物伤人。

7 当施工现场风力大于6级或暴风雨、浓雾天气应暂停施工，并对机械设备材料等进行转移和固定，确保人员和施工设施的安全。

8 操作平台上应在显著位置标明允许荷载值，设备、材料及人员等荷载应均匀分布，人员、物料不得超过允许荷载；爬模装置爬升时不得堆放钢筋等施工材料，非操作人员应撤离操作平台。

9 定期对机械、液压设备等进行检查、维修，确保使用安全。

10 操作平台上应按消防要求设置灭火器，施工消防供水系统应随爬模施工同步设置。在操作平台上进行电、气焊作业时应有防火措施和专人看护。

3.3 空心薄壁墩施工

3.3.1 工艺流程

施工准备→模板制作与安装→钢筋制作、安装→混凝土施工→模板提升→下一节段施工。

3.3.2 施工要点

1 施工准备

施工缝处混凝土表面的光滑表层、松弱层应予凿除，凿毛的最小深度应不小于 8mm。对施工缝处混凝土的强度，当采用水冲洗凿毛时，应达到 0.5MPa；人工凿毛时，应达到 2.5MPa；采用风动机凿毛时，应达到 10MPa。

经凿毛处理后的混凝土面，新混凝土浇筑前，应采用洁净水冲洗干净。

对重要部位及有抗震要求的混凝土结构，宜在施工缝处补插适量的锚固钢筋，补插的锚固钢筋直径可比结构主筋小一个规格，间距宜不小于 150mm，插入和外露的长度均不宜小于 300mm。

2 模板制作与安装

1）墩身根据高度、尺寸不同可以选择爬模法（图 3-16）、滑模法（图 3-17）、翻模法等施工方法，根据不同的施工方法制作不同的组合模板。

2）底部实心段选择翻模时可采用支架模板法施工，采用滑模法施工。

3）采用爬模法施工、滑模法施工前须对组合模板进行预拼装，拼装时可根据主墩墩身施工的需要先预拼到一定高度，后续上部施工时再根据需要进行顶升加高。

4）滑模组装检查合格并进行加固，应试滑升 3 ~ 5 个行程。

图 3-16　爬模法施工

图 3-17　滑模法施工

3 钢筋制作、安装

1）纵向主筋宜采用直螺纹套筒连接、锥螺纹套筒连接、套筒挤压连接，其余钢筋按照设计图纸及施工规范要求进行连接（图 3-18 ~ 图 3-21）。

图 3-18　钢筋制作

图 3-19　直螺纹套筒连接

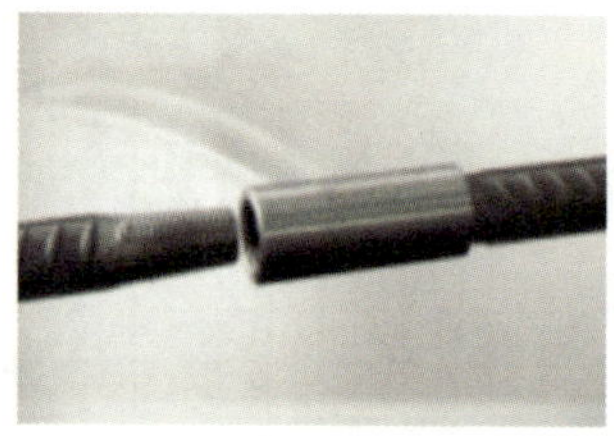

图 3-20　锥螺纹套筒连接

图 3-21　套筒挤压连接

2）直螺纹钢筋丝头加工时，钢筋端部应采用带锯、砂轮锯或带圆弧形刀片的专用钢筋切断机切平，镦粗头不应有与钢筋轴线相垂直的横向裂纹，钢筋丝头长度应满足产品设计要求，极限偏差应为 $0 \sim 2.0p$（p 为螺距）。

3）钢筋丝头采用专用直螺纹量规检验，通规应能顺利旋入并达到要求的拧入长度，止规旋入不得超过 $3p$（图 3-22）。

图 3-22　止规

4）直螺纹接头安装时可用管钳扳手拧紧（图 3-23），钢筋丝头应在套筒中央位置相互顶紧，标准型、正反丝型、异径型接头安装后的单侧外露螺纹不宜超过 2p。

图 3-23 管钳扳手拧紧

4 混凝土施工

1）浇筑混凝土前应根据待浇筑结构物的情况、环境条件及浇筑量等制订合理的浇筑工艺方案，工艺方案应对施工缝设置、浇筑顺序、浇筑工具、防裂措施、保护层的控制等作出明确规定。

2）浇筑混凝土宜采用泵送施工（图 3-24），直接浇筑混凝土时，其自由倾落高度宜不超过 2m；超过 2m 时，应通过串筒、溜管（槽）或振动溜管（槽）等设施下落。

图 3-24 混凝土泵送施工

3）满足大体积混凝土的应按照大体积混凝土相关规定进行施工。

4）混凝土应按一定的厚度、顺序和方向分层浇筑，且应在下层混凝土初凝或能重塑前浇筑完成上层混凝土；上下层同时浇筑时，上层与下层的前后浇筑距离应保持在 1.5m 以上；在倾斜面上浇筑混凝土时，应从低处开始逐层扩展升高，并保持水平分层。

5）混凝土的浇筑宜连续进行，因故中断间歇时，其间歇时间应小于前层混凝土的初凝时间或重塑时间，超出时应留置施工缝。

6）浇筑混凝土期间，应随时检查支架、模板、钢筋、预应力管道和预埋件等的稳固情况。

7）新浇筑混凝土的强度达到 2.5MPa 之前，不得使其承受行人、运输工具、模板、支架及脚手架等荷载。

8）养护应根据施工对象、环境条件、水泥品种、外加剂或掺合料以及混凝土性能等因素，制定具体的养护方案（图 3-25），采用硅酸盐水泥、普通硅酸盐水泥等的混凝土养护时间不少于 7d，满足大体积、掺用外加剂的混凝土，养护时间不少于 14d。

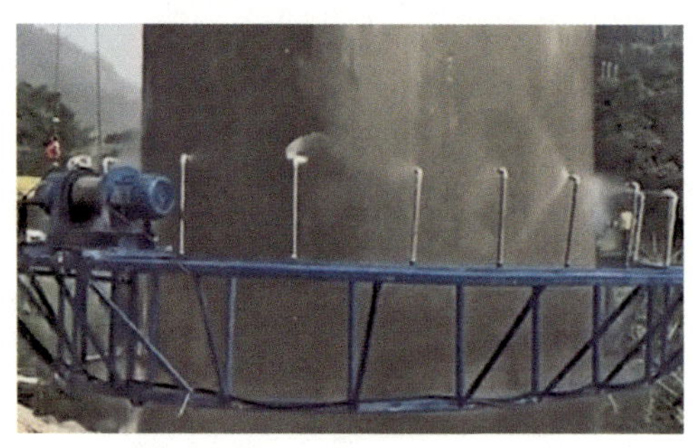

图 3-25　墩身洒水养护

5 模板提升

1）采用提升模板施工时，应设置脚手平台、接料平台、挂吊脚手及安全网等辅助设施。

2）采用翻转模板和爬升模板施工时（图 3-26），其结构应满足强度、刚度及稳定性要求。液压爬模应由专业单位设计和制造，并应有检验合格证明及操作说明书。施工应符合下列规定：

（1）混凝土的强度应达到规定的数值后方可拆模并进行模板的翻转或爬架爬升。作用于爬模上接料平台、脚手平台和拆模吊篮的荷载应均衡。

（2）模板沿墩身周边方向应始终保持顺向搭接。在施工过程中，应随时检查爬模的中线、水平位置和高程等，发现问题应及时纠正。

图 3-26 翻转模板提升

3）采用滑升模板时，除上述的规定外，模板的滑升速度还宜不大于 250mm/h，滑升时应检测并控制其位置。滑升模板的施工宜连续进行，因故中断时，宜在中断前将混凝土浇筑齐平，中断期间模板仍应继续缓慢地滑升，直到混凝土与模板不致粘住时为止。

6 下一节段施工

重复上述步骤直至墩身设计高度，完成墩身施工。

3.3.3 质量、安全控制措施

1 质量控制措施

1）强度与稳定性：墩柱的强度要符合设计要求，稳定性要保证，在施工过程中要对材料和施工质量进行严格监控。

2）尺寸与几何形状：墩柱的尺寸和几何形状必须符合设计要求和施工图纸要求，施工过程中要进行定位和检测。

3）外观质量：墩柱的外观要平整、光滑，不得有明显的裂缝、破损和污渍，墩柱表面的防腐涂层要均匀、牢固。

4）钢筋的安装和连接：钢筋的安装要按照设计要求和施工图纸要求进行，连接要牢固，钢筋的锈蚀要得到有效的防治。

5）混凝土的配合比和浇筑：混凝土的配合比要合理，浇筑要均匀、密实，控制浇筑高度和速度，防止渣浆分离和表面质量不良。

6）模板的搭设和拆除：模板的搭设要牢固且符合要求，模板拆除要符合混凝土的强度要求，防止损坏和影响墩柱的结构稳定性。

2 安全控制措施

1）严格执行作业人员身体检查制度，凡患有心脏病、高血压、精神病、癫痫病、眩晕等作业人员均不可从事高处作业。

2）从事高处作业的人员作业时，上衣应采用紧身工作服，下衣裤脚应裹紧；脚下穿软底防滑鞋，作业时要佩戴好安全帽，系好帽带，并系好安全带。

3）墩柱作业必须设置安全防护网（水平网、立网），并保证安全防护设施完善健全，安全警示标志齐全醒目，对安全防护设施和安全标志不得毁损和擅自移位拆除。

4）根据作业区域的气候和环境，采取可靠的防滑安全措施，必要时还需安装避雷装置，并定期和不定期随时专人检查安全防护设施情况，发现问题要立即整改，严禁违章冒险作业。

第 4 章　盖梁

4.1　工艺流程

测量放样→支撑系统架设→底模安装→钢筋加工与安装→预埋支座钢筋→侧模及端模安装→混凝土浇筑及养生→侧模拆除→预应力筋张拉→压浆封锚→底模及支撑系统拆除。

4.2　施工要点

4.2.1　测量放样

用全站仪放出盖梁轴线及边线，根据盖梁中线和支撑体系搭设范围采用尺量放出盖梁支撑体系搭设范围边线，并根据方案在边线的基础上外放一定距离作为支撑体系基础处理范围。

4.2.2　支撑系统架设

1 盘扣支架支撑体系

1）支架基础处理

（1）为确保地基有足够的承载力及稳定性，消除地基的沉降和不均匀沉降，对基础处理范围场地采用挖掘机整平，然后用压路机进行压实处理。支撑系统搭设前，应对需要处理或加固的地基、基础进行验收，并留存记录，若承载力达不到要求则应进行换填处理（图 4-1）。

（2）在处理完成后的基础上浇筑 20cm 厚的 C20 混凝土（图 4-2），为使支架整体均衡受力，浇筑时要采用刮杠进行平整，并用插入式振捣棒振捣，最后用抹面机对表面进行收面。

图 4-1　地基承载力测试

图 4-2　支架垫层混凝土浇筑

（3）支架基础四周设置排水沟（图 4-3），并与现场总体排水系统连接，保障排水顺畅。

图 4-3　支架基础四周的排水沟

2）支架搭设

（1）支撑架立杆搭设位置应按专项施工方案放线确定。

（2）支撑架搭设应根据立杆放置可调底座，应按先立杆后水平杆再斜杆的顺序搭设，形成基本的架体单元，应以此扩展搭设成整体脚手架体系。

（3）可调底座和土层基础上垫板应水平放置在定位线上，并保持水平。垫板应平整、无翘曲，不得采用已开裂木垫板。

（4）支撑架搭设完成后应对架体进行验收，并应确认符合专项施工方案要求后再进入下道工序施工。

（5）支架搭设时应预留施工通道的宽度，架体外侧做好防护（图 4-4）。

图 4-4　盖梁支架搭设及外侧防护

2 钢管贝雷支架支撑体系

1）基础处理

（1）对地基采用挖机整平后压实，处理后地基承载力须满足设计要求，若承载力达不到要求则应进行换填处理。

（2）钢管柱基础采用预制混凝土块或现浇混凝土基础，基础与钢管柱连接部位须预埋钢板，预埋钢板安装前与安装后均须进行定位与找平（图 4-5）。

图 4-5　预埋钢板定位与找平

2）支撑体系架设

（1）立柱上设工字钢承重梁，工字钢安装时要保证工字钢中心与钢管立柱中心重合，钢管立柱施工过程中要注意竖向垂直度的控制。门洞上无支撑架体时，横向工字钢与钢管立柱之间设置卸落砂筒作为临时支座，便于支架的高程调整和拆除作业。

（2）贝雷梁拼装

① 先将贝雷片在地面上按设计片数拼装，并分组连接好。在贝雷梁安装前，应按照设计间距将各组贝雷架的位置做好标记。

② 技术人员依照设计标高，对临时支座顶面标高进行复测，确认符合设计及规范要求后，进行贝雷梁架设作业。

③ 贝雷梁架设前编排好贝雷梁的序号，按架设的前进方向从中间向两侧架设完成。

④ 起吊时贝雷梁梁底距平台的起吊高度控制在 3m 内，横移均速。吊移梁时用绳子在地面上进行牵引，控制贝雷梁的方向，防止转动，防止对已经立完的钢管柱产生影响。

⑤ 起重机将贝雷梁吊到钢管桩支架顶横梁位置后，在作业人员的指挥下落梁，人工配合保证落梁位置准确。横梁线路左右侧设有角钢限位器，防止移梁过程中梁体超出可移动范围产生事故。

3 抱箍法支撑体系

对于圆柱墩盖梁，可采用抱箍法施工（图 4-6），通过在抱箍上安装工字钢或型钢形成承力架，其上铺设槽钢，搭设模板、安装钢筋骨架、浇筑混凝土。

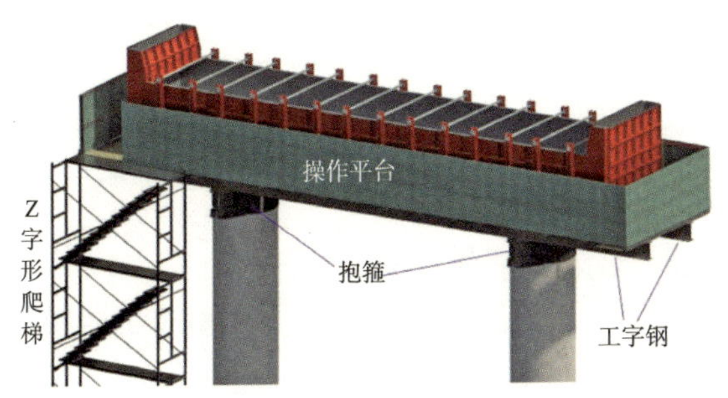

图 4-6 抱箍法施工示意图

1）盖梁承重抱箍安装

（1）在抱箍安装前，对抱箍进行除锈，除去抱箍内侧的铁锈，防止铁锈减弱抱箍与墩柱的摩擦系数，同时避免在拆除抱箍后，铁锈影响墩柱的外观，增加不必要的除锈工作。

（2）抱箍吊装前，在地面上先把两片抱箍用螺栓进行初步连接，再用螺栓把抱箍的孔位逐一连接好以后带上螺母，螺母的拧紧程度只是把螺母拧到能看到外帽沿与螺杆相平即可，然后用方木条卡入抱箍之间的缝隙临时楔紧。最后用钢丝绳穿入抱箍的牛腿顶部用于固定工字钢，对称穿入后进行抱箍吊装，吊装方式从墩柱上方把抱箍套在墩柱外侧，并且用人工在墩顶进行辅助定位，加快施工进度。

（3）在进行抱箍紧固时，把每侧的螺栓都均匀拧到相似的坚固程度，观察抱箍与墩柱的结合面，防止由于不均匀拧紧高强度螺栓引起墩柱受到偏压，造成施工隐患。同时也注意抱箍的各个板面及焊缝的情况，观察有无变形或开裂等情况。

（4）检查好抱箍后，在抱箍的牛腿上设置千斤顶加上工字钢，并在两根工字钢之间装上横向拉结杆件，防止吊装及定位过程中发生横向失稳引发意外。

2）盖梁纵梁和横梁安装

所有抱箍安装并检查合格后，将工字钢安置在千斤顶的抱箍牛腿上，用做纵梁，为防止两个工字钢侧向倾覆，用对拉杆穿过工字钢腹板和两工字钢之间的钢管。当所有承重纵梁安装好后，在其上安放横梁。

4.2.3 底模安装

1 底模安装前将柱顶混凝土浮浆全部凿除（图 4-7），裸露新鲜混凝土及石子，浮浆冲刷干净，以保证墩柱与盖梁混凝土连接牢固。

图 4-7 柱顶凿除效果

2 底模要求铺设平整，拼缝严密，模板与墩身之间应密贴，不得出现漏浆现象。

3 底模周围设置防落网，以保证安全施工。待底模铺设结束后（图 4-8），放出盖梁纵横轴线及边线。

图 4-8　底模安装效果图

4.2.4　钢筋加工与安装

1 钢筋后场加工

1）钢筋进场检验

钢筋进场时，必须对其质量指标进行全面检查，钢筋应平直、无损伤，表面无裂纹、油污、颗粒状或片状老锈。装卸钢筋时，不得抛甩，以免损坏钢筋。

2）钢筋的下料

钢筋下料尺寸应准确，根据配料单检查钢筋的规格、尺寸、根数是否正确，根据原材料长度，将同型号的钢筋按不同长度进行长短搭配（图 4-9），统筹排料，先截长料，后截短料，以尽量减少浪费。钢筋的断口不得有马蹄形、起弯、劈裂等现象。

图 4-9　钢筋下料半成品堆放

3）盖梁骨架钢筋成型

为保证骨架尺寸与图纸一致，采用1∶1定型胎架焊接（图4-10），骨架焊接时，施焊顺序宜由中到边对称地向两端进行，先焊骨架下部，后焊骨架上部。

图4-10 骨架钢筋定型胎架

2 盖梁钢筋现场绑扎施工方法

1）由于盖梁跨度大，顶面主筋安装时需要先设置架立筋（图4-11），为顶面钢筋提供一个稳固的支撑，架立筋根据现场需要布置，确保顶面钢筋稳固不变形。

图4-11 骨架片架立筋设置

2）主筋采用直螺纹套筒连接，组装完成后用专用力矩扳手检查，套筒单侧外露螺纹不超过 $2p$（p 为螺距）。

3）主筋接头位置应避开受拉区应力最大位置，即顶层主筋应避开墩顶位置，底层骨架主筋应避开盖梁 1/2 跨度位置，且上下层主筋接头在同一截面上不得超过 50%。

4）箍筋、水平分布筋等在主筋上按照设计间距用石笔标记出位置，箍筋按照所定的位置逐根进行绑扎，箍筋的开口方向要相互错开，箍筋、水平分布筋均采用绑扎方式安装，绑扎时隔一绑一，绑扎点不少于 50%。

5）为保证钢筋保护层厚度及钢筋定位的准确性，钢筋骨架上事先牢固设置垫块，垫块采用同强度等级的混凝土垫块，且垫块尺寸与设计保护层厚度一致，安装时垫块应错开布置（图 4-12）。

图 4-12　保护层垫块安装效果

3 盖梁钢筋整体吊装施工方法

1）盖梁钢筋绑扎成型时采用定型胎架，为保证盖梁骨架绑扎过程中摆放的骨架片位置准确无误，应采用胎模卡槽固定（图 4-13）。

2）将盖梁骨架片及箍筋按图纸拼装成型并进行绑扎，待侧面绑扎完成后，吊至高胎架进行盖梁底板的绑扎加固处理（图 4-14）。

3）盖梁钢筋加工完成后采用板车运输至施工现场，盖梁在下放前用盖梁拼装加工的卡槽定位架，与立柱钢筋位置作对比，对立柱钢筋及盖梁底部箍筋的位置作相应的调整后进行安放（图 4-15）。

图 4-13　盖梁钢筋胎模卡槽固定

图 4-14　盖梁侧边及底部箍筋绑扎

图 4-15　盖梁位置调整与下放

4 波纹管施工（预应力盖梁）

1）波纹管安装前应进行下料接长，下料长度应比设计孔道长度长 50cm，保障安装后波纹管两端能露出模板，防止端头漏浆，波纹管连接采用比设计要求的规格大一号的波纹管做接头管，接头管长为被连接管道内径的 3 ~ 5 倍且不小于 30cm；接头处用密封胶带绑缠裹紧并包扎牢固，避免浇筑混凝土时水泥浆渗入管内造成堵塞（图 4-16）。

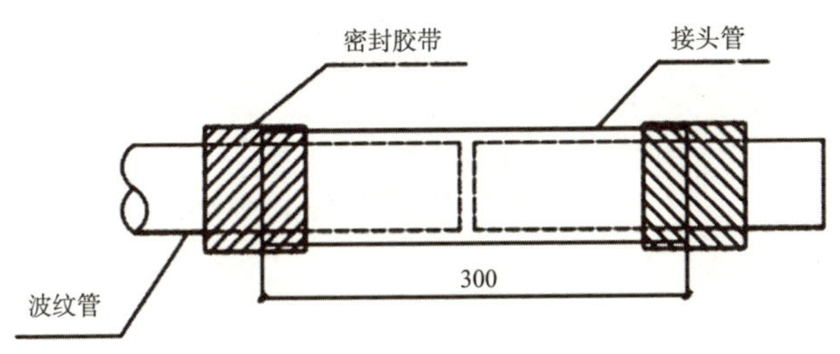

图 4-16 波纹管接头处理示意图

2）钢筋骨架安装完成后波纹管按设计位置从盖梁一端开始逐根穿入，并按照设计准确定位，定位后孔道要平顺，接头不漏浆，定位筋与腹板箍筋点焊牢固，确保穿束和混凝土浇筑中不偏移、不上浮，锚垫板固定在端头模板上，且必须垂直孔道中心。

3）按图纸要求锚垫板下应安装锚下螺旋筋及加强钢筋，喇叭口与波纹管道连接平顺、密封。对锚垫板上的压浆孔妥善封堵，防止浇筑混凝土时漏浆堵孔。

4）为防止管道在浇筑过程中被破坏或被压扁，浇筑混凝土前采用硬塑管穿入波纹管内，塑料管应略微小于波纹管内径。管道中间接头、管道与锚垫板喇叭口的接头，必须绑扎密封、牢固，保证不脱节和漏浆。

5）若有钢筋和波纹管有冲突的地方，应适当调整钢筋位置，保障波纹管位置准确。

4.2.5 预埋支座钢筋

1 支座钢筋可在盖梁钢筋上单根拼装，或采用定型胎架焊接成型（图 4-17）。

图 4-17 支座垫石胎架焊接成型

2 由测量人员在盖梁骨架顶面测量放出支座垫石位置后进行支座钢筋预埋（图 4-18）。

图 4-18 支座垫石钢筋预埋

4.2.6 侧模及端模安装

1 模板安装前必须打磨除锈（图 4-19），打磨干净后均匀涂刷隔离剂，侧模与端模、侧模与底模之间的接缝要紧密，接缝处加垫双面胶条防止漏浆。

图 4-19　模板打磨清洁

2 在盖梁钢筋安装验收合格后，严格按施工要求设计尺寸安装盖梁侧模。

3 安装前在侧模顶部和底部内侧钢筋骨架上设置短钢筋定位，确保盖梁净尺寸，安装完成后调节侧模的垂直度和平面位置，安装完毕后，仔细检查各部位尺寸以及稳定性（图 4-20）。

图 4-20　模板安装效果

4.2.7　混凝土浇筑及养生

1 混凝土浇筑

1）浇筑前应充分阅读设计图纸，检查各种预埋件埋设是否正确。

2）浇筑前用高压风吹干净底板，清理杂物，对底板洒水润湿，因盖梁混凝土体积较大，浇筑前须做好充分准备，保证混凝土连续供应。

3）盖梁浇筑应从跨中向两端对称浇筑（图 4-21）。

4）锚下、普通钢筋密集处及波纹管四周的混凝土，须采用小振捣棒加强振捣，防止出现蜂窝状。

5）盖梁浇筑时要控制浇筑速度，防止侧模变形或胀模。

6）在浇筑过程中，安排专人检查支架稳定性，防止梁体倾斜；检查模板的稳固性，注意是否出现跑模、胀模、漏浆等现象，及时发现及时采取纠正措施。

图 4-21　盖梁混凝土浇筑

2 混凝土养护

1）一般规定

（1）混凝土的养护严禁采用海水。混凝土洒水养护的时间：采用硅酸盐水泥、普通硅酸盐水泥或矿渣硅酸盐水泥的混凝土，不得少于7d；掺用缓凝型外加剂或有抗渗等要求的以及高强度混凝土，不得少于 14d。

（2）拆模后，采用同颜色的水泥砂浆，及时性修补表面缺陷。

（3）当采用喷洒养护剂对混凝土进行养护时，所使用的养护剂应不会对混凝土产生不利影响，且应通过试验验证其养护效果。

2）高温养护

（1）应加强初始保湿养护，具备条件的可在浇筑完成后立即加设棚罩，待收浆后再予以覆盖和洒水养护（图 4-22），覆盖时不得损伤或污染混凝土表面。

（2）对龄期较早的混凝土采取洒水养护时，浇水次数在能保持混凝土处于湿润的状态，有条件时应采用蓄水养护。

（3）如需留置同条件养护试件，则试件应放置在靠近相应结构构件或结构部位的适当位置，并应采取相同的养护方法，严禁暴晒而影响试验结果。

图 4-22 覆盖和洒水养护

3）冬期养护

（1）当气温低于 5℃时，应采取保温养护措施，不得向混凝土表面洒水。

（2）冬期施工期间，如确有需要，可采取暖棚养护（图 4-23）：混凝土浇筑前，在盖梁周围利用脚手架搭设大棚，混凝土浇筑后，立即将大棚顶部封严，内置两桶水，保证棚内的湿度，并马上放置电暖风机加热，电暖风机数量根据气温情况及耗热量确定，电暖风机不得对准模板或对新浇混凝土直接吹，在其顶面采用塑料薄膜覆盖后加一层棉毡。

图 4-23　暖棚养护

4.2.8　侧模拆除

盖梁侧模在混凝土浇筑完成后强度达到 2.5MPa 即可拆除（图 4-24）。

图 4-24　盖梁侧模拆除

4.2.9　预应力筋张拉（预应力盖梁）

1 所有预应力钢材不得焊接，凡有缺陷的预应力钢绞线部位应予切除，不准使用。钢绞线使用前应做除锈处理。

2 钢绞线张拉之前，应对梁体做全面检查，如有缺陷，须修补完好且达到设计强度，并将承压垫的残余灰浆清除干净，否则不能进行张拉。

3 张拉前对钢绞线进行梳理，使钢绞线两端基本对齐，且无缠绕现象，然后将钢绞线按孔位编号穿入锚环孔并卡进锚下垫板的限位槽内，安装完成后应逐根核对，确保两端钢绞线编号及锚环孔号一一对应后安装好工作夹片（图 4-25）。

图 4-25 锚下垫板加强筋与工作锚具安装图

4 张拉千斤顶安装及张拉过程中必须使用固定钢架进行悬吊固定，保障张拉方向与锚下垫板垂直，且便于安装调整（图 4-26）。

5 油表、传感器与千斤顶必须配套，均应经过校正合格后，方可允许使用，校正期限应符合规范要求。

6 张拉时，严禁施工人员站在张拉的正前方和正后方指挥及操作。

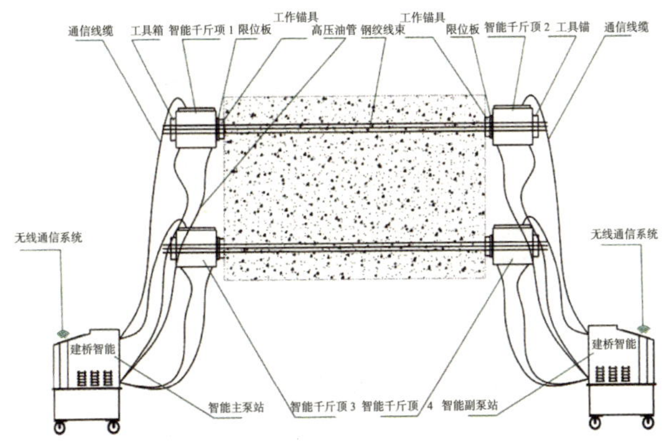

图 4-26 智能张拉系统示意图

4.2.10 压浆封锚

1 压浆（图 4-27）

1）做好压浆前准备工作。切割多余钢绞线，用水泥砂浆封锚，防止冒浆。

2）水泥浆在使用前和压注过程中应连续搅拌。对于因延迟使用所致的流动度降低的水泥浆，不得通过加水来增加其流动度。

3）同一管道压浆连续进行，一次完成。压浆次序自下而上，比较集中和邻近的孔道，应先连续压浆完成，以免串到邻孔的水泥浆凝固，堵塞孔道。

4）压浆过程中经常检查压浆管道是否堵塞和漏浆。如不能连续一次灌满或间隔时间超过 30min，立即用水冲洗干净，待处理后再压浆。

5）压浆时，对曲线孔道和竖向孔道应从最低点的压浆孔压入，由最高点的排气孔排气和泌水。压浆顺序宜先压注下层孔道。压浆应缓慢、均匀地进行，不得中断，并应将所有最高点的排气孔依次放开和关闭，使孔道内排气通畅。

6）压浆后，应检查压浆料的密实情况，如有不实，应及时补灌，必须使压浆孔完全密实。

图 4-27 压浆

2 封锚（图 4-28）

1）将承压板表面的灰浆和锚环表面灰浆铲除干净。

2）为加强封锚混凝土和梁端面与原有混凝土的连接，梁端封锚处应凿毛处理，将各处的浮浆等杂物清理干净。

3）封锚混凝土浇筑前，应用清水将其清洗湿润。

4）锚穴内置钢筋网片严格按照设计图纸加工，保证最终成型尺寸与锚穴尺寸相符。

5）封锚混凝土应加强振捣，确保与梁体混凝土结合质量，浇筑完成后及时进行养护，充分保持混凝土湿润，防止封端混凝土与梁体之间产生裂纹。

（a）植筋加固

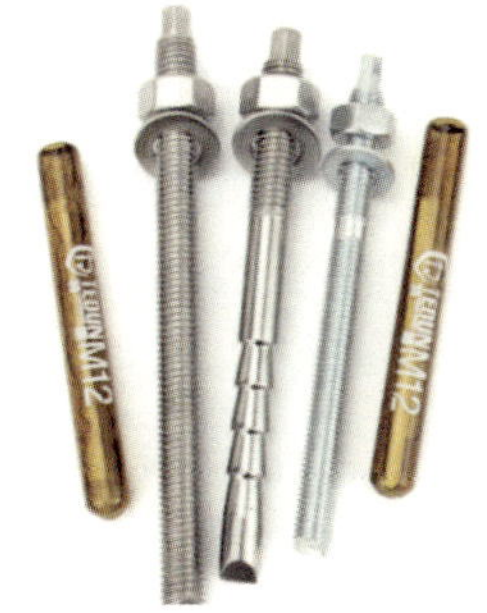

（b）化学锚栓

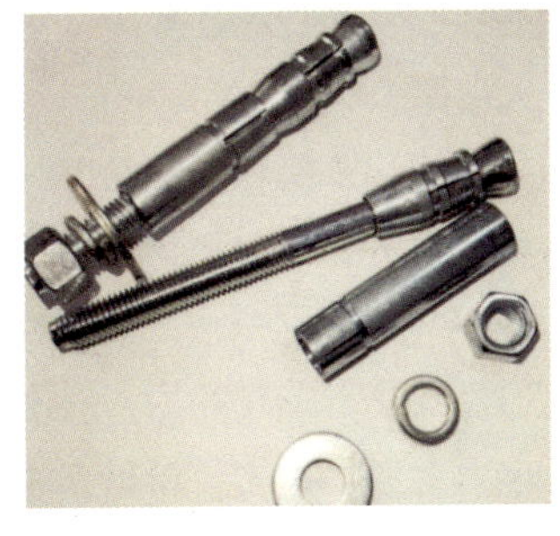

（c）机械锚栓（扩底型）

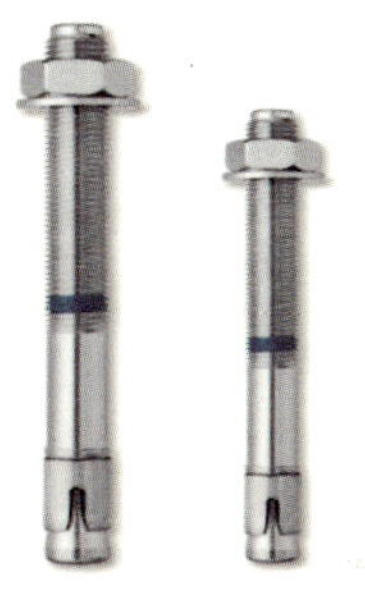

（d）机械锚栓（膨胀型）

图 4-28 封锚形式

4.2.11 底模及支撑系统拆除

1 盖梁侧模在混凝土抗压强度达到 2.5MPa，且能保证其表面及棱角不致因拆模而受损坏时方可拆除。底模应在混凝土强度能承受其自重荷载及其他可能的叠加荷载时，方可拆除。预应力钢筋混凝土盖梁拆除底模时间应符合设计要求；如设计无规定，预应力孔道压浆强度应达到设计强度后，方可拆除底模。

2 落地支撑架均应从跨中向两边松动，必须两侧对称均匀下落，分次松动。卸载后拆除顺序和搭设顺序相反。先搭的后拆,后搭的先拆。

3 支撑架拆除时应划出安全区，设置警戒标志，派专人看管。

4 支撑架拆除按照后装先拆、先装后拆的原则从上向下依次逐步拆除，严禁上下同时作业，顶层拆除时从跨中向两边对称拆除。

5 同层杆件和构配件必须按先外后内的顺序拆除；剪刀撑、斜撑杆等加固杆件必须在拆卸至该部位杆件时再拆除。

6 拆除作业区的周围及进出口处，张挂醒目的警戒标志，严禁非作业区人员进入危险区域，拆除大片架子应加临时围栏。

7 如遇强风或雨等特殊气候，不得进行支撑架拆除工作。

4.3 控制措施

1 架体搭设与拆除过程中，可调底座、可调托撑、基座等小型构件宜采用人工传递。吊装作业应有专人指挥，不得碰撞架体。

2 加工好的主筋运至现场后，用汽车式起重机将成捆的绑扎钢筋吊至墩顶盖梁作业面，临时搁置于支架上，并做临时固定，但不得集中堆放至一处。

3 采用整体吊装法安装盖梁钢筋时，要进行现场勘察，对吊机停放位置和支腿位置进行处理，保证地基有足够承载力，吊机在整个安装过程中时间较长，必须保证吊机平稳进行安装作业。盖梁钢筋骨架整体吊安装均采用 4 个吊点，控制盖梁骨架在吊装过程中的稳定性。

4 预应力盖梁浇筑混凝土时，定时抽动硬塑管检查是否漏浆，如出现漏浆，要用高压水冲洗管道；振捣人员应熟悉管道位置，严禁将振捣棒与管道接触，使管道移位变形，保证管道的制作、安装及连接的质量。

5 脚手架采用金属脚手板时，脚手板及梯道踏步表面应安装防滑垫（图 4-29）。

图 4-29　梯道踏步表面安装防滑垫

6 预应力钢丝束张拉施工前，检查张拉设备，压力表应按规定周期进行检定。锚环及锚下垫板使用前应经检验合格后方可使用。高压油泵与千斤顶之间的连接点，各接口完好无损。油泵开动时，进、回油速度与压力表指针升降，应平稳、均匀一致。

7 在已现浇的盖梁上进行张拉作业，其张拉作业平台的拉伸机支架要搭设牢固，平台四周加设护栏。

8 张拉完毕后，对张拉施锚两端应妥善保护，不得撞击，管道灌浆前，两端应设围护和挡板，严禁撞击锚具、钢丝束及钢筋。

9 钢筋加工设备状态完好，不得漏油，以免对钢筋或地面造成污染。对钢筋边角料和短料进行回收再利用，充分提高其利用率，降低损耗，尽量杜绝浪费。

10 在交通繁华路段施工盖梁宜采用整体组装模板，快装组合支架。模板安、拆过程中，做好工完、料清、场净，对废弃的模板应收拢堆放整齐。

第 5 章　桥台

5.1　台身施工

5.1.1　工艺流程

钢筋制作及安装→模板安装→混凝土浇筑→混凝土养护→拆模→检查验收。

5.1.2　施工要点

1 钢筋制作及安装

1）钢筋进场检查出厂质量证明书、试验报告单、外观和标志，取试样进行力学性能检验，检验合格后使用。

2）钢筋存放场地采用 C20 混凝土硬化，设排水沟；存放“下垫上盖”，挂标识标牌。

3）钢筋的连接采用焊接接头或机械连接接头，其接头的截面面积占总截面面积的百分率：受拉区 50%，受压区不受限制。

4）钢筋与模板之间混凝土垫块强度等级不低于结构本体混凝土的强度。垫块应相互错开、分散安装在钢筋与模板之间（图 5-1），垫块在结构或构件侧面和底面所布设的数量不少于 4 个 /m。

图 5-1　混凝土垫块安装

2 模板安装

1）模板具有足够的强度、刚度和稳定性，能承受施工过程中所产生的各种荷载（图 5-2）。

图 5-2 模板制作

2）模板、支架的构造简单、合理，结构受力明确，安装、拆除方便。

3）模板上设置的吊环采用 HPB300 钢筋，严禁采用冷加工钢筋制作。

4）模板按设计要求准确定位，不与脚手架连接（图 5-3）。

图 5-3 模板定位

5）采取支撑、钢件限位等措施防止侧模板产生移位（图 5-4）。

图 5-4　模板加固

3 混凝土浇筑

1）对支架、模板、钢筋和预埋件等进行检查。

2）混凝土运输能力应与混凝土的凝结速度和浇筑速度相匹配。

3）对寒冷、严寒或炎热的天气情况，搅拌运输车的搅拌罐和泵送管应有保温或隔热措施。

4）混凝土运至浇筑地点后发生离析、泌水或坍落度不符合要求时，应进行第二次搅拌，二次搅拌时不宜加水，确有必要时，可同时加水、相应的胶凝材料和外加剂，并保持其原水胶比不变。

5）混凝土浇筑应连续进行，因故中断间歇时，其间歇时间应小于前层混凝土的初凝时间或重塑时间。

6）施工缝的位置应在混凝土浇筑之前确定，且宜设置在结构受剪力和弯矩较小且便于施工的部位。

7）新浇筑混凝土的强度达到 2.5MPa 之前，不得使其承受行人、运输工具、模板、支架及脚手架等荷载。

4 混凝土养护

1）混凝土浇筑完成后尽快予以覆盖并洒水保湿养护（图 5-5、图 5-6）。

2）混凝土的洒水保湿养护时间应不少于 7d。当气温低于 5℃时，应采取保温养护措施，不得向混凝土表面洒水。

3）混凝土处于冻融循环作用的环境时，宜在结冰期到来 4 周前完成浇筑施工，且在混凝土强度未达到设计强度等级的 80% 前不得受冻，否则应采取技术措施，防止发生冻害。

图 5-5　覆盖

图 5-6　洒水保湿

5 拆模

1）非承重侧模板应在混凝土抗压强度达到 2.5MPa，且能保证其表面及棱角不致因拆模而受损坏时方可拆除。

2）模板、支架的拆除应遵循后支先拆、先支后拆的原则，按顺序进行。墩、台的模板宜在其上部结构施工前拆除。

3）模板、支架拆除时，不得损伤混凝土结构（图 5-7）。

图 5-7　拆除模板

5.1.3　质量、安全、环保施工控制措施

1 质量控制措施

1）模板在拼装前进行打磨、除锈、刷模板漆，确保拼装后表面平整，拼缝严密不漏浆。

2）检查钢筋保护层厚度，垫好垫块。

3）浇筑时控制好坍落度，振捣时避免漏振、过振。

4）拆模后，采用同颜色的水泥砂浆及时修补表面缺陷。

5）采用塑料薄膜加保温材料覆盖保湿、保温养护。

6）不能用撬棍等硬物撞击或顶撬混凝土表面。

2 安全控制措施

1）桥台模板及支撑体系应进行专项施工设计和检验，具有足够的强度、刚度和稳定性，出厂前应进行试拼，进场经检查验收合格后方可投入使用。

2）模板连接螺栓应按设计要求上全上紧。现场不应对模板进行随意切割或改动。

3）模板拉杆通长设置，两端应在纵横背带上对称安装，采用双螺母垫板紧固，螺母紧固应有不小于 5 个丝扣的冗长。严禁将拉杆直接固定在模板面板上。

4）模板吊装时，应拴好溜绳，防止碰撞脚手架和已安装模板。

5）专项施工方案中应明确混凝土的浇筑顺序和浇筑速度。必要时，采取模板锚固等措施，防止浮模。混凝土浇筑时，脚手架、混凝土泵送管道等不得与台身模板、钢筋连接。

6）模板拆除应遵循“先上后下、先非承重后承重、分节分块、先立后拆”的原则，模板作为承重模板拆除时混凝土强度必须达到设计要求。

7）拆除模板前现场应设置警戒区域。拆除时应拴好溜绳，由专人指挥，防止碰撞未拆模板及脚手架。

3 环保措施

1）合理安排施工，尽可能减少机械作业过程中产生的机械噪声。

2）施工过程中的废弃物、边角料、包装袋等及时收集、清理，运至垃圾场掩埋。

3）加强施工场区的照明管理工作，最大限度地减少对周围环境的光污染。

4）对易产生扬尘的材料，进行遮盖或适当洒水，淘汰落后工艺，降低粉尘排放。

5）生产用油料必须严格保管，防止泄漏。

5.2 台背施工

5.2.1 工艺流程

原地面处理→填料拌合→填料运输→摊铺及碾压→养护→检查验收。

5.2.2 施工要点

1 桥台混凝土达到设计强度后可进行台背回填（图 5-8 ~ 图 5-11）。

2 填筑前，应对原地面进行处理、压实，并准确放样；需要进行锥体地基处理的，应与路基过渡段地基处理同步施工。

图 5-8　回填料摊铺

图 5-9　台背碾压

图 5-10　高速液压夯施工

图 5-11　压实度检测

3 锥形护坡填筑应按设计范围及坡度一次填足，并在设计边坡之外适当加宽 0.5m，待整修边坡时再把多余土刷去，不得边砌石边补填料。

4 锥体与台背过渡段填筑应同步施工。

5.2.3 质量、安全、环保施工控制措施

1 质量控制措施

1）锥体和台背路基填土，应在坡顶预留沉落量，并每侧适当加宽，待整修边坡时再把多余土刷去。

2）锥体护面宜在填方基本稳定后铺砌。

3）雨期施工应充分利用地形与既有排水设施，做好防雨和排水工作。

4）避开主汛期施工。

2 安全控制措施

1）车辆在装料运输时，装料适中，不得超限。

2）施工现场做好交通安全工作，由专人指挥车辆、机械。

3）夜间施工时，应保证有足够的照明，附近应设警示标志。

3 环保措施

1）运输车辆文明驾车、慢速行驶。

2）施工现场洒水减少扬尘。

3）尽可能避开夜间施工，以免噪声、光照影响附近居民的正常生活、工作和休息。

第 6 章　支座系统

6.1　垫石施工

6.1.1　工艺流程

垫石钢筋预埋→测量放样 / 绑扎钢筋→安装垫石模板→预留锚栓孔安装→浇筑垫石混凝土→拆除模板→混凝土养护。

6.1.2　施工要点

1 垫石钢筋预埋

确保垫石钢筋放线的准确性，保证预埋钢筋布置的准确性（图 6-1）。钢筋的间距和布置应按照设计要求，以确保支座垫石的强度和稳定性。钢筋之间应保持适当的间隔和定位，以便于混凝土的浇筑和固化。

图 6-1　垫石钢筋放线及预埋钢筋

2 测量放样

采用全站仪进行放样，精确定出垫石中心十字线，每个垫石 4 个点，为了便于立模，各轴线点均外移 15cm。同时要进行换人、换点测量复核合格，报送监理工程师复核并签认，方可进入下道工序作业（图6-2）。

图6-2 测量放线

3 支座螺栓预埋孔定位

根据桥墩对应的支座类型，在墩顶采用墨斗弹出预埋孔中心线，对预埋孔范围内的垫石预埋钢筋进行适当调整（图6-3）。

图6-3 预埋孔定位

4 凿毛及垫石钢筋网片绑扎

对垫石放线并对混凝土面进行切槽、凿毛处理（图6-4、图6-5），凿毛面积不小于75%，并且露出新鲜混凝土面，松散混凝土及废渣清理干净。垫石钢筋在钢筋加工场统一下料加工，运送至现场安装成型。严格按照施工图要求选用垫石钢筋品种、规格、数量，并合理设置其位置和间距。

图 6-4　垫石放线

图 6-5　切槽及凿毛

5 模板制作、安装

垫石模板采用易拼装塑钢模板。内表面安装前均匀涂刷隔离剂。模板生产时，已配置足够的调整模块满足不同尺寸垫石的施工需求。模板间连接通过专用接头直连。转角位置通过直角三角铁和专用接头连接。拆装方便，接缝严密不漏浆（图 6-6）。

图 6-6　模板安装

6 支座螺栓预埋孔安装

根据墩顶墨斗弹线位置确定预埋螺栓孔，螺栓孔采用上口直径 13.8cm、下口直径 12.8cm、高 50cm 的镀锌钢管成孔，管底部中心钻 1 个直径 1cm 小孔以免拆除时形成负压，浇筑前用木楔堵塞，防止漏进水泥浆（图 6-7）。

7 垫石混凝土浇筑

模板加固完毕，技术员复测模板标高，并在模板上标注垫石顶面控制线。经报验合格后，方可浇筑混凝土，混凝土运输采用罐车运至现场，起重机起吊料斗至墩顶浇筑垫石，采用直径 30mm 的振捣棒振捣密实，振捣棒插入间距不大于 150mm 。初凝前，对垫石顶平面进行人工抹平收面，确保表面平整度不大于 2mm（图 6-8）。

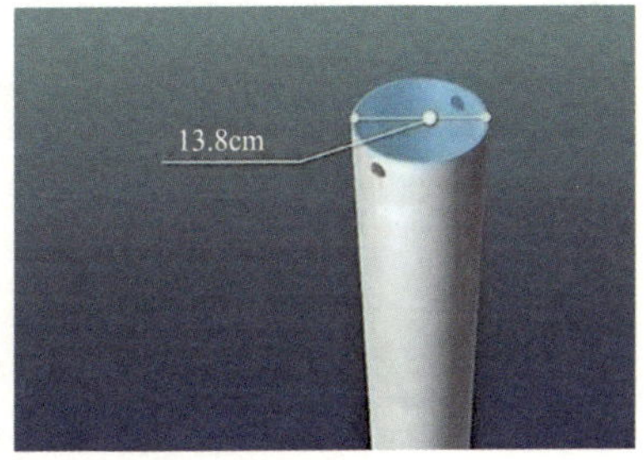

图 6-7　预埋孔安装

图 6-8　垫石混凝土浇筑

8 拆模

垫石混凝土强度达到 2.5MPa 以上，内部与表面温度、表面温度与环境温度之差小于 15℃时，拆除模板，抽拔锚栓孔预埋管模型（图 6-9）。

9 混凝土养护

拆模后覆盖土工布，外包塑料膜保湿养护。塑料膜顶面开小孔，垫石顶放水桶装满水，水桶底部开小孔滴漏养护垫石（图 6-10）。混凝土保温保湿时间须符合要求。

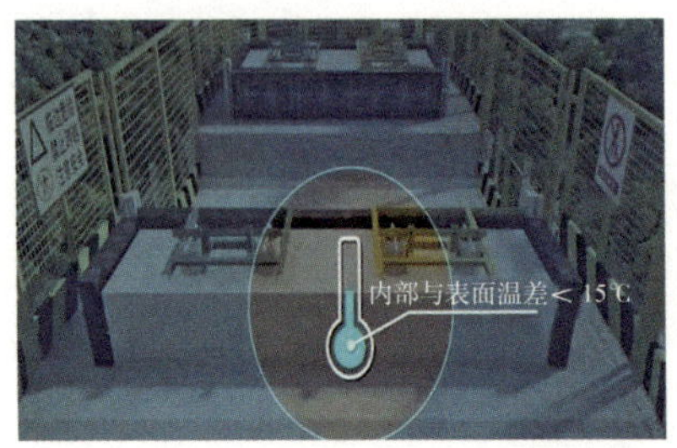

图 6-9　垫石成品

图 6-10　垫石养护

6.1.3　保证措施

1 在盖梁骨架及模板吊装固定好后，由测量人员在盖梁骨架顶面测量放出两墩顶中心点，以及盖梁中心轴线方向前后控制点，该点可通过焊钢板的方式固定于钢筋骨架面上（图 6-11）。然后由技术人员对每个垫石中心位置进行分中并预埋垫石钢筋。

2 支座螺栓预留孔，在安装支座垫石钢筋网片时同时安装，与钢筋发生冲突时，适当调整钢筋间距，不得割断钢筋。预留孔安装固定位置必须准确（图 6-12），安装必须牢固，孔预留直径和深度误差为 0 ~ +20mm，预留螺栓孔中心及对角线位置偏差不得超过 10mm。在垫石混凝土浇筑和振捣过程中，要频繁地检查 PVC 管的位置，如果发生偏移要及时调整。在垫石混凝土初凝前，要再次检查预留孔的平面位置和深度，如果不符合要求及时调整。满足规范要求后适时拆除模具，清理孔洞，检查位置、深度，进行二次处理。

图 6-11　测量放线定位

图 6-12　预留孔安装固定位置准确

3 在完成对垫石区域混凝土的凿毛、清理后，测量人员将垫石位置的纵横轴线的控制点放出，而后以控制点为基准，放出垫石的边线，检查混凝土凿毛的区域能否满足垫石范围，不能满足时继续凿毛清扫，然后重新放出边线（图 6-13）。

4 垫石浇筑后（图 6-14），混凝土强度达到 5MPa 时方可拆除模板，夏季一般 24h 后，冬季一般 48h 后。按照先拆除锚栓孔模、后拆除模板的顺序进行，禁止用力敲、砸模板，以保护垫石棱角及外观质量。

图 6-13　测量放线及凿毛

图 6-14　垫石浇筑

5 明确施工边界和标识，设置明显的安全警示标志，定期巡视施工现场，确保施工现场干净整洁，消除安全隐患。高空作业，提供必要的安全防护设施，如安全带、安全网等，确保高处作业人员的安全（图 6-15）。

图 6-15　安全防护

6.2　支座安装

6.2.1　工艺流程

螺栓孔预留槽施工→垫石及螺栓孔预留槽清理→测量放线→拌制环氧树脂→安装锚固螺栓→找平→安装支座→灌浆→养护。

6.2.2　施工要点

1 板式橡胶支座安装

1）垫石顶凿毛清理：人工用铁錾凿毛，垫石凿毛程度满足设计及相关规范要求（图 6-16）。

2）测量放线：根据设计图上标明的支座中心位置，分别在支座及垫石上划出纵横轴线，在墩台上放出支座控制标高（图 6-17）。

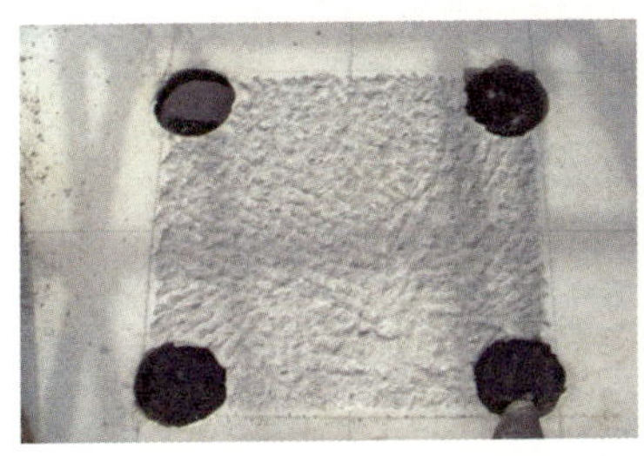

图 6-16　垫石顶凿毛清理

图 6-17　测量放线

3）拌制环氧树脂砂浆强度不得低于设计规定（图 6-18），设计无规定时不低于 50MPa。环氧树脂砂浆配置通过试验确定。配制好的环氧树脂砂浆应在 40min 内用完（一次配制最好不超过 2kg）。

图 6-18　拌制环氧树脂砂浆

4）支座安装：安装前对桥台和墩柱盖梁轴线、高程及支座面平整度等进行再次复核（图 6-19）。

图 6-19　安装前复核

支座安装应在找平层砂浆硬化后进行（图 6-20）；粘接时，宜先粘接桥台和墩柱盖梁两端的支座，经复核平整度和高程无误后，挂基准线再进行其他支座的安装。支座上的纵横轴线与垫石纵横轴线要对应。

图 6-20　支座安装

支座与支承面接触应不空鼓，如支座垫石顶面放置钢垫板时，钢垫板应在桥台和墩柱盖梁施工时预埋，并在钢板上设排气孔，保证钢垫板底层混凝土浇筑密实（图 6-21）。

图 6-21　预埋钢板与钢垫板

2 滑板式支座安装时，支座与不锈钢板安装位置应视气温而定，不锈钢板滑板应预留足够的长度（图 6-22），防止伸缩时支座滑出滑道。

图 6-22　滑板预留长度

3 盆式橡胶支座安装

盆式橡胶支座的顶板和底板可采用焊接或锚固螺栓连接在梁体底面和垫石顶面的预埋钢板上。

1）螺栓孔预留槽施工

支座在浇筑墩柱顶混凝土前，将用于预留螺栓孔的 PVC 管按照预留孔位置固定好，然后浇筑混凝土，浇筑时应注意不能碰撞 PVC 管，确保预留螺栓孔位置准确，并应采取措施防止混凝土进入 PVC 管（图 6-23）。预留螺栓孔直径约为地脚螺栓直径的 3 倍，深度约为地脚螺栓长度再加 50mm。

图 6-23　预留螺栓孔安装

2）垫石及螺栓孔预留槽清理

支座安装前，应将支座垫石顶面凿毛，并用清水冲去垫石表面的碎石和细砂，同时清除锚孔内的预留 PVC 管及杂物（图 6-24）。

图 6-24　垫石凿毛及清理

3）测量放线

支座安装前，除了再次测量支承垫石标高外，还应对两个方向的四角高差进行测量，其四角高差应不大于 1mm（图 6-25）。测量并放出支座纵横向十字中线，标出支座准确安装位置（图 6-26）。支座纵桥中线应与主桥中线重合或平行。

检查螺栓预留孔位置及尺寸，确认无误后将螺栓放入预留孔内，调整好标高及垂直度后灌注环氧砂浆。

图 6-25 垫石放线及预留孔清理

图 6-26 支座安装

4）灌浆

（1）凿毛支座部位的支承垫石表面，清理锚栓孔中的杂物；模板采用 5cm × 5cm 等边角钢制作，与垫石顶面用工程双面胶密接，外用黏泥密封，防止在重力注浆时发生漏浆（图 6-27）。

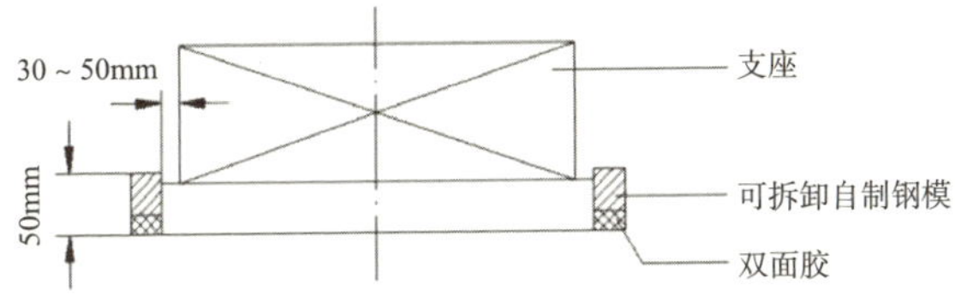

图 6-27 注浆封闭示意图

（2）箱梁落在临时支承千斤顶上，通过千斤顶调整梁体位置及标高，各千斤顶的反力不超过平均值的 5%（图 6-28）。

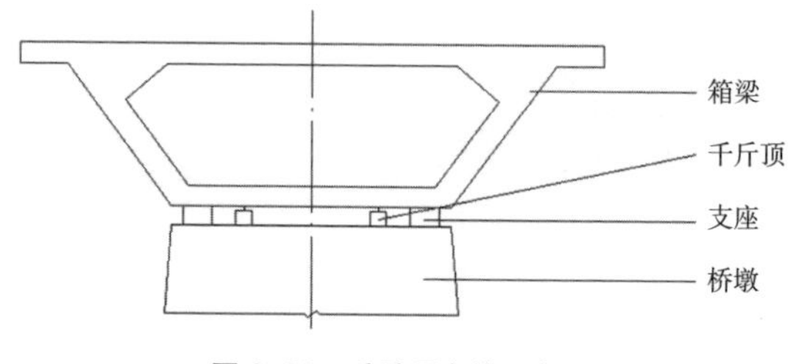

图 6-28　千斤顶安放示意图

（3）支座灌浆前，用水浸湿支承垫石表面，注浆采用特制漏斗及硬、软管从支座中心部位向四周进行，直至注浆材料全部灌满为止，并根据现场情况采用适宜的养护措施（图 6-29）。

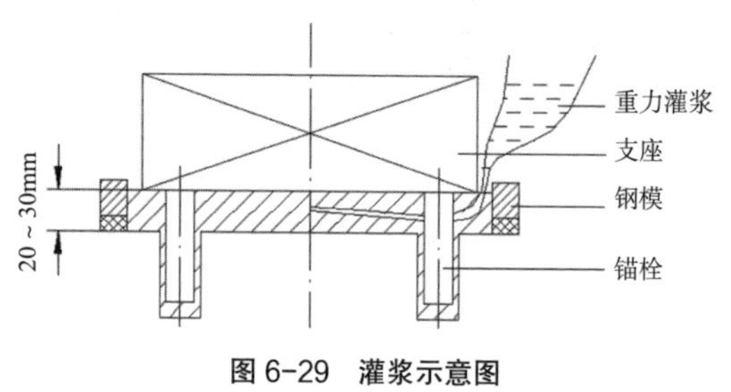

图 6-29　灌浆示意图

（4）砂浆强度大于 20MPa 时（约 2h）卸除 320t 油顶。检查是否有漏浆，必要时对漏浆处补浆，并拧紧支座板地脚螺栓，拆除支座上下板临时连接角钢和螺栓。

盆式支座安装时上、下各座板纵横向应对中，安装温度与设计要求不符时，活动支座上、下各座板错开距离应经过计算确定。

6.2.3　保证措施

1 支座厂家的选择应严格按照原材料准入程序，且拟使用产品必须经过三方共同外检，检测结果合格的产品方可用于工程施工（图 6-30）。支座大批量进场后应进行检查验收和必要的性能检测，对于外观目测有裂纹和缺损的支座一律不得使用。

（a）滚轴支座系列

（b）抗震球型钢支座系列

（c）滑动支座系列

（d）板式橡胶支座系列

（e）弹性铰支座系列

（f）隔震橡胶支座系列

（g）固定支座系列

（h）盆式支座系列

图 6-30 选择符合要求的支座

2 支座底板调平砂浆性能应符合设计要求，灌注密实，不得留有空洞（图 6-31）。

图 6-31 灌浆

3 支座上下各部件纵轴线必须对正（图 6-32）。当安装时温度与设计要求不同时，应通过计算设置支座顺桥向预偏量。安装时不得发生偏歪、不均匀受力和脱空现象。

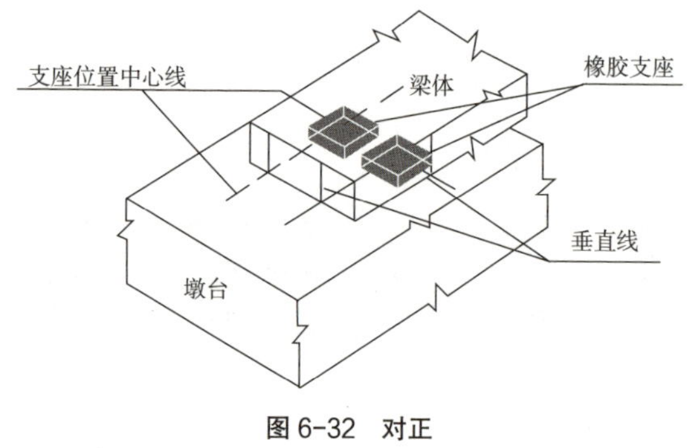

图 6-32　对正

4 支座安装前，应仔细检查支座连接状况是否正常，不得任意松动上、下支座连接螺栓；复查支座底板四角相对高差，以及活动支座的纵横向错动量（图 6-33）。

图 6-33　复查

5 支座安装滑动面上的四氟滑板和不锈钢板不得有划痕、碰伤等，位置正确，安装前必须涂上硅脂油（图 6-34）。支座表面应保持清洁，支座附近的杂物及灰尘应清除。

6 当上部结构预制梁板就位不准确或梁板与支座不密合时，必须吊起梁板重新就位或垫钢板消除缝隙，不得用撬棍移动梁板（图 6-35）。

图 6-34　支座涂硅脂油

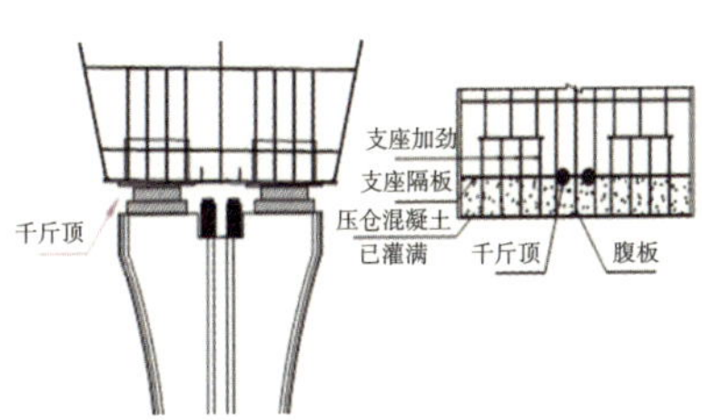

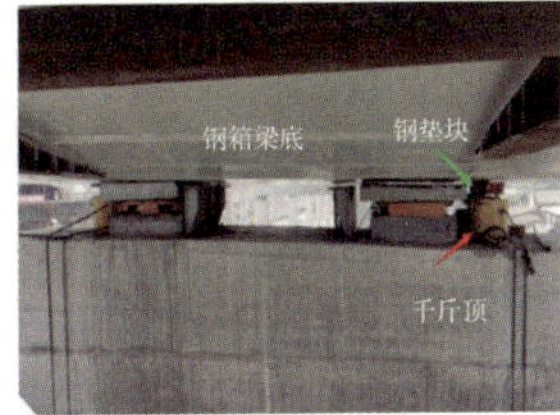

图 6-35　支座密合

7 搭建安全可靠的施工设施，确保工人的施工操作平稳、有序。包括操作平台、护栏、防护网、脚手架、工作平台、设备支撑等。操作平台必须安全、牢固（图 6-36），工作时，系好安全带，避免高空坠落。周围要有可靠的安全防护，外挂防护网，防止人员、杂物坠落。

图 6-36　安全操作平台

第 7 章　预制混凝土梁

7.1　预制混凝土梁施工

7.1.1　先张法预制混凝土梁施工

1 工艺流程

施工准备→槽式台座施工→钢绞线布设→张拉→绑扎底板、侧板钢筋→侧模安装→内模安装→顶板钢筋安装→混凝土浇筑→养护、拆模→放张及封端。

2 施工要点

1）施工准备

（1）开工前应复核梁板长度、角度、细部尺寸、钢绞线伸长量等技术指标。

（2）张拉用的千斤顶、油表、应力应变传感器等机具应由有相应资质的部门标定完成，且应配套标定、配套使用。

2）槽式台座施工

（1）张拉应力较大的预应力混凝土构件应选择槽式台座。

（2）预制台座的地基应具有足够的承载能力和稳定性。

（3）对先张法张拉承力台座应进行专门设计，并应具有足够的强度、刚度和稳定性，其抗倾覆安全系数不小于 1.5，抗滑移系数不小于 1.3。锚固横梁应具有足够的刚度，受力后挠度不大于 2mm。台座长度一般按生产梁板长度设计，并考虑张拉设备操作空间。

（4）台座表面一般铺设 5mm 厚钢板，台面平整度误差小于或等于 2mm。

（5）槽式台座两侧应预留排水沟，避免积水影响地基稳定性。

3）预应力施工

（1）预应力筋的布设应顺直，并应采取措施防止其被台座上涂刷的隔离剂污染。

（2）张拉前，应对台座、锚固横梁及各项张拉设备进行详细检查，符合要求后方可进行操作。

（3）预应力筋连同隔离套管在钢筋骨架完成后一并穿入就位。就位后，严禁使用电弧焊对梁体钢筋及模板进行切割或焊接。隔离套管内端应堵严。

（4）同时张拉多根预应力筋时，应预先调整其单根预应力筋的初应力，使相互之间的应力一致，再整体张拉（图 7-1）。张拉过程中，应使活动横梁与固定横梁始终保持平衡。

（5）整体张拉宜以 2 倍初应力至张拉控制应力间的伸长值推算张拉伸长值。

（6）张拉完成宜静置 6h 后方可开始进行钢筋绑扎。

图 7-1　预应力筋张拉

4）钢筋安装

（1）钢筋安装时应准确定位，伸缩装置及防撞护栏的预埋钢筋应采用辅助措施进行定位。

（2）安装钢筋时须保护好钢绞线，并认真检查钢绞线的失效长度。焊接钢筋须在台座以外进行，严禁在台座上焊接或烧割钢筋，以免焊接钢筋时焊渣或焊枪烧伤钢绞线，或将钢绞线作为地线以致损伤。

（3）空心板梁铰缝钢筋安装时应保证其与模板密贴，并应采取有效措施固定，保证混凝土拆模完毕后能够立即人工凿除。

（4）应严格控制芯模的定位钢筋间距。

5）模板安装（图 7-2）

（1）外模应采用不小于 6mm 厚的不锈钢面板整体轧制复合模板；侧模的长度不小于设计梁长，底模应光滑平整。

（2）端模预应力筋孔的位置要准确，安装后与定位板上对应的预应力筋孔要求均在一条中心线上。

（3）空心板梁芯模应采用钢模板或高强复合材料模板，不得采用充气胶囊做芯模。

图 7-2　模板安装

6）混凝土浇筑

（1）空心板梁浇筑时应按底板、腹板、顶板的顺序进行，浇筑腹板时不应正对内模及外模翼缘板位置处下料。

（2）混凝土的浇筑应连续进行，浇筑宜从一端到另一端，且应保证在下层混凝土初凝前开始上层混凝土的浇筑。

（3）浇筑混凝土时，混凝土、振捣棒不得撞击预应力筋。

7）混凝土养护

梁体混凝土浇筑完成后，应立即对混凝土进行养护。梁板有内箱时，应蓄水养护，水深应不小于 50mm；顶面覆盖土工布配合滴管进行保湿养护；腹部侧面利用自动喷淋进行养护。

8）放张及封端

（1）预应力筋的放张顺序应符合设计规定，设计未规定时，应分阶段、均匀、对称、相互交错地放张。

（2）多根整批预应力筋的放张，采用千斤顶放张时，放张宜分数次完成。

（3）放张台座上预应力筋的切断顺序，应由放张端开始，依次向另一端切断。

（4）预制梁板放张后方可进行梁端的封端施工，封端应设置通气孔。

3 安全控制措施

1）预制场应配备爬梯，方便施工人员上下。预制梁高度超过2m，在梁顶进行钢筋绑扎、浇筑混凝土等作业时应设置安全防护栏杆。

2）张拉前，对台座、横梁及各种张拉设备、仪器等进行详细检查，合格后方可施工；不同跨径预制梁板禁止叠合存放。

3）张拉及放张程序应符合设计要求。张拉过程中出现异常现象应立即停止张拉作业，检查、排除异常现象。

4）吊装作业区应设置安全警告标语牌，作业场所应有安全执勤人员负责看守，严禁非工作人员进入，所有人员均不得在起吊和运行的吊物下站立。

5）预应力就位后，严禁使用电弧焊对梁体钢筋及模板进行切割或焊接。

4 质量控制措施

1）空心板铰缝钢筋应严格按设计要求数量预埋，空心板梁安装前应将铰缝钢筋从侧板外侧混凝土中凿出。

2）伸缩预埋筋、防撞护栏预埋筋等预埋件安装应严格按照设计图纸进行施工。

3）空心板混凝土应平整、光滑、色泽一致，外观线条顺畅，边梁翼缘板顺直、平整。

7.1.2 后张法预制混凝土梁施工

1 工艺流程

预制场设计→底模设计、施工、验收→钢筋成型、绑扎→预应力管道安装、验收→模板安装、加固→钢板钢筋绑扎→负弯矩孔道预留及齿板模板安装→混凝土浇筑→养护→拆模、凿毛→预应力张拉、压浆→存梁、吊装。

2 施工要点

1）施工准备

（1）制梁台座应有足够的强度、刚度、稳定性，满足所预制产品的技术指标要求（图 7-3）。

图 7-3 制梁台座

（2）设计荷载包括预制混凝土梁结构自重、模板重量、台座自重以及施工荷载等，超载系数宜取 1.1，制梁台座结构及基础按以下工况的最不利情况进行设计。

（3）浇筑梁体完毕尚未张拉时，设计荷载均布于制梁台座上。

（4）台座上混凝土梁张拉完毕尚未提梁时，箱梁结构自重荷载集中作用于制梁台座两端。

（5）台座结构构造设计应满足箱梁施工作业及设置预拱度等要求，

台座结构变形限制应满足桥梁设计及相关技术要求。

（6）梁板预制需要的主要材料包括钢筋、水泥、中（粗）砂、碎石、减水剂、钢绞线、波纹管、锚具、锚垫板等，进场前严格进行检查验收和取样送检，试验合格经监理工程师认可后方可进料；杜绝不合格材料进入现场。

2）控制要点

（1）台座施工

①台座基础宽度及厚度根据基础情况进行设置，在梁端处对台座基础进行加深和扩大处理，台座顶面一般铺设 5mm 不锈钢板，在台座两侧使用[5 槽钢，使用厚方胶条作止浆带，塞入槽钢与不锈钢板之间对梁体底部起止浆作用。

②台座两端设置吊装孔，吊装孔一般设置在第一个横隔板处。从台座顶面往下 7 ~ 10cm 处，每隔 50cm 设置一根 ϕ6cmPVC 管作为模板下拉杆的预留孔，用于穿拉杆加固模板。

③根据设计文件预拱度值，在台座顶面中心沿纵向向两侧按抛物线设置反拱。

④台座钢筋施工完成，在钢筋内布设纵向水管及电缆管，横向水管数量应根据自动喷淋范围对称布置；横向电缆管应根据附着式振动器设置数量布置，并将电缆穿在电缆管内连接好。

（2）钢筋工程

①钢筋集中加工场必须配备齐全并具有相应生产能力的数控钢筋弯曲机、数控钢筋锯床等设备（图 7-4、图 7-5），对钢筋加工操作工人必须培训到位，对所有钢筋弯曲加工必须在集中钢筋加工场内完成。钢筋现场安装必须使用定位器、定位架，保证钢筋间距符合设计及规范要求。

②钢筋下料、加工、定位、绑扎、焊接应严格按规范及设计图纸进行。所有钢筋交叉点应双丝绑扎结实，必要时可用点焊焊牢。

③钢筋绑扎、安装时应准确定位（图 7-6），伸缩缝及防撞护栏预埋筋、翼缘环形钢筋、端部横向连接筋应使用钢筋定位辅助措施进行

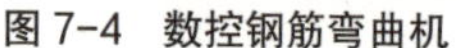

图 7-4　数控钢筋弯曲机

图 7-5　数控钢筋锯床

定位；横隔板钢筋应使用定位架安装，确保高低、间距一致，符合设计要求，无漏筋现象。也可采取提前制作、整体安装的方式。利用龙门式起重机吊装底板、腹板及顶板钢筋骨架（图 7-7），在模板内组装成型。吊装架采用工字钢焊接，使用四点起吊法。

图 7-6　水平钢筋定位卡具

图 7-7　顶板钢筋绑扎胎架

④与波纹管等相互干扰的钢筋不得切断，应采取合理措施避开。

⑤钢筋的保护层垫块应使用梅花形（圆形）高强度砂浆垫块，垫块强度同梁体强度，绑扎牢固可靠，纵、横向间距均不得大于 0.8m，梁底位置不得大于 0.5m，确保每平方米垫块数量不少于 4 块（图 7-8）。

⑥钢筋焊接时，注意搭接长度，两接合钢筋轴线应一致，HRB335 级钢筋应采用 E50 焊条。直径在 $\phi25$ 以上的钢筋应采用机械连接。

⑦支座预埋钢板应进行热浸镀锌防锈处理。由于采用 U 形锚筋与钢板直接平焊极易引起支座预埋钢板平面变形，支座预埋钢板的锚脚

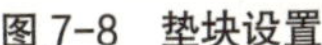
图 7-8　垫块设置

图 7-9　钢筋整体吊装

连接筋焊接应采用夹具焊接，将钢板固定于夹具上，在夹具与钢板中间接触位置垫支 3 ~ 5mm 薄钢片，在加固钢板时，需预留出反拱，待焊接完成拆除夹具时，镀锌钢板可恢复成平直形式；或是采用钻孔焊接，防止焊接钢板时产生弯曲变形。

⑧钢筋骨架整体入模

利用龙门式起重机吊装底板、腹板钢筋骨架，在模板内组装成型，吊装平稳，严禁触碰钢模板。待内模安装验收合格后利用龙门式起重机吊装顶板钢筋骨架（图 7-9、图 7-10）。

图 7-10　钢筋骨架整体入模

⑨顶板端模、侧模应根据图纸设计的钢筋位置、间距进行开槽、开孔，保证预制梁端头横向钢筋通长设置。

⑩部分钢筋位置冲突时，严禁随意切割，钢筋避让时，应遵循“普通钢筋让预应力钢筋，次要钢筋让主要钢筋”的原则。波纹管与普通钢筋位置发生冲突时，普通钢筋应避让波纹管。

（3）预应力管道

①钢筋骨架加工成型后，检查波纹管定位托架、卡具是否完好，并安装到位（图 7-11、图 7-12）。

②沿定位托架安装波纹管，避免擦伤、弯折波纹管。

图 7-11　波纹管竖向坐标定位卡具

图 7-12　波纹管横向坐标定位卡具

③焊接固定箍圈时注意避开波纹管，或采用挡板隔离，焊条不得碰触波纹管或在波纹管上打火，避免烧伤、烧漏波纹管。

④对波纹管应从上至下依次安装，避免焊接上部波纹管固定箍圈时高温焊渣掉落损伤下部已安装好的波纹管。

⑤已安装、固定好的波纹管，在检查线形、坐标符合设计要求后方可拆卸托架、卡具。

⑥波纹管安装完成后，成型的预制梁骨架采用配套的吊装桁架整体吊运至模板内，避免骨架变形改变波纹管坐标。

⑦在钢筋绑扎过程中，应根据设计精确定位波纹管和锚垫板的位置。宜采用锚垫板与端模栓接固定，以控制梁长和锚垫板的位置准确，保证预留孔道位置的精确和方便拆模。锚垫板孔应与管道同轴线，其端面应与管道轴线垂直，不得错位。锚垫板后应设置配套的螺旋钢筋，

波纹管宜用 U 形或十字形定位筋固定，直线段固定间隔不大于 1m，曲线段固定间隔不大于 0.5m。

⑧钢筋焊接时，应做好波纹管的保护工作，以防因焊渣灼穿管壁而发生漏浆。

（4）模板

①模板清理、打磨和初次拼装

所有预制梁模板均采用厂家按设计图纸特制的定型钢模板，模板上安装附着式振动器。新模板进场后先进行初次拼装、除锈不少于 3 遍，然后进行模板正式拼装，并将模板编号，保证以后拼装时顺序正确。正式拼装完成后将模板接缝处错台打磨平整，使模板接头平顺过渡。预制梁所有模板拼装前均涂刷油性隔离剂，以利于脱模（图 7-13、图 7-14）。

图 7-13　模板初次拼装

图 7-14　涂刷油性隔离剂

②外模就位

安装从底模台座一端开始，模板接缝粘贴双面胶条并用螺栓压紧。外模安装前表面的杂物应清除干净，然后在模板上均匀涂抹一层隔离剂，并用干净毛巾将面板上多余油擦掉以保持表面光洁。放样确定横隔板位置，接缝处必须垫双面胶防止漏浆。外模必须安装牢固，线条顺直。

③内模安装

内模系统包括可收缩式内模、拼装小车、卷扬机三部分。预制梁模板在预制梁中横隔板处分为两节。在拼装小车上将内模拼装好，用龙门式起重机将内模就位。内模安装完成后（图 7-15），用螺栓连接稳固，并安装上拉杆。调整其他紧固件后，检查整体模板的长、宽、高等尺寸，并做好记录。不符合规定者，应及时调整。为防止混凝土浇筑过程中内模上浮，每节内模采用 20 号工字钢压杠四点压紧，压杠两端采用拉钩固定在外模加劲竖肋槽钢底部。

图 7-15　内模安装

图 7-16　端模安装

④端模安装

端模安装前要对梁长度、垂直度及其他结构尺寸进行检查（图 7-16），各预留孔偏离符合设计要求。为保证锚垫板内压浆孔的通顺，安装前用棉纱或者双面胶封端压浆孔，防止混凝土漏浆进喇叭口内。端模安装时注意用螺栓将端模后锚垫板和端模的面板固定，贴缝紧密。缝隙采用泡沫填充剂填充密实，保证不漏浆。端模安装好后，应仔细检查模内尺寸，注意梁体长度、宽度是否和设计一致，保证梁体长度和交角正确，从而保证以后安装时梁体偏角一致。

⑤顶板钢筋施工完成，应在翼缘板钢筋与梳齿板处设置止浆带（图 7-17）。

（5）混凝土工程

①混凝土灌注

混凝土灌注总的原则为“先底板、再腹板、最后顶板”，从一端向另一端每隔 10m 水平分层（灌筑厚度不大于 300mm）、斜向分段

图 7-17　止浆带设置

（工艺斜度为 1∶4～1∶5），并且利用 2 台布料机左右对称连续灌注（图 7-18）。

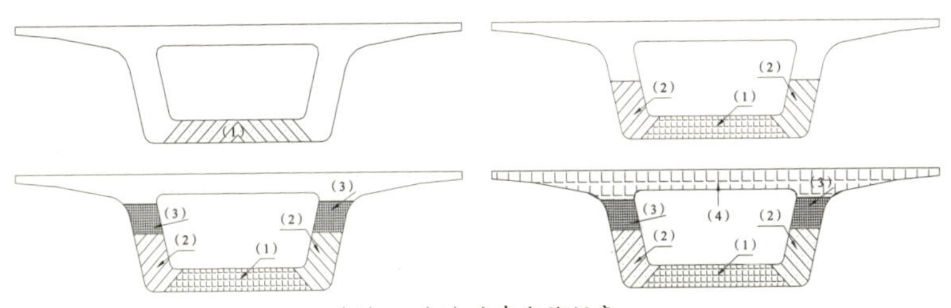

（1）～（4）代表浇筑顺序

图 7-18　梁体混凝土灌注

灌注时，由一端开始向另外一端，左右对称灌注两侧腹板混凝土，通过侧模板附着式振动器和插入式振捣棒引导作用，混凝土流向底板中部，底板部分混凝土捣固采用插入式振捣棒进行。为保证内模支架底部混凝土密实，在此处采用插入式振捣棒进行振捣，间距不宜大于 30cm，不能漏振。底板中部混凝土不足部分由顶板预留灌注孔进行灌注，及时对底板混凝土进行抹平、压实和表面赶光。

底板混凝土灌注完成后，进行底、腹板交接处混凝土的灌注。以插入式振捣棒为主、附着式振动器为辅进行振捣。为了减少灌注该部位时混凝土上翻，在此处采用组合钢模板作为混凝土压板，在斜角处预留灌注和振捣观察孔，用插入式振捣棒振捣确保该部位混凝土密实。待灌注完成后，对斜角处进行一次补振，减少斜面气泡的出现。

底板与腹板交接处混凝土灌注完毕，此时腹板部位已有约 2/3 高的混凝土，以附着式振动器为主、插入式振捣棒为辅进行振捣。

由一端向另一端对称灌注两侧腹板混凝土时（图 7-19），此时混凝土捣固采用插入式振捣棒进行，防止开动附着式振动器后，扰动腹板下半部分已接近初凝混凝土，而造成麻面或露筋。振捣棒插入下层混凝土深度为 10cm 左右，禁止振捣棒接触预应力管道及预埋件。

顶板混凝土灌注由一端向另一端进行，顶板混凝土灌注采用插入式振捣棒进行振捣，用整体振动抹平机进行抹平处理。锚下混凝土振捣采用小棒头振捣棒进行振捣，吊装孔处混凝土应加强振捣。振动抹平机处理后，即采用人工方式再次进行收面工作（图 7-20）。

图 7-19　灌注两侧腹板混凝土

图 7-20　梁顶收面

②混凝土养护

箱梁的养护方式有：覆盖和洒水养护、铺塑料薄膜或喷化学浆液养护、蒸汽养护（图 7-21）、喷淋养护（图 7-22）。

混凝土灌注完成后，应在收浆后尽快予以覆盖和洒水养护。对于炎热天气浇筑的混凝土以及桥面等大面积裸露的混凝土，有条件的可在浇筑完成后立即加设棚罩，待收浆后再予以覆盖和洒水养护。覆盖时不得损伤或污染混凝土的表面。混凝土表面有模板覆盖时，应在养护期间经常使模板保持湿润。每天洒水次数以能保持混凝土表面经常处于湿润状态为度。当气温低于 5℃时，应覆盖保温，不得向混凝土面上洒水。采用铺塑料薄膜或喷化学浆液养护时，可不洒水养护。

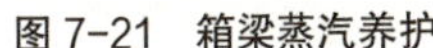

图 7-21　箱梁蒸汽养护

图 7-22　喷淋养护

（6）张拉工程

①钢绞线穿束时进行编号，对已外露的钢绞线进行包裹。推荐采用钢绞线穿束机进行穿束。

②为避免混凝土在预应力张拉前出现早期收缩或温差裂纹，预应力施工宜按预张拉、初张拉、终张拉三阶段进行。

③为准确控制张拉力，对管道、锚口和喇叭口摩阻进行测试，每 100 件进行一次测试。严格控制预应力管道位置，除梁长不大于 30mm 外，其余偏差均不大于 10mm。增加定位网的刚度，并将定位网焊接在梁体钢筋上，减少定位网设置误差和移动量，在制孔胶拔管中穿入一束 7ϕ5 钢绞线作芯棒，解决梁体混凝土浇筑时管道局部上浮的问题，以保证管道坐标准确。

④张拉时，结构或构件混凝土的强度、弹性模量（或龄期）应符合设计规定；设计未规定时，混凝土的强度应不低于设计强度等级值的 75%。

⑤在张拉前仔细检查每个夹片在工具锚和工作锚上是否牢固夹持钢绞线，张拉过程中应两端对称分阶段缓慢张拉，不应一次性快速达到设计张拉值。

⑥根据规范要求进行管道摩阻、喇叭口摩阻测试，根据测试结果及时调整张拉力及理论计算伸长值。

⑦锚具安装前应将锚垫板上的灰浆清除干净，检查管道是否偏心，若偏心则必须扩孔，并检查孔道轴线与锚垫板平面是否垂直。穿上钢束后应再次核对钢束根数。

⑧预应力张拉以油表读数为主，对伸长值进行校核。张拉过程中应确保张拉伸长值在 ±6% 范围内。当伸长值超过 ±6% 时，停止张拉，待查明原因后方可继续张拉（图 7-23）。

图 7-23　箱梁张拉

（7）管道压浆（采用专用的预应力孔道压浆料）

①终张拉完毕，应在 48h 内进行管道压浆。压浆前应清除孔道内杂物，用真空罩将锚头密封，连接螺栓须拧紧，防止漏浆。

②灌浆剂的水胶比不宜超过 0.28。制浆用搅拌机搅拌叶片的线速度应为 2.5 ~ 20m/s，低速搅拌不应低于 2.5m/s，高速搅拌不应低于 15m/s。制浆时，先加入水，并开启拌合机和循环泵（具体施工以预应力孔道压浆料施工说明为准）。

③压浆顺序：先下后上。首先由一端向另一端压送水泥浆，当另一端溢出的稀浆变浓之后，达到规定的稠度后，封闭出浆口，继续压浆到压力达到 0.5MPa，管道出浆口应装有三通管，必须确认出浆浓度与进浆浓度一致时，方可封闭保压，浆体注满管道后，应在 0.50MPa

下持压 3 ~ 5min，压浆最大压力不宜超过 0.60MPa（图 7-24）。

④压浆采用真空辅助压浆法，保证真空度在 -0.10 ~ 0.06MPa 之间。

⑤为防止冬季受冻，压浆时采取保温措施，保证压浆温度在 5 ~ 30℃。

⑥当环境温度高于 35℃时，应避开高温时间段，选取在早晚时间进行压浆作业。

图 7-24　箱梁压浆

（8）封锚（凿毛）

①箱梁终张拉后，应及时进行封锚。封锚混凝土采用 C50 干硬性补偿收缩混凝土。凿毛后锚穴须清理干净，灌注封锚混凝土前用水清洗湿润。

②封锚混凝土要加强捣固（图 7-25），要求混凝土密实，无蜂窝麻面，与梁端面平齐，封端混凝土各处与梁体混凝土的错台不超过 2mm。

（9）凿毛

顶板、梁端、梁侧强度达 100% 后，新旧混凝土接合的部位应采用凿毛机进行全面凿毛，棱角处留出 1 ~ 1.5cm，防止凿毛时破坏棱角，影响外观（图 7-26）。

（10）预制梁的存放

①对于预制梁，应在压浆后压浆液强度达到规定强度后方可移运

图 7-25　封锚混凝土

图 7-26　梁板凿毛

和吊装。预制梁应按编号有规划地存放，以便架梁时取梁（图 7-27）。

②存梁区枕梁应坚固稳定，且宜高出地面 300mm，并定期检查枕梁地基的稳定性。

③存梁垫木应采用承载力足够的枕木，且预制板的一端与垫木的接触面积不宜小于 0.15m^2。垫木位置应布置在支座位置，避免梁端悬臂长度过大引起断梁事故。

④存梁水平分层堆放时，堆放的层数应根据梁的强度、枕梁的承载力、垫木强度以及已堆梁的稳定性而定，各层之间应用垫木隔开，各层垫木应在梁端（临时）支座位置且在同一竖直线上。预制箱梁一般堆放层数不超过 2 层，T 形梁不得叠层堆放。

⑤箱梁边梁翼缘板及 T 形梁翼缘板处应采用方木支撑到位，或使用特制的钢支撑架，防止倾覆，斜撑应设于翼缘板根部，不得撑于翼缘板外缘。

⑥对存梁后的存梁台座进行沉降监控，如有异常及时提梁处理。尤其是双层存梁，更要做好沉降监控，同时在下层梁面上铺设支垫板时也要保证四角高差不超过 2mm。

⑦安装在同一孔跨的梁、板，其预制施工的龄期差宜不超过 10d，特殊情况应不超过 30d。存放时间超过 3 个月时，应对梁、板的上拱度值进行检测，当上拱度值过大将会严重影响后续桥面铺装施工，梁、板混凝土产生严重开裂时，则不得使用。

图 7-27　预制梁吊装、存放

3 成品保护

1）拆除模板时应保护好梁体不被碰撞。

2）预制板梁移出、堆放、吊装时，均应做好保护措施，防止被碰撞。

3）预制梁完成后，应及时清理箱内垃圾，疏通通气孔，保证箱内积水排出，避免冬季冻胀导致梁体破坏。

4）对存梁区的梁外观应注意保护，防止被泥水和压浆的浆液污染。

4 安全施工

1）施工前应对涉及危险性较大及超过一定规模危险性较大的专项工程编制专项施工方案，并按照规模程度组织专家审查、论证；专项施工方案应包含针对性强的技术分析及安全技术控制措施。

2）吊装作业区应设置安全警告标语牌，作业场所应有安全执勤人员负责看守，严禁非工作人员进入，所有人员均不得在起吊和运行的吊物下站立。所有人员必须佩戴安全帽、保险带、劳保手套，穿绝缘鞋。

3）预制场应配备爬梯，方便施工人员上下。预制梁高度超过 2m，在梁顶进行钢筋绑扎、浇筑混凝土等作业时应设置安全防护栏杆。

4）堆放 T 形梁、工字梁等大型构件时必须设置斜撑，防止倾覆，存梁不允许超过两层。

5）梁板场内吊装所采用的起重设备，应满足施工方案要求并持有有效的安全使用证和检验报告书。使用前应对起重设备进行全面的安全性能检查，重点应检查各操作系统、移动系统、安全系统（力矩限制器、变幅限制器等）运转是否正常，同时应检查钢丝绳、轧头、吊钩、滑轮组等是否符合规定。

6）采用龙门架吊梁前应仔细检查各部位间的连接情况，吊梁和移梁作业时，应派专人检查起重设备各系统的工作情况，然后试吊，并认真进行观测，确保万无一失。梁体离开台座时两端应同步，龙门架平移及梁体升降应均匀地进行。梁体平移时两端应同时进行，平稳匀速，防止梁体受扭、倾斜甚至倾覆。

7）夜间、5 级及 以上大风或暴雨时，不得进行移梁作业。

8）预应力束张拉施工前，应检查张拉设备工具是否符合施工安全的要求，对台座、横梁及各种张拉设备、仪器等进行详细检查，合格后方可施工；先张法张拉中和未浇筑混凝土之前，周围不得站人和进行其他作业。

9）压力表应按规定周期进行检定。油泵开动时，进、回油速度与压力表指针升降保持一致，并平稳、均匀。

10）后张法张拉时，应检查混凝土强度，必须达到设计要求强度后，方可进行张拉。

11）预应力束应严格按规定程序进行。张拉作业中，应集中精力，仪表要看准，记录要准确无误；若出现异常现象（如油表振动剧烈、发生漏油、电机声音异常、发生断丝滑丝等）应立即停机进行检查。

12）张拉钢束完毕，退销时，应采取安全防护措施，防止销子弹出伤人。张拉时和完毕后，对张拉施锚两侧均应妥善保护，不得压重物。

5 环境保护

1）应做好混凝土浇筑完成后剩余材料的处理工作，避免污染预制梁和周围环境。

2）工程完工后，应及时将现场彻底清理，并应按设计要求采用植被覆盖或其他处理措施。

3）应对孔道压浆施工时产生的废浆进行收集，不得使浆液直接排到桥面上或污染周围环境。

4）施工过程中的养护用水、浆液等流体，不得直接排入周围河道。

7.2　预制混凝土梁的运输与安装

1 工艺流程

墩台、支座检查→吊装放线→预制场起吊→梁板运输→试吊→吊装就位→临时支撑→支座检查→第二片安装→安装完成一个孔→桥梁宽度、中心偏位检查→安装下一个孔。

2 施工要点

1）通用要点

（1）预制混凝土梁安装时，应采用专业厂家生产的架桥机或起重机，架桥机或吊机选型应满足起吊位置处最大起重量的 1.2 倍的安全系数。对吊运工具、架设安装设备应按实际施工荷载进行强度、刚度和稳定性验算。用于吊装梁体的门式起重机、架桥机等特种设备应经过进场验收，并办理合规性手续。

（2）装车时，预制梁应按设计支点放置，设计未规定时，后支点离梁端不得超过 1.5m，防止出现结构性损伤（图 7-28）。

图 7-28　梁板装车

图 7-29　梁板支撑

（3）架梁前，应检查支承结构的混凝土强度和预埋件的尺寸、高程及平面位置是否符合设计要求（图 7-29）。

（4）预制混凝土梁安装过程中，吊具、捆绑钢丝绳与梁底面、侧面的拐角接触处，应安放护梁铁瓦或消力橡胶垫等防护设施，避免钢丝绳等损伤混凝土表面及钢丝绳被剪断出现安全事故。

（5）首片预制混凝土梁安装应先进行试吊。试吊时，先将梁体吊离支撑面 2 ~ 3cm，对各主要受力部位进行检查，确认使用状态良好后继续安装作业。

（6）预制混凝土梁安装就位完毕并经检查校正符合要求后，焊接或浇筑混凝土固定构件。简支梁安装后，应采取措施保证梁体的稳定性，防止倾覆，不得无侧向支撑而单独放置于桥墩上。

（7）预制混凝土梁就位后，梁两端支座应对位，梁（板）底与支座以及支座底与垫石顶必须密贴。

（8）预制混凝土梁的移动应设置临时固定（支撑）装置，防止侧翻。待完全放稳固定后（对 T 形梁还应确认两端侧斜撑已固定完好），方可拆除吊具。

（9）应严格控制就位安装，预制梁上的预留泄水孔、护栏预埋钢筋应在同一轴线上。

（10）在墩、台顶帽石适当的位置安装临时支座，注意临时支座的位置不得占位永久支座。

（11）传统的桥梁临时支座多采用砂筒。根据梁体荷载大小，通过计算选用直径适当的无缝钢管制作砂顶内外缸体，缸内装干砂，缸体底部焊接钢板封堵并在外缸体底预留 2 个卸砂孔，通过松开底部卸砂孔来调整砂筒标高，完成体系转换。砂筒预留约 2cm 的沉落量。

2）起重机安装梁板（图 7-30）

（1）桥下场地平整；桥梁高度较小，一般安装高度小于 10m；梁板重量较小，多适用于空心板的安装。

（2）保证起重机、运梁车通行方便，且场地必须压实，保证梁板平稳。

（3）采用移动起重机双机联吊梁板属于非常规起重设备、方法，施工单位应编制专项吊装方案，监理单位应组织审查。吊装前应组织相关人员查看现场，方案应经过吊装司机确认。

图 7-30 起重机安装梁板

3）跨墩门架安装梁板（可进行双幅同时安装，图 7-31）

（1）桥下场地较好，可铺设门架轨道和运梁道（门架轨道不能跨越泥浆坑）；安装高度不大于 20m。

（2）平整压实场地，门架有良好的制动性和抗倾覆能力。

图 7-31　跨墩门架安装梁板

4）架桥机安装梁板（采用双导梁架桥机，图 7-32）

（1）架桥机必须设置有效的限位装置，在轨道有效行程范围内设置缓冲器及端部止挡，盖梁上的架桥机前支腿宜采用枕木及型钢组合支撑，保证钢轨横坡小于 0.5%，架桥机应设置安全监控系统。

（2）架桥机就位后必须保持中支腿、后支腿水平，主梁水平，禁止主梁下坡。

（3）合理选择主梁长度，保证后支腿的位置必须位于已安装孔位的梁端，禁止后支腿支于 1/4 或 1/2 跨径位置。

（4）喂梁过程中，保证前台车与运梁车同步，禁止台车拉梁或运梁车推梁。

（5）预制梁的起吊、纵向移动、落地、横向移动及就位等，均须统一指挥、协调一致，并按预定施工顺序妥善进行。

（6）桥上运梁，已安装孔必须进行梁间临时连接；轨道运梁，轨道下必须设置枕木，调整两轨道水平。

（7）充分考虑外边梁的安装工艺和安装安全。

（8）首片梁安装应先进行试吊。试吊时，先将梁体吊离支撑面2～3cm，对各主要受力部位进行检查，确认使用状态良好后继续安装作业。

图 7-32　架桥机安装梁板

3 质量控制措施

1）梁在安装时，支承结构（墩台、盖梁、垫石）的强度应符合设计要求。

2）梁安装前检查支座标高，落梁后及时检查相邻梁高差。

3）梁就位后，梁两端支座应对位，梁（板）底与支座以及支座底与垫石顶必须密贴。

4）同一跨梁存梁期宜保持一致，避免起拱度差异过大。

4 安全施工

1）安全要点

（1）应根据预制混凝土梁结构特点和现场环境状况编制运输和架设方案，尤其注意选择合适的吊装机械、运输车辆和配套设备；长度不小于 40m 的预制混凝土梁运输与安装专项方案须经专家论证。

（2）梁板架设所采用的起重设备，应满足施工方案要求并持有有效的出厂合格证、检验合格证、使用登记证等证书。特殊工种作业人员必须持证上岗，并组织相关作业人员进行安全技术交底。

（3）梁板运输在运梁前应对运梁设备、道路（轨道）进行检查；首次运梁应有技术人员全程监控。

（4）梁板运输时，应满足以下要求：

①运梁车应由专人操作，设专职指挥人员统一指挥，严禁违章指挥。

②运梁车落梁钢板上焊设限位钢板，防止在梁板运输过程中，运梁通道纵坡过大，造成梁体滑落倾覆。

③梁板运输及安装存在钢丝绳断裂、梁板倾覆等风险，经常检查钢丝绳的工作性能和状态，出现断丝、断股等现象及时更换。

（5）架桥机就位后，前后支点支腿不得直接放置在未硬化处理的台背上，防止沉陷。

（6）首片梁及边梁安装就位后立即进行临时支撑防护，后续梁体安装完成后及时做好相邻两片梁的临时连接，形成整体，防止发生倾覆。梁安装后桥梁边缘应设置防护栏杆，湿接缝处应挂设安全防护网。

（7）架梁时桥下进行交通管制，做好安全警戒等工作。

（8）梁板架设为高处作业，当遇到风力达到 6 级、雷雨等恶劣天气时，应停止吊装作业。

（9）采用移动起重机双机联吊属于关键性吊装，吊装前应组织相关人员查看现场，方案应经过吊装司机确认。起吊时保持通信、信号明确。

2）设备安全

（1）所有吊装设备在正式吊装前必须经过技术监督部门的检测，检测合格后投入使用。

（2）操作人员必须通过安全教育技术培训，持证上岗。

（3）设备的安装必须由专业的安装队伍进行安装和调试，操作人员必须经过上岗培训。

（4）吊装前，应检查安全技术措施及安全防护设施等准备工作是否齐备，检查设备状况、支撑环境是否满足要求，严禁无准备盲目施工；安装前进行试吊，目的是检验设备的安全性、可操作性及人员安排的合理性、协调性。

（5）应经常检查和维修吊装设备，防止漏电，并专人操作，专人指挥。禁止设备带病作业。禁止酒后操作设备。

3）高空作业

（1）架桥机、门架上的所有人员必须佩戴安全帽、保险带、劳保手套，穿绝缘鞋。

（2）做好必要的防护网、防护栏杆等安全措施。

（3）严格操作规程，每次进行操作时，必须有预警信号。

（4）作业时至少两人，一人作业，一人看护。

（5）高空作业时，其下部禁止施工，禁止立体交叉施工。

4）安全用电

（1）禁止以运梁轨道作为电焊机的地线。

（2）做好设备与构件的绝缘。

5）安全设施

（1）架梁时作业人员行走的通道，必须采取防护措施，确保施工安全。

（2）前后支点处须用枕木及型钢组合支撑,墩顶两侧应用风缆固定。

（3）梁板安装作业时，须安排专职安全员进行现场监督。作业过程中，地面应设警戒区，周围应设置“施工重地，闲人免进”“注意安全”“当心落物”等警告标志，由专人值守，禁止非施工人员进入。在道路、航道上方进行梁板安装或架桥机移动跨过孔时，须设临时交通管制措施，严禁行人、车辆和船舶在桥梁下方通行。

（4）每跨梁板安装完成后应及时设置临边防护栏杆，并在湿接缝、整体式桥梁中央分隔带处设置防坠、防落网；梁板顶面如有预留孔应设置防护栏杆或盖板；防护栏杆上应设置“禁止翻越”“当心坠落”等警示标志。

（5）梁板运输及安装存在钢丝绳断裂、梁板倾覆等风险，经常性检查钢丝绳的工作性能和状态，出现断丝、断股等现象及时更换。

（6）吊装作业时，应在钢丝绳与梁体翼缘板等接触位置设置橡胶垫、尼龙块或专用护角等防护装置，避免钢丝绳直接接触混凝土表面，防止构件局部压损和钢丝绳磨损。

5 环境保护

1）架梁场地平整时，应结合地形设置场平坡度，并结合永久排水设施设置场区临时排水设施，防止施工场区积水、水土流失和环境污染。

2）构件保湿、保温养护的土工布、塑料膜、支垫的方木、圆木应回收集中处理，不得随意丢弃。

3）工程完工后，应及时对现场彻底清理，并应按设计要求采用植被覆盖或其他处理措施。

7.3 先简支后连续桥梁体系转换施工

1 工艺流程

主梁隔板接头、纵向湿接缝施工→安装永久支座→梁端湿接头施工→负弯矩区预应力张拉、压浆→拆除临时支座（体系转换）。

2 施工要点

1）横隔板、湿接缝施工

（1）将待浇筑横隔板、湿接缝范围内的梁侧面混凝土凿毛。

（2）横隔板、湿接缝采用挂模施工（图 7-33、图 7-34）。模板宜采用厚度不小于 1.8cm 的竹胶板，模板安装应具有足够的刚度和强度，

图 7-33　横隔板模板

图 7-34　湿接缝模板

模板安装牢固后，用高压水枪冲洗已经凿毛处理的梁体侧面混凝土，刷水泥浆，保证新旧混凝土的良好结合。

（3）依据横隔板、湿接缝钢筋构造图绑扎钢筋，纵向钢筋按设计要求进行连接。

（4）混凝土宜添加微膨胀剂，混凝土浇筑宜采用平板振动器与插入棒配合的方式。

2）梁端湿接头（连接缝）施工

（1）必须严格对预制梁板的端头进行凿毛处理。

（2）底模与永久支座安装

①在支承垫石上按设计图标出永久支座位置中心十字线，使支座中心十字线与墩台中心十字线重合，永久支座的安装质量应符合设计与现行规范的要求。

②在浇筑梁端连接缝前，在支座上须加设一块比支座平面稍大的支承钢板，在钢板上焊锚固钢筋与梁体相连接，将此支承钢板作为现浇梁模板的一部分进行浇筑。

③永久支座安放好后，在永久支座的周围安装底模，模板宜采用1.5cm厚的竹胶板，在支座与底模间采用密封胶密封，模板与盖梁顶面的空隙用水泥砂浆填充。

（3）预应力波纹管安装

采用与梁体同等质量和尺寸的预应力波纹管连接前后两个预制混凝土梁端波纹管，实现顺接，连接误差控制在2mm内，连接接头应按规定连接牢固，保证浇筑混凝土时不产生漏浆。

（4）安装梁端连接钢筋

梁端钢筋除了按照上述规定施工外，还应注意钢筋在焊接的过程中不能烧伤支座和底模。

（5）混凝土施工

①为保证梁桥整体受力均衡，混凝土应采用与预制梁同强度的微膨胀混凝土。梁端连接缝钢筋比较密，混凝土中的粗骨料不得大于2cm。

②墩顶连接可以分两次浇筑，先浇筑连接梁肋，浇筑完成后，在混凝土初凝前，绑扎面板连接钢筋，浇筑面板混凝土，浇筑时要注意间隔时间不宜超过混凝土初凝时间，防止施工缝的产生。

③墩顶连接缝钢筋较密，且还有波纹管，为保证混凝土施工质量，宜采用直径 $\phi35$ 的振捣棒配合直径 $\phi50$ 的振捣棒，最后用平板式振动器，确保现浇段混凝土密实。

④墩顶浇筑后应使用钢板搭桥，防止车辆直接碾压混凝土。

3）负弯矩区段施工

（1）预应力钢绞束在穿束前应排列理顺，沿长度方向每隔 2 ~ 3m 用钢丝捆扎一道。穿束一般采用人工直接穿束，也可借助一根 $\phi5$ 的长钢丝作引线，用卷扬机进行穿束。

（2）负弯矩区段钢绞线张拉

负弯矩区段钢绞线张拉应按设计吨位配置千斤顶，按设计和施工规范要求采用双控指标。可采用单根对称张拉，张拉顺序应符合设计要求。

（3）负弯矩区段孔道压浆

负弯矩区段孔道压浆应同梁体压浆质量一样控制，压浆前应清除孔内积水和杂质，保证压浆质量。

4）临时支座的拆除（体系转换）

（1）当负弯矩区压浆水泥浆液强度达到设计规定的强度后，拆除一联内的临时支座，完成体系转换。

（2）拆除临时支座前，应再次核实永久支座的位置是否正确。

（3）临时支座拆除顺序采取隔墩对称拆除。

（4）施工中应做好桥面标高的监测。

（5）临时支座解除时，应注意保证墩顶各永久支座同时受力，支座顶面与梁底密贴。

3 质量控制措施

1）横隔板、湿接缝、湿接头的钢筋骨架几何尺寸、钢筋型号、数量、规格、等级、间距，以及搭接长度和钢筋接头位置的布置均应满足设计及规范要求。

2）模板安装前，在匹配面涂刷水性隔离剂，应对混凝土无害。

3）预应力筋的波纹管应定位准确，与预制梁段的波纹管连接紧密，不漏浆。

4）湿接缝和横隔梁现浇混凝土所处位置宜加入聚丙烯纤维，减少现浇混凝土裂缝。

4 安全施工

1）横隔板及湿接头的钢筋及模板施工应采用吊篮，作业人员应按高处作业要求，配备相应的装备。

2）加强张拉作业区的安全管理，设置明显警示标志，张拉两端必须设置防护措施，张拉时，千斤顶后面严禁站人。

3）跨内横桥向各梁临时支座的拆除必须缓慢、均衡、对称、同步进行，保证体系转换的安全。

第 8 章　现浇混凝土梁

8.1　悬臂浇筑施工

8.1.1　工艺流程

0 号和 1 号块施工→挂篮安装→悬臂段施工→挂篮前移循环施工至合龙段→合龙段施工（图 8-1）。

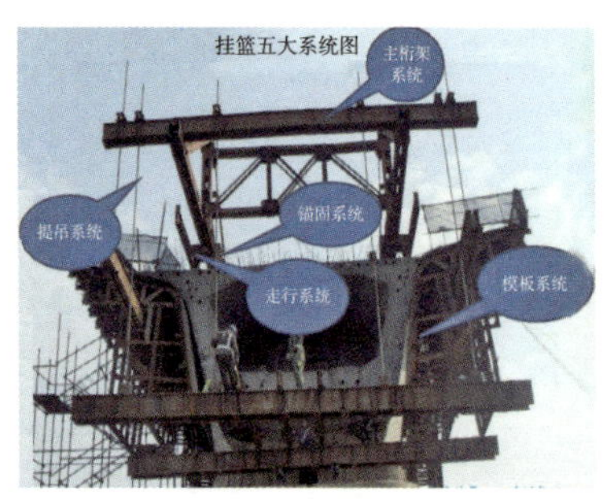

图 8-1　连续梁悬臂浇筑法（挂篮）施工

8.1.2　施工要点

1　0 号和 1 号块施工

1）支架拼装

（1）0 号块支架采用在承台上设置钢管桩立柱，钢管桩上安装型钢平台的结构体系，或采取墩身预埋牛腿，牛腿上安装型钢平台结构体系（图 8-2、图 8-3）。承台及桥墩施工过程中，在承台及墩顶埋设预埋件，墩身施工完成后安装平台及模板等。

（2）支架拼装前，抄平各预埋板标高，放出中线，在支架拼装过程中，对各受力杆件进行控制，禁止使用有明显缺陷的杆件。

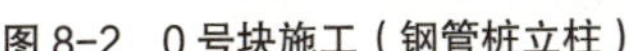

图 8-2 0 号块施工（钢管桩立柱）

图 8-3 0 号块施工（墩身预埋牛腿）

（3）支架预压

荷载试验采用相当于 0 号块梁重 1.2 倍的重量预压，用砂袋、水袋、千斤顶等；支架预压分 5 级进行，加载重量为设计荷载的 20%、60%、80%、100%、120%，每次加载持荷 30min 观测一次，全部加载完毕后持荷 24h（图 8-4）。

图 8-4 支架预压

2）模板安装

（1）支座安装合格后，安装 0 号块底模，底模安装应根据支架的弹性压缩量和模板与分配梁、分配梁与支架之间的非弹性变形进行（图 8-5、图 8-6）。

（2）模板应按设计要求准确就位，且不宜与脚手架连接。

（3）模板安装完成后，其尺寸、平面位置和顶部高程等应符合设计要求，节点连接应牢固。

（4）固定在模板上的预埋件和预留孔均不得遗漏，安装应牢固，位置应准确。

图 8-5　0 号块外模安装

图 8-6　0 号块内模安装

3）钢筋绑扎及预应力管道安装

（1）底板钢筋与腹板钢筋连接应牢固，且宜采用焊接；底板上、下两层的钢筋网应采用两端带弯钩的竖向筋进行连接，使之形成整体；顶板低层的横向钢筋宜采用通长筋（图 8-7、图 8-8）。

图 8-7　底板及腹板钢筋绑扎

图 8-8　顶板钢筋绑扎

（2）钢筋与预应力管道施工作业相互影响时，钢筋仅可移动，不得切断。若挂篮的下限位器、下锚带、斜拉杆等部位影响下一步操作时必须切断钢筋，应在该工序完成后，将切断的钢筋重新连接。

（3）预应力管道定位钢筋间距应与梁体钢筋连接牢固，确保管道在浇筑混凝土和振捣过程中不弯沉、不上浮。当设计对定位钢筋无要求时，对金属波纹管道不宜大于 0.8m，对橡胶抽拔管不宜大于 0.5m，对曲线管道应适当加密。

（4）预应力筋管道与普通钢筋的空间位置发生冲突，可适当调整普通钢筋的位置和形式，以保证预应力管道位置准确。

（5）波纹管的接头长度不小于 30cm，接头位置宜避开预留管道弯曲处，接头管两端应使用密封胶带封闭严密，防止漏气、漏浆（图 8-9）。

图 8-9　0 号块波纹管布置图

4）混凝土施工

（1）混凝土浇筑从底板到腹板再到顶板，浇筑按梁的断面水平分层、斜向分段进行。在混凝土浇筑过程中，注意使混凝土入模均匀，避免大量集中入模混凝土浇筑从底板到腹板再到顶板，浇筑按梁的断面水平分层、斜向分段进行（图 8-10）。

（2）振捣采用插入式的振动器，移动间距不超过其作用半径的 1.5 倍，与侧模应保持 5 ~ 10cm 的间距，插入下层混凝土 5 ~ 10cm 左右，将所有部位均振捣密实，密实的标志是混凝土停止下沉，不再冒气泡、表面呈现平坦、泛浆。每处振捣完毕后，慢慢提出振捣棒，避免碰撞模板、钢筋、预应力管道和其他预埋件。

（3）混凝土灌注由底板到腹板再到顶板，上下游基本对称进行。

（4）顶板表面进行二次收浆抹面，并于终凝前拉毛，及时养护，防止出现裂纹。

（5）墩顶梁段宜全断面一次浇筑完成，当梁段过高一次浇筑完成难以保证质量时，可沿高度方向分两次浇筑，但首次浇筑的高度宜超过底板承托顶面至少 500mm，且宜将两次浇筑混凝土的龄期差控制在 7d 以内。

图 8-10　混凝土浇筑

5）预应力施工

（1）预应力钢绞线编束和穿束

①切割后的钢绞线应理顺后穿束，然后用扎丝每隔 2 ~ 3m 绑扎一道，其扎丝扣应置于钢绞线的空隙里，编束后分类存放（图 8-11）。

②穿束前，应用压缩空气清除管道内积水及污物。

③根据钢束长度可选用人工或卷扬机配合穿束。

④一般情况下钢绞线须整根施工，不允许分段连接，如需分段连接须会同设计进行验算。

（2）预应力束（筋）张拉

①千斤顶和油压表使用前进行标定并配套使用。

②张拉顺序：先纵向束其次横向束（图 8-12），最后竖向束。

图 8-11 预应力钢绞线编束

③锚具夹具安装前应逐个检查是否有裂纹或变形，锚下混凝土是否密实，并清除支承面上的杂物。

④张拉以应力为主，以伸长量校核进行双控，实际伸长量与计算伸长量之差不得大于 ±6%。纵向束张拉为两端同时进行。

图 8-12 纵（横）向预应力筋张拉

（3）张拉质量要求

①预应力钢束的张拉力和伸长量均应符合设计要求，当实测伸长量与计算伸长值偏差大于规定时，应查明原因，予以处理。

②钢绞线张拉时，每个断面断丝之和不得超过断面钢丝总数的 1%，且每束钢束断丝，滑丝不得超过 1%。

③每孔两片夹片应跟进一致，夹片外露量应一致。

④钢绞线两端的回缩量之和不得大于 6mm，ϕ25 精轧螺纹钢筋的回缩量不大于 2mm。

6）孔道压浆与封锚

（1）孔道压浆

①预应力管道在压浆前应清除内部积水和杂物。采用真空辅助压浆时，其气密性应达到有关技术规范的规定。

②管道最高位置应设置排气、排水孔，排气、排水孔应在原浆溢出后方可封闭。

③压浆完成后 48h 内，环境温度低于 5℃时应采取防冻或保温措施。

④同一管道压浆应连续一次完成，不得有漏压浆的管道，压浆应在张拉完成后 48h 内进行（图 8-13）。

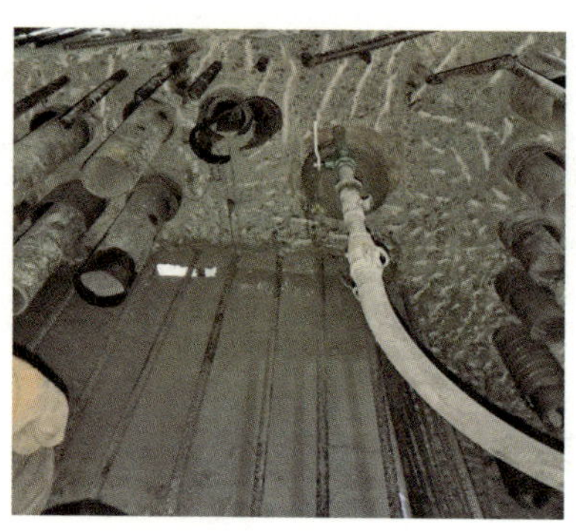

图 8-13　孔道压浆

（2）封锚

①封锚混凝土与相连混凝土应不大于 5mm 的施工接缝错台（图 8-14）。

②填封混凝土前将接槎面先凿毛并用水冲洗干净。

2 挂篮安装（图 8-15 ~ 图 8-19）

1）挂篮试拼合格（主桁架部分）。

图 8-14　封锚

图 8-15　安装挂篮横梁及轨道

图 8-16　安装主桁架

图 8-17　安装横梁

图 8-18　安装上下横梁及作业平台

2）自锚固系统的安全系数不得小于 2。

3）挂篮质量与梁段混凝土的质量比值宜控制在 0.3 ~ 0.5，特殊情况下不得超过 0.7。

4）允许最大变形（包括起重机吊带变形的总和）为 20mm。

图 8-19　挂篮拼装完成

5）挂篮安装完成后须对挂篮进行预压（图 8-20）。

图 8-20　用千斤顶对挂篮进行预压

3 悬臂段施工（图 8-21 ~ 图 8-26）

1）悬臂段模板、钢筋、混凝土、预应力施工及注意事项参照 0 号和 1 号块施工工艺。

2）悬臂梁施工分节段一次浇筑成型，先底板，后腹板，再顶板，悬臂段浇筑时确保两端对称进行。

图 8-21　块段外模安装

图 8-22　块段底板及腹板钢筋安装

图 8-23　块段内模安装

图 8-24　块段预应力管道施工

图 8-25　块段顶板钢筋施工

图 8-26　块段混凝土施工

3）在灌注箱梁混凝土的过程中，要及时测量挂篮主桁架、前后横梁、底板、腹板、顶板挠度变化，发现实际沉落与预留量不符合时，采取措施避免结构超限下垂。

4）悬臂两端混凝土浇筑对称同步进行，其差值不得大于20%。悬臂最大时，必须严格控制外荷载与偏心荷载。挂篮和模板可整体移动，到位后，即可开始钢筋绑扎、混凝土浇筑、预应力施工。

5）须注意悬臂段上下齿板的施工质量，防止齿板出现错位、开裂、空鼓（图8-27～图8-32）。

图8-27　下齿板钢筋施工

图8-28　下齿板模板施工

图8-29　下齿板混凝土浇筑

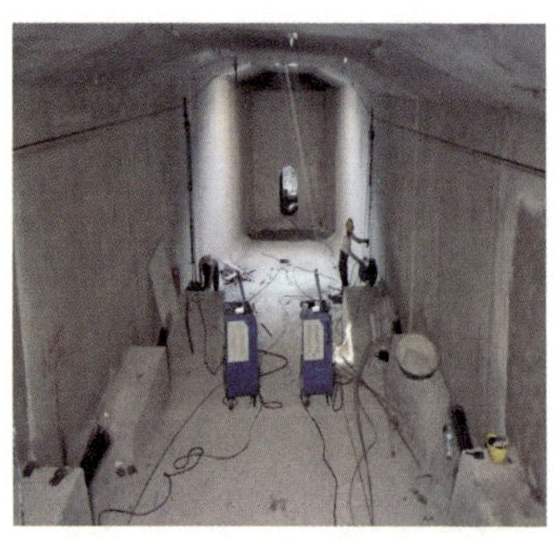

图8-30　下齿板

图 8-31 上齿板

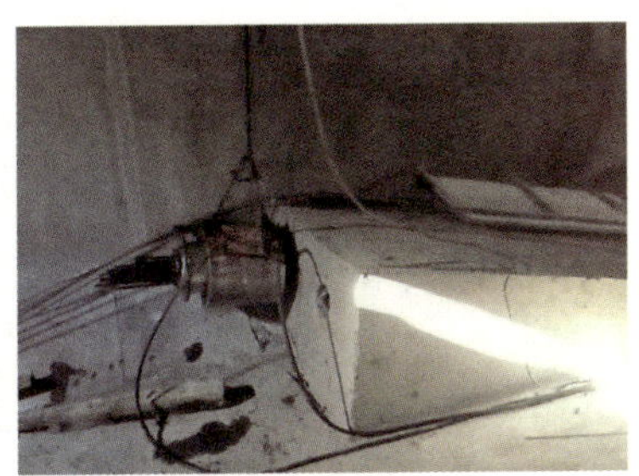

图 8-32 张拉

4 挂篮前移循环施工至合龙段

1）挂篮前移：挂篮前移时先解除放松各吊点，使模板脱离梁体，解除梁上后锚点，进行锚固转换，行走小车托力转换在滑道上，通过千斤顶拖拉主桁架，采取整个挂篮前移至下一梁段位置（图 8-33）。

2）挂篮调整及锚固：挂篮就位后，先进行主桁梁上锚固转换，给梁体的锚筋和底篮后锚安装在梁体上，然后通过测量仪器进行中线、高程测量、定位，通过千斤顶进行标高调整，经过检查确定合格后，最后进行全面锚固。

3）悬臂段按照设计长度循环施工至合龙段，施工要点见前文。

图 8-33 挂篮前移

5 合龙段施工

1）合龙段的长度宜为 2m。

2）合龙前应观测气温变化与梁端高程及悬臂端间距的关系。

3）合龙前应按设计规定，将两悬臂端合龙口予以临时连接，并将合龙跨一侧墩的临时锚固放松或改成活动支座（图 8-34）。

4）合龙前，在两端悬臂预加压重，并于浇筑混凝土过程中逐步撤除，以使悬臂端挠度保持稳定。

5）合龙宜在一天中气温最低时进行。

6）合龙段混凝土应比梁体混凝土强度等级提高一个等级，要求早强、最好采用微膨胀混凝土，并作特殊配合比设计，浇筑时认真振捣和养生，及时张拉预应力筋，防止合龙段混凝土产生裂缝（图 8-35）。

7）连续梁的梁跨体系转换，应在合龙段及全部纵向连续预应力筋张拉、压浆完成，并解除各墩临时固结后进行（图 8-36、图 8-37）。

图 8-34　合龙段钢筋安装及临时固结

图 8-35　合龙段混凝土浇筑

图 8-36　边跨合龙施工

图 8-37　中跨合龙施工

8.1.3　质量保证措施

1 挂篮走行时必须两侧对称同步进行，混凝土悬浇时块段不同步，重量严格控制不超过 1/2 块体自重。

2 各节段线形高程控制分为立模高程、混凝土灌注后高程、挂篮走行到位后高程。在高程控制上应特别注意上、下游两箱之间的相对位置，保证以后两箱之间合龙顺利施工。

3 线形高程测量，对立模高程及混凝土灌注后高程均必须在日出之前测量。在梁段前端距端面 15cm 断面（桥纵向），沿横向布置 5 个箱梁顶面标高测点，测点采用预埋钢质测点桩，横向布置在箱梁腹板处（图 8-38）。

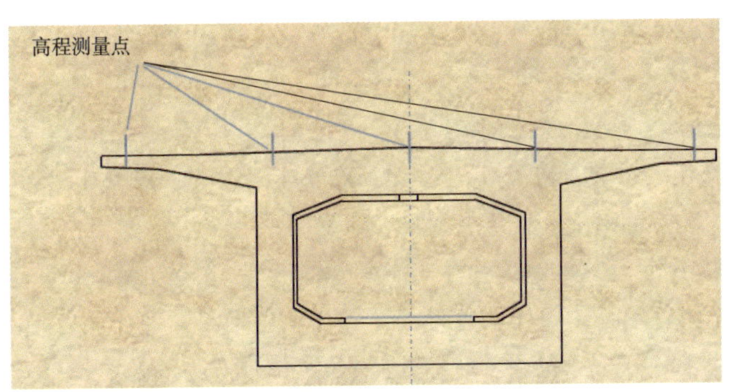

图 8-38　观测基准点设置

4 挂篮施工立模高程应考虑挂篮变形值、大气温度的影响。根据挂篮静载试验的结果分析得出挂篮弹性变形值，用预抬底模前端高程来消除挂篮弹性变形值的影响。

5 混凝土浇筑宜采用水平分层、斜向分段、横桥向全断面（以均匀消除沉降）推进式，从低端向高端纵桥向连续浇筑。对于箱形梁同一截面，浇筑混凝土时应先浇筑腹板处，再从工作口浇筑底板处，最后再浇筑顶板混凝土。混凝土浇筑过程中，应充分振捣密实，不得漏振或过振。

8.1.4 安全保证措施

1 挂篮设备施工时构部件不得任意改动，需做改动时，须由技术负责人、挂篮生产商同意，不得任意增减挂篮构部件。

2 施工作业人员在挂篮上施工时，必须佩戴安全带。在挂篮上操作应精力集中，休息时应下到地面上休息。

3 把好验收关。拼装过程中的挂篮，每拼装到一个工序时须由项目组织技术、安全与拼装班组、工长进行检查，符合要求后方可上人使用。挂篮未经检查、验收，除拼装作业人员外，严禁其他人员攀爬。

4 在 6 级以上大风、大雾和大雨天气下不得进行挂篮拼装、移动、拆除作业，雨后上挂篮前要做好防滑措施。挂篮设备经过大风、大雨后，要全面进行检查。

5 挂篮前移后，桥面要做好安全防护措施，具体措施是在已经预埋好的护栏钢筋上焊接 2m 高的 ϕ48 钢管，立杆 2m 设置一道，横杆设置 3 道，然后外挂密布式安全网。节段往前移动，护栏往前延伸。

6 挂篮主桁架上，前上横梁、前下横梁、前后下横梁连接通道需要安装不低于 1.2m 的护栏并加挂密布式安全网，随挂篮一起移动。

7 张拉过程中，装锚、量尺工人必须正确佩戴安全绳立于两侧，张拉过程中千斤顶前方不能站人，并设置必要的安全防护措施及警示措施，防止张拉过程中钢绳断裂千斤顶飞出伤人。

8 施工过程中要随时观测挂篮的变形，如发现变形，要及时与生产商联系商讨解决方案，对已经损坏的部件，要及时更换。

9 挂篮前移须在白天进行，避免夜间移动挂篮。

10 悬臂现浇混凝土危险系数大、风险高，浇筑过程中必须严格保证两边混凝土浇筑重量一致（不得超过 20%），混凝土浇筑过程中必须至少 3 名管理人员在岗，桥下 1 人，每个挂篮上 1 人，全部配备对讲机，随时了解、调整混凝土浇筑重量。

8.2　现浇梁施工

8.2.1　工艺流程

1 现浇梁一次浇筑施工工艺流程

地基处理→支架搭设→底模、侧模安装→支架预压→底板、腹板钢筋、预应力管道安装→内模、内支架、顶模安装→顶板钢筋、预应力管道安装→浇筑混凝土→混凝土养护→预应力筋穿束、张拉、压浆封锚→模板、支架拆除。

2 现浇梁二次浇筑施工工艺流程

地基处理→支架搭设→底模、侧模安装→支架预压→底板、腹板钢筋、预应力管道安装→内模安装→浇筑底板、腹板混凝土→内支架、顶模安装→顶板钢筋、预应力管道安装→浇筑顶板混凝土→混凝土养护→预应力筋穿束、张拉、压浆封锚→模板、支架拆除。

8.2.2　施工要点

1 地基处理（图 8-39）

1）首先应对地基承载力进行检测，不满足要求时应进行处理。

2）处理方式：当原地基地质状况较差为淤泥时，应用挖掘机挖出一定深度的淤泥，换填砂砾、石料，并用振动压路机进行碾压密实；如原地基地质状况较好，应将原有地基整平压实，再在其上方分层填筑 6% 灰土，并用振动压路机进行碾压密实，然后浇筑 20 ~ 30cm 厚素混凝土硬化，并设置横坡，便于及时排掉雨水，在两侧设排水沟，排水沟分段开挖形成坡度，低点设集水坑，保证基础不受雨水浸泡。

3）处理后的地基承载力应满足要求。

2 支架搭设

1）满堂支架

（1）用全站仪放出箱梁中心线及边线，然后根据支架设计步距用钢尺放出底座十字线，并标记清楚。

图 8-39　地基处理

（2）按标识好的位置放置垫板或 U 形槽钢，然后在其上方安放支架可调底托（图 8-40）。

图 8-40　垫板及底托安装

（3）安装立杆、横杆、斜拉杆、剪刀撑、扫地杆和可调顶托；杆件的连接必须紧密、牢固；立杆应垂直，上下层立柱应在同一中心线上，节点连接应可靠。

（4）支架的搭设，应结合模板的安装，一并考虑设置预拱度（图 8-41）。

图 8-41　支架搭设

（5）顶托标高调整完毕后，在其上安放工字钢纵梁，在纵梁上每隔 20cm 净间距安放一根 10cm × 10cm 的方木横梁。安装纵横分配梁时，应注意横向方木的接头位置与纵向分配梁的接头错开，并注意纵梁摆放在顶托中心，避免偏心（图 8-42）。

图 8-42　顶托调整及方木安装

（6）支架安装完成后，应对其平面位置、顶部高程、节点连接及纵横向稳定性进行全面检查，符合要求后，方可进入下一道工序。

（7）支架不得与施工脚手架、便桥相连。

2）门式支架

（1）对于跨越需要维持正常通行的道路或需考虑预留施工通道时，采用钢管柱加贝雷梁门洞式支架施工（图 8-43）。

图 8-43 钢管柱加贝雷梁门洞式支架

（2）使用全站仪或经纬仪进行精准定位，标出钢管柱的安装位置，确保钢管柱和贝雷梁的定位准确。

（3）使用起重机将钢管柱吊装至设计位置，确保垂直度偏差在允许范围内。安装过程中使用测量仪器实时监控垂直度、水平度和标高，及时调整。

（4）通过地脚螺栓连接或焊接将钢管柱固定在基础上，确保稳固。

（5）在地面将贝雷片按设计要求拼装成贝雷梁，检查连接螺栓是否紧固。

（6）使用起重机将拼装好的贝雷梁吊装至钢管柱顶部，确保位置准确。

（7）使用销轴或高强度螺栓将贝雷梁与钢管柱连接，确保节点牢固。

（8）使用水准仪测量支架顶部标高，确保符合设计要求。

（9）调整贝雷梁和钢管柱的水平度，确保整体结构平整。

（10）检查支架整体稳定性，必要时增加斜撑或拉索。

（11）在支架投入使用前，进行预压试验，检验支架的承载能力和变形情况。

（12）预压荷载一般为设计荷载的 1.1 ~ 1.2 倍，分级加载并监测变形数据。

3）模板安装

（1）底模安装

①底模安装前，先调整好支架顶部方木的高度，再铺设模板。

②在底模安装前应增加支座安装。底模最低处应设冲渣孔。

③箱梁底模一般采用竹胶板，根据箱梁结构尺寸现场加工。

④底模采用大块竹胶板，铺在分配梁方木上，调模、卸模采用可调顶托完成，底模根据设计要求设置反拱，方木与每块竹胶板边缘用钉子固定牢靠，确保平整度和接缝严密。

⑤底板按设计图纸要求设坡。底模铺设完毕后，进行平面放样，全面测量底板纵横向标高，根据测量结果将底模调整到设计标高（图 8-44）。

图 8-44　底模安装

（2）侧模和翼缘板模板安装

①根据测量放样定出箱梁底板边缘线，在底模上弹墨线，然后安装侧模。

②侧模采用木模板或定型钢模板，由纵向 10cm × 10cm 方木和横向双 ϕ48 钢管作为分配梁，增设 3 根斜杆，由两侧支架进行支撑（图 8-45）。

③用对拉螺杆、斜撑等将侧模固定牢固，防止胀模和变形。

④侧模与底模、侧模之间接缝处粘贴海绵条或双面胶，防止漏浆。

图 8-45　侧模安装

（3）箱室内模、内支架和顶模安装

①内模为大块木模板组合成型，其包括腹板内模和顶板底模，底板、腹板钢筋及预应力管道安装完成后，在箱室内安装内模（图 8-46）。顶模安装时，应根据设计位置，增设预留人孔。

②内模安装的同时，搭设箱室内支架。支架必须搭设稳固，保证内模尺寸要求，能对内模起限位与加固作用，同时能支撑顶板底模、钢筋及混凝土重量。

③用对拉螺杆、支撑等将内模固定牢固，防止变形。

④采用钢管、方木将腋角模板进行支撑，或者用对拉螺杆将其固定，防止浇筑底板混凝土时，腋角模板上浮。

图 8-46　内模安装

（4）端模安装

①端模安装前将梁体端头预应力管道位置标注出，并留设对应大小的孔眼。

②钢筋和预应力管道安装完毕后，将留置预应力管道的橡胶管或波纹管穿过端模上对应的孔眼，进行端模安装就位。

③安装过程中对预应力管道逐根检查，查看是否处于设计位置。

④严格按设计图纸施工，确保预埋件位置准确无误，无遗漏。

4）支架预压

（1）预压可采用砂袋、混凝土块等形式（图 8-47）。

（2）预压加载范围不应小于现浇混凝土结构物的实际投影面。

（3）支架预压荷载不应小于支架承受的混凝土结构恒载与模板重量之和的 1.1 倍。

（4）支架预压区域应划分成若干预压单元，每个预压单元内实际预压荷载强度的最大值不应超过该预压单元内预压荷载强度平均值的 110%。每个预压单元内的预压荷载可采用均布形式。

（5）支架预压前，应布置支架的沉降监测点，预压荷载施加前，应监测并记录各监测点初始标高，支架预压过程中，应对支架的沉降进行监测。

图 8-47　支架预压形式

（6）支架监测点应沿混凝土结构纵向每隔 1/4 跨径两端布置一个监测断面；每个监测断面上的沉降观测点不宜少于 5 个，并应对称布置（图 8-48）。

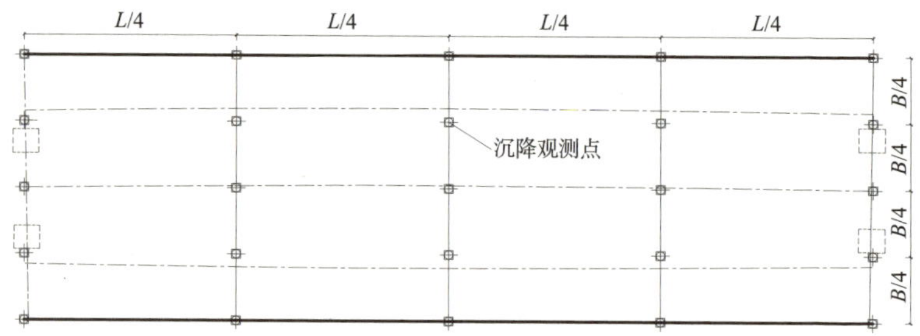

图 8-48　沉降观测点布置图

（7）支架预压应按预压单元进行分级加载，且不应少于 3 级。3 级加载依次宜为单元内预压荷载值的 60%、80%、100%。

（8）纵向加载时，宜从混凝土结构跨中开始向支点处进行对称布载；横向加载时，应从结构中心向两侧进行对称布载。

（9）每级加载完成后，应先停止下一级加载，并应每间隔 12h 对支架沉降量进行一次监测。当支架顶部监测点 12h 的沉降量平均值小于 2mm 时，可进行下一级加载。

（10）全部预压荷载施加完毕后，应监测并记录各监测点标高。当各监测点最初 24h 的沉降量平均值小于 1mm 或各监测点最初 72h 的沉降量平均值小于 5mm 时，应判定支架预压合格，可进行支架卸载。

（11）支架预压可一次性卸载，预压荷载应对称、均衡、同步卸载。

（12）卸载 6h 后，应监测各监测点标高，并计算支架各监测点的沉降量、弹性变形量和非弹性变形量。

（13）支架沉降监测应按表 8-1 进行记录。

5）钢筋、预应力管道安装

（1）钢筋在加工厂内下料、加工成型，采用平板车运至现场绑扎，分底板钢筋、腹板钢筋和顶板钢筋三部分进行安装（图 8-49）。同时进行预应力管道的安装。

图 8-49　钢筋安装

（2）钢筋安装应位置正确，钢筋规格、数量、间距等应符合要求，钢筋的交叉点应用钢丝绑扎牢靠，焊接接头按要求错开。

（3）混凝土垫块应采用与梁体同等强度等级的混凝土，且不得影响梁体的耐久性，垫块呈梅花形布置，垫块数量为每平方米不少于 4 个（图 8-50）。

支架沉降监测表——顶部（底部）测点（mm） 表 8-1

日期：　　年　　月　　日

测点	加载前	加载中																加载后								卸载 6h 后		非弹性变形量
	标高	60%								80%								100%								标高	弹性变形量	
		0h		12h		24h		36h		0h		12h		24h		36h		0h		24h		48h		72h				
		标高	沉降量	标高	沉降量	标高	沉降量	标高	沉降量	标高	沉降量	标高	沉降量	标高	沉降量	标高	沉降量	标高	沉降量	标高	沉降量	标高	沉降量	标高	沉降量			

注：1. 表中沉降量均指相邻两次监测标高之差。

2. 若支架预压监测 36h 不能满足现行行业标准《钢管满堂支架预压技术规程》JGJ/T 194—2009 第 5.3.3 条的规定，可根据实际情况延长预压时间或采取其他处理方法。

监测：　　计算：　　施工技术负责人：　　监理：

图 8-50　混凝土垫块布置

（4）预应力管道采用金属或塑料波纹管成孔。

（5）管道应按设计规定的坐标位置进行安装，波纹管安装到位后，根据设计及规范要求设置定位网片或定位筋固定，管道定位网片或定位筋纵向直线段间距不应大于 0.8m 一道，曲线段应适当加密，必须保证波纹管道顺畅。

（6）定位筋与主筋点焊牢固，不容许用钢丝定位，确保在浇筑混凝土时波纹管不上浮、不变形。

（7）波纹管与普通钢筋位置相抵触时，可适当移动梁体构造钢筋。预应力管道安装应位置准确。

（8）定位后的管道应平顺，其端部的中心线应与锚垫板相垂直。

（9）管道接头处的连接管宜采用比设计要求的规格大一级直径的同类管道，其长度宜为被连接管道内径的 5 ~ 7 倍。连接时不应使接头处产生角度变化及在混凝土浇筑期间发生管道的转动或移位，并应缠裹紧密，防止水泥浆的渗入（图 8-51）。

（10）在齿块、槽口位置按设计要求设置防裂钢筋，并在预应力锚头下增设细密钢筋网片。

（11）曲线管道，波峰部位预留排气孔，最低部位预留排水孔。

（12）预应力管道应比混凝土结构物两侧各长 20 ~ 30cm，管道安装完毕后，其端口应采取可靠措施临时封堵，防止水或其他杂物进入。

图 8-51　预应力管道连接

（13）预应力管道附近不应进行焊接作业，必要时，应采取隔离保护措施，以免烧伤预应力管道。

6）混凝土浇筑

（1）施工前，应做好充分准备，备用电源、泵车及振动器应提前到位并考虑备用泵车的停放位置等，以保证混凝土连续浇筑，防止施工冷缝的出现。

（2）浇筑混凝土前，应对支架、模板、钢筋和预埋件进行检查，并做好记录，符合设计要求后方可浇筑。模板内的杂物、积水和钢筋上的污垢应清理干净。

（3）浇筑混凝土前，应由管理人员检查混凝土的均匀性和坍落度，并应随机留做混凝土试件，用于施工工序和桥梁质量检验的依据。

（4）为防止混凝土离析，自高处向模板内倾卸混凝土时，其自由倾落高度不宜超过 2m；当倾落高度超过 2m 时，应通过串筒、溜管或振动溜管等设施下落。

（5）混凝土在顺桥向宜从低处向高出进行浇筑，在横桥向宜对称进行浇筑。

（6）混凝土浇筑应对称、水平分层连续浇筑，分层厚不宜超过 30cm。应在下层混凝土初凝前完成上层混凝土浇筑（图 8-52）。

图 8-52　混凝土浇筑

（7）浇筑混凝土期间，应设专人检查支架、模板、钢筋和预埋件等稳固情况，当发现有松动、变形、移位时，应及时处理。

（8）混凝土的浇筑宜在气温较低时进行，但混凝土的入模温度应不低于 5℃；热期施工时，宜采取措施降低混凝土的入模温度，且其入模温度宜不高于 28℃。

（9）当混凝土浇筑需要分段施工时，分段点宜设在反弯点附近。

（10）混凝土浇筑可分两次进行，第一次浇筑底板、腹板、横隔板，第二次浇筑顶板、翼板。第二次浇筑混凝土之前必须做好前段混凝土的凿毛、清洗、湿润工作。

（11）施工缝处混凝土表面的光滑表层、松弱层应予凿除，凿毛的最小深度应不小于 8mm。对施工缝处混凝土的强度，当采用水冲洗凿毛时，应达到 0.5MPa；人工凿除时，应达到 2.5MPa；采用风动机凿毛时，应达到 10MPa。经凿毛处理后的混凝土面，新混凝土浇筑前，应采用洁净水冲洗干净。

（12）混凝土的振捣采用插入式振捣棒，插入式振捣棒移动间距不大于振捣棒作用范围的 1.5 倍（振捣棒的作用范围为 50 ㎝），一般每点振捣 30 ~ 50s。每一振点延续的时间以表面出现浮浆和不再有显著沉落及大量气泡上冒为止。

（13）为使上下层混凝土结合成整体，上层混凝土振捣要在下层混凝土初凝之前进行，并要求振捣棒插入下层混凝土 50 ~ 100mm。

（14）当预应力管道密集（如齿块、槽口、梁端），空隙小时，配备小直径（30 型）插入式振动器，确保振捣密实。振捣时不可在钢筋上平拖，不可碰撞预应力管道、模板、钢筋、辅助设施（如定位架等）。

（15）顶板混凝土浇筑、振捣完毕，人工进行面层的两次提浆、整平（图 8-53）。

图 8-53　混凝土面层的提浆、整平

7）混凝土养护

（1）混凝土浇筑完成后，应在其收浆后尽快予以覆盖湿麻布或塑料薄膜并洒水保湿养护，保持表面湿润。桥面等大面积裸露的混凝土，应加强初始保湿养护，具备条件的可在浇筑完成后立即加设棚罩，待收浆后再予以覆盖和洒水养护，覆盖时不得损伤或污染混凝土表面。

（2）混凝土的洒水保湿养护时间应不少于 7d，对重要工程或有特殊要求的混凝土，应根据环境湿度、温度、水泥品种以及掺用的外加剂和掺合料等情况，酌情延长养护时间，并应使混凝土表面始终保持湿润状态（图 8-54）。

图 8-54　混凝土洒水保湿养护

（3）当气温低于 5℃时，应采取覆盖保温养护措施（图 8-55），不得向混凝土表面洒水。使用保温材料（如草帘、泡沫板）覆盖混凝土表面，必要时使用加热设备（如电热毯、热风机）进行加热养护。

图 8-55　混凝土覆盖保温养护

（4）混凝土的养护，应根据气候条件采取控温措施，并按需要测定浇筑后的混凝土表面和内部温度，将温差控制在设计要求的范围内，当设计无要求时，温差不宜超过 20℃。

（5）混凝土的养护应设专人负责。

8）预应力筋穿束、张拉、压浆及封锚

（1）预应力筋穿束

①混凝土浇筑过程中及浇筑结束后，应派专人对预应力管道进行检查，以防堵塞。

②发现堵塞，应及时疏通管道。预应力筋先穿束的，在浇筑混凝土过程中应定时抽动、转动预应力筋。

（2）预应力筋张拉

①混凝土强度达到设计要求后可进行张拉，张拉控制应力按设计文件要求。预应力筋的张拉宜采用数控预应力张拉设备（图 8-56）。

图 8-56　数控预应力张拉设备

②预应力筋的张拉宜采用穿心式双作用千斤顶，整体张拉或放张宜采用具有自锚功能的千斤顶；张拉千斤顶的额定张拉力宜为所需张拉力的 1.5 倍，且不得小于 1.2 倍。与千斤顶配套使用的压力表应选用防振型产品，其最大读数应为张拉力的 1.5 ~ 2.0 倍，标定精度应不低于 1.0 级。张拉机具设备应与锚具产品配套使用，并应在使用前进行校正、检验和标定。

③张拉用千斤顶、压力表应配套标定，配套使用。当使用时间超

过 6 个月或张拉工作次数超过 200 次时，应重新进行标定。

④张拉前应根据设计要求对孔道的摩阻损失进行实测，以便确定张拉控制应力和预应力筋的理论伸长值。

⑤张拉施工过程中实行双控，以张拉控制应力为主，伸长值为辅。实际伸长值与理论伸长值的差值应符合设计规定；设计未规定时，其偏差应控制在 ±6% 以内。

⑥张拉顺序按设计要求进行，设计无要求时宜先中间后上下、两侧分批、分阶段、对称张拉。

⑦千斤顶安装时，工具锚应与前端的工作锚对正，工具锚和工作锚之间的各根预应力筋不得错位、扭绞。实施张拉时，千斤顶与预应力筋、锚具的中心线应位于同一轴线上（图 8-57）。

图 8-57　预应力筋张拉

⑧预应力筋张拉时，应先调整到初应力（σ_0），该初应力宜为张拉控制应力（σ_{con}）的 10% ~ 15%，伸长值应从初应力时开始量测。

⑨预应力筋张拉端的设置，应符合设计要求；曲线预应力筋或长度大于或等于 25m 的直线预应力筋，宜在两端张拉；长度小于 25m 的直线预应力筋，可在一端张拉。

⑩后张法预应力筋张拉程序应符合表 8-2 的规定。

后张法预应力筋张拉程序 **表 8-2**

预应力筋种类		张拉程序
钢绞线束	对夹片式等有自锚性能的锚具	普通松弛力筋：0 →初应力→ 1.03σ_{con}（锚固） 低松弛力筋：0 →初应力→ σ_{con}（锚固）
	其他锚具	0 →初应力→ 1.05σ_{con}（持荷 2min）→ σ_{con}（锚固）
钢丝束	对夹片式等有自锚性能的锚具	普通松弛力筋：0 →初应力→ 1.03σ_{con}（锚固） 低松弛力筋：0 →初应力→ σ_{con}（持荷 2min 锚固）
	其他锚具	0 →初应力→ 1.05σ_{con}（持荷 2min）→ 0 → σ_{con}（锚固）
精轧螺纹钢筋	直线配筋时	0 →初应力→ σ_{con}（持荷 2min 锚固）
	曲线配筋时	0 → σ_{con}（持荷 2min) → 0（上述程序可反复几次）→初应力→ σ_{con}（持荷 2min 锚固）

注：1. σ_{con} 为张拉时的控制应力值，包括预应力损失值；
2. 梁的竖向预应力筋可一次张拉到控制应力，持荷 5min 锚固。

9）压浆及封锚

（1）压浆

①预应力筋张拉锚固后，孔道应尽早压浆，且应在 48h 内完成，否则应采取避免预应力筋锈蚀的措施。预应力孔道压浆宜采用数控孔道压浆设备（图 8-58）。

图 8-58 数控孔道压浆设备

②应采用专用压浆料或专用压浆剂配制的浆液进行压浆。水泥应

采用性能稳定、强度等级不低于 42.5 级的低碱硅酸盐或低碱普通硅酸盐水泥。

③压浆顺序为自下而上，同一管道压浆须连续进行，一次压完。以免孔道漏浆导致邻近孔道堵塞。灌浆过程中，真空泵要保持连续工作。压浆过程中经常检查压浆管道是否堵塞和漏浆。

④压浆应缓慢、均匀地进行，不得中断，并应将所有最高点的排气孔依次一一打开和关闭，使孔道内排气通畅。

⑤压浆时，每一工作班应制作留取不少于 3 组尺寸为 40mm × 40mm × 160mm 的试件。

⑥压浆过程中及压浆后 48h 内，结构或构件混凝土的温度及环境温度不得低于 5℃，否则应采取保温措施，并应按冬期施工的要求处理，浆体中可适量掺用引气剂，但不得掺用防冻剂。当环境温度高于 35℃时，压浆宜在夜间进行。

⑦压浆后应通过检查孔抽查压浆的密实情况，如有不实，应及时进行补压浆处理。

（2）封锚

①张拉、灌浆后，用砂轮切割机切掉张拉端多余的预应力筋，预应力筋的外露长度不宜小于 30mm。

②压浆完成后，应及时对锚固端按设计要求进行封闭保护或防腐处理。

③需要封锚的锚具，应在压浆完成后对梁端混凝土凿毛并将其周围冲洗干净，设置钢筋网片浇筑封锚混凝土，封锚混凝土强度不低于结构强度的 80%，且不低于 30MPa；封锚应采用与结构或构件同强度等级的混凝土，并应严格控制封锚后的梁体长度。

④长期外露的锚具，应采取防锈措施。

10）模板、支架拆除

（1）非承重侧模板应在混凝土抗压强度达到 2.5MPa 及以上，且能保证其表面及棱角不致因拆模而受损坏时，方可拆除。

（2）钢筋混凝土结构的承重模板、支架，应在混凝土强度能承受其自重荷载及其他可能的叠加荷载时，方可拆除。

（3）侧模应在预应力钢束张拉前拆除；底模及支架应在结构建立预应力后方可拆除。

（4）模板、支架的拆除应遵循“后支先拆、先支后拆”的原则按顺序进行。

（5）拆除梁、板等结构的承重模板时，在横向应同时、在纵向应对称均衡卸落，简支梁、连续梁结构的模板宜从跨中向支座方向依次循环卸落。

（6）模板、支架拆除时，不得损伤混凝土结构。

（7）模板、支架拆除过程中，应设置作业警示区，严禁敲击、硬拉、抛掷模板杆件等，拆除后的模板、杆件应分类码放整齐（图 8-59）。

图 8-59　模板、支架拆除

8.2.3　质量保证措施

1）支架搭设前，应对地基进行检测及处理，确保地基承载力满足要求。

2）支架杆件连接应紧密、牢固、垂直，节点应连接可靠。

3）支架的搭设应考虑设置预拱度。

4）门式支架各立柱之间应安装横杆和斜撑，增强支架整体稳定性，必要时增加斜撑或拉索。

5）支架投入使用前应进行预压，检验支架的承载能力并消除支架的弹性变形、非弹性变形。

6）采用高强度、高稳定性的模板，确保模板的刚度和尺寸精度。同时，对模板进行定期检查和维护，确保模板的稳定性和刚度。

7）模板接缝处粘贴海绵条或双面胶，防止漏浆。

8）箱室内腋角模板，采用钢管、方木将腋角模板进行支撑，或者用对拉螺杆将其进行固定，防止浇筑底板混凝土时，腋角模板上浮。

9）合侧模前用高压气泵或高压水枪清理底模，确保底模面清洁。

10）预应力管道应采用金属或塑料波纹管，管道应按设计坐标位置安装，并采用定位筋固定牢固，直线间距不大于 0.8m，曲线应适当加密且保证管道顺畅。

11）在齿块、槽口位置按设计要求设置防裂钢筋，并在预应力锚头下增设细密钢筋网片。

12）预应力管道应比混凝土结构物两侧各长 20～30cm，管道安装完毕后，其端口应采取可靠措施临时封堵，防止水或其他杂物进入。

13）浇筑混凝土前，应对支架、模板、钢筋和预埋件进行检查，并做好记录，符合设计要求后方可浇筑。模板内的杂物、积水和钢筋上的污垢应清理干净。

14）当预应力管道密集（如齿块、槽口、梁端），空隙小时，配备小直径（30 型）插入式振动器，确保振捣密实。

15）混凝土浇筑完成后，应在其收浆后尽快覆盖湿麻布或塑料薄膜，并洒水保湿养护，保持表面湿润。当气温低于 5℃时，应采取保温养护措施，使用保温材料（如草帘、泡沫板）覆盖混凝土表面，必要时使用加热设备（如电热毯、热风机）进行加热养护。

16）张拉用千斤顶、压力表应配套标定，配套使用。当使用时间超过 6 个月或张拉工作次数超过 200 次时，应重新进行标定。

17）张拉施工过程中实行双控，以张拉控制应力为主，伸长值为辅。实际伸长值与理论伸长值的差值应符合设计规定；设计未规定时，其偏差应控制在 ±6% 以内。

18）预应力筋张拉锚固后，孔道应尽早压浆，且应在 48h 内完成。

8.2.4 安全保证措施

1）满堂支架应增设斜撑、剪刀撑；门式支架各立柱之间应安装横杆和斜撑，必要时增加斜撑或拉索，增强支架整体稳定性。

2）不得在架体上集中堆放施工用材料，严格控制作业层上的施工荷载不超过设计值；在支架作业面满铺脚手板，并绑扎牢固，不留空隙和探头板，作业面外侧防护采用两道防护栏杆满挂安全网，并加设挡脚板。

3）对满堂支架及门式支架在支架周围设置明显的安全警示标志，在必要区域安装安全网和防护栏杆，防止坠落事故。制定并实施紧急情况下的应急预案。

4）遇风力 6 级以上强风和高温、大雨、大雾等恶劣天气，应停止高处露天作业。

5）张拉现场应有明显标志，与该工作无关的人员不得进入张拉作业区。

6）梁的张拉两端要设置挡板，张拉时操作千斤顶和测量伸长值的人员必须站在千斤顶的侧面操作，禁止正对千斤顶，严格遵守操作规程，张拉或退楔时，千斤顶后面不得站人，以防预应力筋拉断或锚具、楔块弹出伤人。

7）拆除的支架构件必须安全传递至地面，严禁抛掷。

8.2.5 环境保护保证措施

1）施工期间，合理安排作业时间，减少噪声、扬尘等对周围环境的影响。

2）对施工废水、废渣进行及时处理，减少对环境的污染。

3）加强施工机械的管理和维护，确保机械正常运行，减少油污等对环境的影响。

4）对施工现场进行规范管理，保持整洁有序，采取相应的措施，如围挡、覆盖等，避免尘土飞扬、垃圾满地等现象的发生。

第 9 章　钢结构桥梁

9.1　钢箱梁施工

9.1.1　工艺流程

工艺性审查→焊接工艺评定 / 钢梁制造规则 / 制造方案→钢结构加工制作→预拼装→钢结构运输→吊装→安装→涂装→验收。

9.1.2　施工要点

1 工艺性审查

1）选用钢材的品种规格是否能够满足供货条件；

2）工厂现有的设备和条件是否满足生产加工的需要；

3）钢构件是否标准化、通用化，以减少工装的制造量；

4）焊缝布置是否合理以及焊接变形对质量的影响；

5）钢构件发送单元是否符合运输条件；

6）制造数量、质量要求、发送方法是否明确。

2 焊接工艺评定

施工单位首次采用的钢材、焊接材料、焊接方法、接头形式、焊接位置、焊后热处理制度以及焊接工艺参数、预热和后热措施等各种参数的组合条件应在钢结构构件制作及安装施工之前拟定焊接工艺评定指导书，并按规范要求进行评定。在同一制造厂已评定并批准的工艺，如连续生产且各项生产条件没有变化，质量可控，5 年内可不再评定，遇有下列情况之一者，应重新进行评定：

1）钢材牌号改变；

2）焊接材料改变；

3）焊接方法或焊接位置改变；

4）衬垫材质改变；

5）焊接电流、焊接电压和焊接速度改变超过 ±10%；

6）坡口形状和尺寸改变（坡口角度减少 10°以上，熔透焊缝钝边增大 2mm 以上，无衬垫的根部间隙变化 2mm 以上，有衬垫的根部间隙变化超过 −2mm 或 + 6mm）；

7）预热温度低于规定的下限温度 20℃时；

8）增加或取消焊后热处理时；

9）电流种类和极性改变；

10）加入或取消填充金属；

11）母材焊接部位涂车间防锈底漆而焊接时又不进行打磨的。

3 下料

钢板在下料前须按下列规定进行预处理：

1）预处理宜包括辊平、抛丸除锈、除尘及涂防锈底漆等工序。

2）对构件在车间内加工制作且在非梅雨季节使用的钢材，当确认其不会产生锈蚀时，可不喷涂防锈底漆；设计对车间防锈底漆有要求时，应从其规定。

3）预处理完成后，应及时将钢板原有的牌号、规格、炉批号等信息移植到经处理后的钢板上。

主要零件下料时，应使钢材的轧制方向与其主要应力方向一致。钢材下料常用高温热源、冲剪、切剪、切削、摩擦等实现，常用的切割方法有（图 9-1）：

图 9-1　钢板下料切割

（1）用剪切机、锯割机、砂轮切割机等机械设备切割；

（2）用氧气与乙炔、丙烷、液化石油气等热能进行气割；

（3）等离子切割（利用等离子弧焰流实现）；

（4）激光切割。

4）无论采用哪种方法，其表面质量必须满足下列要求：

（1）自动切割或半自动切割切口表面质量应符合表 9-1 的要求。

自动切割或半自动切割切口表面质量要求　　表 9-1

序号	名称	主要零件	次要零件	备注
1	表面粗糙度	25μm	50μm	按现行国家标准《产品几何技术规范（GPS） 表面结构　轮廓法　评定表面结构的规则和方法》GB/T 10610 用样块检测
2	崩坑	不允许	1000mm 长度内有 1 处 1mm	—
3	踏角	圆角半径≤ 1mm		—
4	切割面垂直度	≤ 0.05t（t 为板厚），且≤ 2mm		—

（2）手工焰切的零件，其尺寸允许偏差为 ±2mm。手工焰切后不再加工的零件应修磨匀顺。

（3）切割完毕后，对主要零件进行标识并记录。

验收要求：按图纸核对零件编号、外形尺寸、坡口方向及尺寸。

4 零件矫正、弯曲、尺寸控制

1）零件的矫正最好采用冷矫，矫正后的零件其表面不得有明显的凹痕和损伤，零件冷矫时的环境温度不宜低于 −12℃。

2）采用热矫时，矫正后的零件须自然冷却，冷却过程中不得锤击和用水急冷，零件热矫技术须符合表 9-2 的要求。

零件热矫技术要求 表 9-2

序号	牌号	交货状态	工艺要求
1	Q370qD、Q370qE Q420qD、Q420qE	TMCP+ 回火、TMCP	≤ 750℃，严禁保温
2	Q500qE	TMCP+ 回火、TMCP	≤ 700℃，严禁保温
3	其他钢种	热轧、正火等	≤ 800℃，严禁保温

3）主要零件弯曲时，弯曲后的零件边缘不得有裂纹。主要零件冷作弯曲时，环境温度宜不低于 -5℃，弯曲后的零件边缘不得有裂纹。

4）主要零件采用热摵成型时，热摵的加热温度、高温停留时间和冷却速率应与所加工钢材的性能相适应。零件热摵温度应控制在 900 ~ 1000℃。弯曲成型后的零件边缘不得有裂纹。

5）钢材切割面无裂纹、夹渣、分层和大于 1mm 的缺棱。

6）矫正后的钢材表面无明显的凹痕或损伤。

7）零件磨去边缘的飞刺、挂渣，使端面光滑匀顺。

5 组装

1）熟悉施工图和工艺文件，按图纸核对零件编号、外形尺寸、坡口方向及尺寸，确认无误后方可进行组装（图 9-2）。

图 9-2 零件组装

（1）钢板接料应在构件组装前完成，并应符合下列规定：

钢梁翼缘板、腹板的接料长度宜不小于 1000mm，宽度均不得小于 200mm。钢箱梁顶板、底板、腹板接料的纵向焊缝与 U 形肋、板肋焊缝间距不得小于 100mm。

（2）组装时应将相邻焊缝错开，错开的最小距离为 200mm。

（3）组装前应清除待焊接区的有害物（图 9-3），使其表面露出金属光泽。

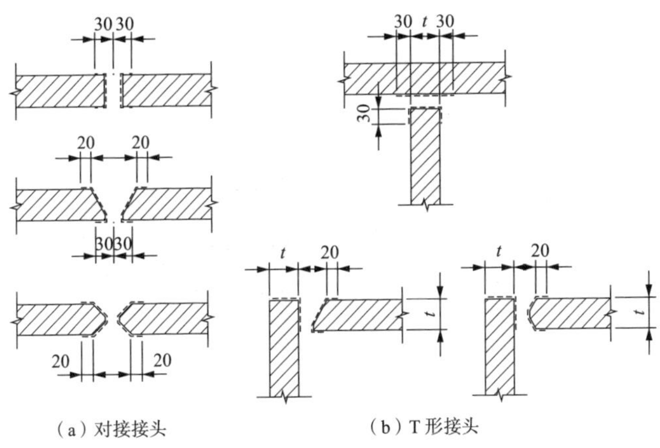

图 9-3　组装前的清除范围（mm）

2）组装要求

（1）构件在专用胎架上进行组装，用于组装的胎架具有足够的强度、刚度和稳定性，并满足支承、定位、固定和操作等工作的需要。

（2）在焊接条件允许的情况下，在对接焊缝、全熔透或部分熔透 T 形接头的端部连接引板，引板的材质、厚度和坡口与所焊的焊件相同。

（3）构件组装完成后，按规定进行编号标识，并做好记录，对其加以保护，防止损坏。

（4）钢箱梁节段宜采用连续匹配法组装。胎架外设置独立的测量控制网，测量时避免日照的影响，轴线和主要定位尺寸应采用全站仪或更高精度的仪器进行测量。

（5）钢箱梁节段在专用胎架上组装时，宜采用工艺板对其进行固定，但在能保证构件的组装精度及能有效地控制变形的前提下，应减少工艺板的数量。工艺板的焊接符合定位焊的要求，解除工艺板时不得伤及母材，解除后对工艺板定位焊的位置按工艺要求进行处理。

6 焊接

1）场内焊接（图 9-4）

图 9-4　场内焊接

（1）所有焊工必须持证上岗。

（2）焊接工作在室内进行，施焊时的环境湿度小于 80%，环境温度不低于 5℃。低于 5℃仍要进行焊接作业时，采取焊前预热、保温和焊后缓冷等工艺措施，并通过专项试验确定相应的焊接工艺参数。焊接在构件组装后 24h 内完成。在构件组装后 24h 内完成焊接能防止焊缝坡口锈蚀，保证焊接质量。

（3）焊接前彻底清除待焊（包括定位焊）区域内的有害物。焊接时严禁在母材的非焊接部位引弧，焊接后清理焊缝表面的熔渣及两侧的飞溅物。在焊接前彻底清除待焊区域内的有害物，主要是为了保证焊接质量，避免污物导致焊接缺陷的可能性。虽然在组装前已进行了清理，但在焊接区仍有可能存在油、浮锈、水、灰尘、熔渣飞溅及焊瘤、焊根等影响焊接质量的有害物，所以在焊接前需要进行再次清除。

（4）焊前预热温度应通过焊接工艺评定试验确定。预热范围一般为焊缝两侧 1.5 倍板厚且不小于 100mm，且在距焊缝 30 ~ 50mm 范围内测温。焊工施焊时应做焊接记录，记录的内容宜包括构件号、焊缝部位、焊缝编号、焊接参数、操作者和焊接日期等。

（5）多层焊接时应连续施焊，控制层间温度。每一层焊缝焊完后及时清理检查，在清除药皮、熔渣、溢流和其他缺陷后，方可施焊下一层。

（6）所采用焊接材料的型号与母材相匹配。施焊前按施工图及工艺文件检查坡口尺寸、根部间隙等，不符合要求时处理改正。

（7）定位焊焊缝距设计焊缝端部应不小于 30mm，其长度为 50 ~ 100mm，间距为 400 ~ 600mm。当板厚小于 8mm 或大于 50mm 时，可调整定位焊间距。定位焊焊缝的焊脚尺寸宜不大于设计焊脚尺寸的 1/2，且不小于 4mm。

（8）定位焊焊缝不得有裂纹、夹渣、焊瘤等缺陷，弧坑应填满，对开裂的定位焊焊缝，应先查明原因，然后再清除开裂的焊缝，并应在保证构件尺寸正确的条件下补充定位焊。

（9）在焊缝交叉处和焊缝方向急剧变化处不应进行定位焊，焊缝的起弧点应避开焊缝相交处或转角处 50mm 以上。

（10）埋弧焊应在距设计焊缝端部 80mm 以外的引板上引、熄弧，手工焊、气体保护焊应在距设计焊缝端部 30mm 以外的引板上引、熄弧。引板的坡口和板厚应与母材相同。

（11）U 形肋与顶板、底板之间的焊接采用自动化或半自动化焊接设备。在施焊过程中，应保证焊接的连续性。

2）焊接检验

焊接完毕且待焊缝冷却至室温后，对所有焊缝进行全长范围内的外观检查，焊缝不得有裂纹、未熔合、夹渣、未填满弧坑、焊瘤等缺陷。

焊缝经外观检查合格后方可进行无损检测，无损检测在焊接 24h 后进行。箱形构件棱角焊缝探伤的最小有效厚度为 $2t$（t 为水平板厚度，以“mm”计），当设计有熔深要求时应从其规定。焊缝无损检测的质量分级、检验方法、检验部位和等级应符合相关的检测规范要求。

7 矫正

1）冷矫的环境温度不低于 5℃，矫正时应缓慢加力。

2）当设计文件对矫正有特殊要求时，按照设计执行；设计无要求时，矫正的方法和温度符合相关规范的规定。

3）矫正后的板单元、构件和梁段表面不得有凹痕和其他损伤。

8 预拼装

1）钢箱梁的构件在安装施工前，须进行预拼装。

2）预拼装在钢结构涂装前在测平的胎架上进行，并解除构件与胎架之间的临时连接，使其处于自由状态。用于预拼装的零件、板单元等均应经检验合格。

3）每批梁段制造完成后，进行连续匹配预拼装，预拼装按施工图纸规定的连接顺序进行。每轮预拼装结束并经检查合格后，留下最后一个梁段参与下一轮次的匹配拼装。

4）每轮预拼装均应进行线形控制。预拼装应测量调整高程，胎架顶面（梁段底）的线形与设计或施工监控要求的梁底线形相吻合。预拼装的测量在解除工艺板后进行。

5）钢箱梁节段每段每轮的预拼装数量不少于 3 段，预拼装的主要尺寸允许偏差须满足表 9-3 的要求。

钢箱梁节段预拼装的主要尺寸允许偏差（mm）　　表 9-3

序号	名称		允许偏差	备注
1	预拼装长度 L		$\pm 2n$，± 20；取绝对值较小者	n 为梁段数，测量最外侧两锚箱或吊点间距
2	顶板宽 B	2 车道	±5	测量梁段两端口宽度
		4 车道	±6	
		6 车道	±8	
		8 车道	±10	
3	两相邻吊点纵距		±3	测量锚箱或吊点间距
4	梁段中心线错位		≤2	测量梁段中心线与桥轴中心线偏差
5	左右支点（吊点）高度差		≤5	测量左右高度差

续表

序号	名称	允许偏差	备注
6	竖曲线或预拱度	+10，-5	测量横隔板处桥面高程
7	旁弯	$3+0.1L_m$ 且≤ 6	测量桥面中心线的平面内偏差，L_m 为任意 3 个预拼装梁段长度，以“m”计
8	两相邻梁段接口错边量	≤ 1.5	梁段匹配接口处安装匹配件后
9	纵肋直线度 f	≤ 2	梁段匹配接口处
10	螺栓孔孔距	± 1	相邻梁段

9 涂装

1）涂装总体控制要求

（1）涂装前编制专项施工方案，依据专项施工方案编制工序作业指导书。

（2）涂装前，对施工人员进行涂装施工的专业培训并考核。

（3）涂装完成后对构件进行标识，且待涂层干燥后再进行构件的存放。

（4）表面处理

将粗糙的焊缝打磨光顺，对焊接所产生的飞溅物应清除干净。

割边的峰谷差超过 1mm 时，打磨到 1mm 以下。

表面有层叠、裂缝或夹杂物时，对其进行打磨处理，必要时先补焊并再打磨。

构件的表面有油污时，可采用专用清洁剂对其进行低压喷洗或软刷刷洗，并采用淡水枪将喷洗或刷洗后的所有残余物冲洗干净；也可采用碱液、火焰等进行处理，但在处理完成后采用淡水将残留的碱液冲洗至中性。小面积的油污可采用有机溶剂擦洗。

涂装前，对构件的表面进行喷砂除锈，除锈等级和表面粗糙度符合现行行业标准《公路桥梁钢结构防腐涂装技术条件》JT/T 722 的规定。

喷砂除锈完成后，清除喷砂后产生的表面残渣，并采用真空吸尘器或无油、无水的压缩空气，清理构件钢材表面的灰尘，清理后的表面清洁度应符合现行国家标准《涂覆涂料前钢材表面处理 表面清洁度的评定试验 第3部分：涂覆涂料前钢材表面的灰尘评定（压敏粘带法）》GB/T 18570.3 的规定。

表面处理工序完成后，底漆在4h内进行涂装；构件所处环境的相对湿度不大于60%时，涂装施工的时间可适当延长，但最长不超过12h。在上述规定的时限内，如果钢材的表面已出现返锈现象，则应重新进行除锈处理。

2）工厂涂装控制要点

（1）工厂涂装应在室内的封闭条件下进行（图9-5）。

（2）涂装施工的环境条件应与涂料产品说明书的要求一致。

对溶剂型涂料，施工环境温度应为5～38℃，空气相对湿度应不大于85%，且钢材表面温度应高于露点3℃。

对水性涂料，施工环境应为5～35℃，空气相对湿度应不大于80%。

（3）涂装施工应符合下列规定：

①涂装时，构件的表面不得有雨水或结露；不得出现返锈现象，否则重新除锈。

②大面积喷涂时，采用高压无气喷涂工艺，滚涂或刷涂仅在预涂或修补时方可采用；对无机富锌涂料采用空气喷涂或无气喷涂，不得采用滚涂或刷涂。

③对小面积、细长以及复杂形状构件的喷涂，采用空气喷涂或刷涂。

④对不易喷涂到的部位，采用刷涂的方式进行预涂装，或在第一道底漆后进行补涂。

⑤当涂装材料对工艺有特殊要求时，应执行其规定。

⑥各道涂层的涂装施工宜在4h内完成；所处环境的相对湿度小于60%时，完成涂装施工的时间宜不超过12h。

⑦各道涂层的涂装间隔时间应符合材料的技术要求。

⑧涂装施工完成后的4h内对涂层的表面采取必要的保护措施。

图 9-5　工厂涂装

3）工地现场涂装控制要点

（1）工地现场涂装的环境条件除应符合工厂涂装环境的规定外，对构件接头的涂装和涂层的修补应在临时作业棚内进行，并采取有效措施减少或避免对周围空气的污染，现场涂装须做好防风措施。

（2）在构件和梁段的现场对接焊缝两侧各 50mm 范围内待安装完成后进行涂装，且该范围内的涂装总干膜厚度增加 10%。对该范围进行涂装时，对与之连接的各层漆面进行阶梯状打磨，每层涂层的重叠长度不小于 20mm，末道面漆的涂装范围为焊缝两侧各 150mm。

（3）在运输和安装过程中对损伤的涂层进行修复，并符合下列规定：

①对涂层的局部损伤部位采用机械打磨，其除锈等级应达到 St3 级。

②在对对接焊缝处局部损伤的涂层进行修复时，补涂的范围比受损的范围大 30mm。

③涂层有大面积损伤时，应对其进行重新喷砂、逐层修复。

（4）在工地现场进行最后一道面漆涂装时，其施工应符合下列规定：

①涂装前对运输和安装过程中损伤的涂层进行修复处理。

②对待涂表面，采用淡水、清洗剂等进行必要的清洁处理，清除表面的灰尘和油污等。

③对涂层的相容性和附着力进行试验，涂装施工过程中有异常情况时应及时处理。

④工地现场的风力大于4级时，不得进行涂装的施工作业。

4）检验

（1）涂装前构件表面的清洁度及粗糙度应满足设计条件。表面清洁度采用图谱对照检查，表面粗糙度采用粗糙度比较样板或粗糙度测量仪检查。

（2）涂料品种、施工环境应符合设计要求及所用涂装材料产品说明书的要求。采用温度计、湿度计或兆欧表、露点仪等检查施工环境。

（3）涂料涂层的表面平整、均匀一致，无漏涂、起泡、裂纹、气孔和返锈等现象，允许有轻微橘皮和局部轻微流挂。金属涂层表面均匀一致，不允许有漏涂、起皮、鼓泡、大熔滴、松散粒子、裂纹和掉块等，允许有轻微结疤和起皱。目视检查，采用涂层附着力拉拔仪检查。

（4）涂层厚度符合设计要求及所用涂装材料产品说明书的要求。每个测量单元至少选取3处基准表面，每个基准表面按5点法进行测量。干膜厚度采用“85—15”规则判定，即允许有15%的读数低于规定值，但每一单独读数不得低于规定值的85%。对于结构主体外表面，采用“90—10”规则判定。涂层厚度达不到设计要求时，增加涂装道数，直至合格为止。漆膜厚度测定点的最大值不得超过设计厚度的3倍。

采用湿膜对比卡检查涂层湿膜厚度，采用漆膜测厚仪检查涂层干膜厚度。

（5）检测涂料涂层附着力，检测的涂层厚度大于250μm时，附着力试验按拉开法进行，涂层体系附着力应不小于3MPa。用于钢桥面的富锌底漆，涂层附着力不小于5MPa。

（6）涂装完成后，构件的标识、编号应清晰完整。

10 成品验收

在钢结构构件制造完成后进行检验，出厂前进行验收，验收须查验以下资料：

1）合格证明书；

2）钢材、焊接材料、高强度螺栓连接组件、高强度环槽铆钉连接组件和涂装材料的出厂质量证明书及复验资料；

3）焊接工艺评定报告；

4）工厂高强度螺栓（环槽铆钉）摩擦面抗滑移系数试验报告（若有）；

5）焊缝无损检验报告：

6）焊缝重大修补记录；

7）产品试板的试验报告；

8）试拼装或预拼装检查记录；

9）涂装检测记录。

11 包装、存放与运输

构件的存放、转运、装卸和运输等须编制专项施工方案，并符合相关安全管理规定。

构件在包装、存放、转运、绑扎、装卸和运输过程中，采取有效措施，保证其不变形、不损伤、不散失和不被污染。

1）存放

（1）构件存放场地应平整、坚实、稳定、通风，应根据地基情况和气候条件设置必要的防排水设施，并应采取有效措施防止场地地基沉陷。

（2）存放时，构件之间的空间或空隙应满足设备作业和人员活动的要求。

（3）存放台座应坚固，其基础及地基应有足够的承载力和稳定性，且不得产生不均匀沉降。

（4）构件存放时，支承点的位置与数量符合设计规定；设计未规定时，通过结构受力验算确定。构件在自重作用下不得产生永久变形。

（5）构件存放应符合下列规定：

①构件按照移运或安装的先后顺序编号存放，分类码放整齐。

②构件存放时，其支点处采用垫木或其他适宜的柔性支垫材料进行支承，避免其涂层受到损伤。

③大节段构件在存放时，设置足够的支承点，且支点设在自重弯矩较小的位置，并防止构件产生挠曲变形。

④构件多层叠放时，各层之间以垫木或其他适宜的支垫材料隔开，各层支垫位置设在设计规定的支点处，上下层的支垫在同一垂直面上；叠放时不宜过高，其高度按构件强度、台座地基的承载力、支垫材料的强度及叠放的稳定性等经计算确定，并应防止构件产生倾覆或变形损坏。

⑤雨季或春季融冻期间，防止地基软化下沉导致构件变形及损坏。

2）装卸

（1）装卸构件时，根据其结构形式、外形尺寸、质量以及装卸地点的地形特点等因素，确定适宜的装卸方式和装卸设备。

（2）装卸大型或大节段构件时，按装卸方式对构件进行相应的结构验算，采用的起重设备满足构件装卸的承载能力和安全要求。

（3）装卸起吊构件时，其吊点位置应符合设计规定；当需要在构件上设置临时吊点进行起吊装卸时，应对构件进行结构验算。

（4）构件装卸作业应符合下列规定：

①现场应具备足够的安全作业空间，避免构件产生碰撞、刮擦。

②构件起吊在设计规定的吊点位置设置吊耳。

③起吊构件时采用吊具和专用吊带。

④在运输设备上起吊或放置构件时，保持其平稳、受力均匀。

⑤装卸作业过程中，保护构件的涂层。

3）运输（图 9-6）

（1）对构件运输编制专项方案，并根据构件的形状、种类、质量以及桥位处地形特点，确定适宜的运输方式、运输路线和运输工具。

（2）对构件采取公路运输方式，应提前对运输路线进行现场实地踏勘，确认运输车辆能顺利通行；当有障碍时，采取相应措施予以处置。

（3）构件运输所采用的运输设备应符合其额定承载能力，并符合相应运输方式的安全管理规定，运输实施前办理相关手续。

（4）构件在运输车辆上的装载应符合下列规定：

①构件的支承牢固、可靠，支承点的设置考虑运输振动对构件产生的不利影响，必要时加密或对构件进行局部加固。

②构件的装载应稳定，对高宽比较大的工形梁和不规则异型构件采用辅助稳定的撑架，防止其在运输过程中倾倒。

③钢箱梁按自然状态装载放置，避免变形。

④开口槽型构件宜在两腹板之间设置剪刀撑予以加固。

⑤构件装载完成后，采用钢丝绳或其他适宜的材料将其固定牢靠，且在钢丝绳下加设柔性垫层，防止损伤构件的涂层。

图 9-6　构件运输

12 现场安装（图 9-7）

1）安装施工前，根据桥位环境条件和桥梁结构及构件特点，合理选择安装方法，制定专项施工方案；专项施工方案在实施过程中出现意外情况时，应对其进行修改或完善，并按技术管理规定进行论证和审批。对各施工工序应编制作业指导书。

2）根据桥梁结构、施工条件、构件特点合理选择安装设备及配套机具；安装设备及配套机具应具有较好的适用性和足够的安全性，满足安装施工的需要。

3）对临时受力结构，进行专项设计和安全性复核验算。对特别复杂的大型临时受力结构，委托第三方进行复核验算。

4）安装过程中应进行安全风险管理，对作业活动、设备、人员、环境、设施和材料进行安全危险源辨识和风险评估，采取安全风险防控措施，制定应急预案，保证施工安全。对下列危险源或危险因素应制定安全技术措施：

（1）起重吊装、高空、受限空间作业、交叉施工、起重设备安装与拆除等作业；

（2）各种支架（托架）、脚手架等临时设施；

（3）起重设备、特种设备、机具、吊具、钢丝绳、结构用钢材等设备和材料；

（4）特殊作业人员；

（5）工地临时用电；

（6）大风、暴雨、浓雾等。

5）安装时设置施工安全保护设施。安全保护设施采用标准化设计，且与施工方案同步设计、同步实施、同步使用与维护。

6）安装时进行施工监控，使桥梁结构的内力和线形符合设计要求。

7）安装时，未经批准不得对构件随意开洞、切割或焊接。安装时及完成后，采取措施防止构件受到损伤、污染或锈蚀。

8）支架上安装构件应符合下列规定：

（1）对构件按设计或施工方案要求的顺序进行安装。

（2）在起重设备能力足够的前提下，减少构件分段的数量，或通过采取预先组拼、扩大拼装单元的方式进行安装。

（3）当构件过大或限于条件须将其横向分块进行起吊安装时，首次安装的块段应能自稳，否则加设防倾覆装置；后续安装的构件及时与已安装构件连接，形成稳定结构。

（4）构件通过预拼装或采用匹配件的方式提高其安装精度。在安装过程中及时对梁体进行纠偏，避免误差累积。

（5）构件就位时，平面位置和高程的偏差应符合现行行业标准《公路钢结构桥梁制造和安装施工规范》JTG/T 3651 的规定。

（6）对自身刚度较小的构件，安装时加设临时固定杆件，防止其产生扭曲变形。

（7）在支架上移动构件时，采用千斤顶、移位器、滑靴、轨道梁或滑道等专用工具，加力的支点或反力点设在轨道梁上；当采用支架以外的反力点移动或拖拉构件时，对支架的强度、变形和稳定性进行验算。

（8）在支架上焊接钢构件时，先将构件准确定位并临时固定，定位时预留焊缝焊接的收缩量和反变形量；焊接前，当构件的对接接口有间隙过宽、间隙宽度不一致、对接处钢板的错边量超差等问题时，采用匹配件或定位件等临时工装对其进行矫正。

（9）落架、体系转换和支架拆除按设计及施工方案规定的方法和要求实施。对连续梁集中统一落梁。

图 9-7　现场安装

13 现场连接（图 9-8）

1）基本规定

（1）构件在工地连接的顺序应符合设计规定，且工地连接应在构件就位、固定并经检查合格后进行。

（2）用于临时固定的码板要与母材匹配，不得采用边角料钢板焊拼，焊缝部位留足过焊孔，切割应在离母材 3 ~ 5mm 处，然后用碳刨将割剩的部分吹掉并打磨平整，且碳刨过程不能损伤母材。

（3）现场焊接坡口形式须根据板厚和焊接方法（工艺评定）确定，

常用类型包括 X 形坡口：适用于厚板对接焊缝（如箱形梁顶板、底板）；V 形坡口：用于中厚板或单面焊接；K 形坡口：适用于角焊缝或加劲肋焊接；无坡口型：仅用于薄板或非受力焊缝。任何坡口尺寸或形式的调整（如钝边缩减、角度增大）均须重新进行焊接工艺评定，试验合格后方可实施。

（4）工地连接施工宜在施工操作平台上进行，操作平台应符合安全作业要求。高处作业时应遵守相关的安全操作规程。

图 9-8 现场连接

2）焊接连接（图 9-9）

现场焊接连接时的环境要求应符合下列规定：

（1）现场焊接时设防风、防雨和防冰雪设施，遮挡全部焊接处，形成受保护的焊接作业区。焊件表面潮湿或暴露于雨、冰雪中时严禁焊接。

（2）气体保护焊作业区的最大风速不超过 2m/s；焊条电弧焊和自保护药芯焊丝电弧焊作业区的最大风速不超过 8m/s。

（3）焊接作业区的相对湿度小于 80%。

（4）焊接时作业区温度不低于 5℃；当作业区温度低于 5℃但不低于 -10℃时，采取加热或防风保温措施，同时预热焊缝 100mm 范围内的母材不低于 20℃或工艺规定的其他预热温度，并在焊接后缓慢降温。

（5）在环境温度低于 -10℃实施焊接作业时，必须进行相应环境条件下的焊接工艺评定试验，确认焊接条件和工艺后再进行焊接；不符合上述规定时，严禁施焊。

（6）在箱梁等狭小空间内焊接时采取有害气体检测及通风换气的安全措施。

3）焊接工艺及质量检验符合现行行业标准《公路钢结构桥梁制造和安装施工规范》JTG/T 3651 相关规定。焊接作业符合下列规定：

（1）焊接的作业条件符合现行国家标准《焊接与切割安全》GB 9448 的有关规定。焊工应持证上岗。

（2）构件精确调整就位、固定并经检查合格后方可施焊；施焊严格按焊接工艺的要求进行。

（3）焊缝区域的表面和两侧应均匀、光洁，不得有毛刺、裂纹和其他对焊缝质量有不利影响的缺陷，且不得有影响正常焊接和焊缝质量的氧化皮、铁锈、油污、水分等污染物和杂质。焊接在除锈后的 12h 内进行。

（4）焊接坡口尺寸符合工艺文件的要求。焊接前对接头坡口、焊缝间隙和焊接板面高低差等进行检查。

（5）工地定位焊接时预热温度高于正式施焊预热温度 20 ~ 50℃。

（6）在进入封闭空间前，应通风并进行可燃气体、有害气体和氧气含量等测试，确认空气符合要求后方可进入作业。在箱梁内等狭小空间焊接时，保持通风，防止可燃、有害气体超标。

图 9-9 焊接连接

14 焊缝质量控制要点

检查出厂及加工的钢箱梁焊缝是否存在气孔、咬边、焊疤、焊缝不连续、飞溅未打磨等现象。

质量要求：焊缝焊接前进行打磨，清除表面杂质，无毛刺、反口、缺肉等缺陷，并露出金属光泽后方可焊接。焊缝完成后不得存在气孔、咬边、焊疤、焊缝不连续、飞溅未打磨等现象。完成焊接后按照相关规范要求进行无损检测。

15 油漆涂装质量控制要点

涂装前对钢箱梁内部所有部位进行清理，钢箱梁表面不得有焊渣、灰尘等任何颗粒状杂质。涂装完成后检查涂装外观，无明显皱皮、流坠、漏涂、针眼和气泡现象，使用漆膜仪检测油漆涂装厚度，符合设计及规范要求。观察检查，使用漆膜仪检查，检查比例为 100% 检查。

16 焊接缺陷修补应满足表 9-4 的要求。

焊接缺陷修补要求 **表 9-4**

<table>
<tr><th>序号</th><th colspan="2">缺陷种类</th><th>修补方法</th></tr>
<tr><td rowspan="2">1</td><td rowspan="2">钢板麻点等伤痕</td><td>≤ 1mm</td><td>修磨匀顺（高强度螺栓连接面不处理）</td></tr>
<tr><td>> 1mm</td><td>补焊后修磨匀顺</td></tr>
<tr><td>2</td><td colspan="2">钢材边缘局部层状裂纹
（深度不超过 5mm 时）</td><td>补焊后修磨匀顺</td></tr>
<tr><td rowspan="2">3</td><td rowspan="2">焰切边缘的缺口或崩坑</td><td>≤ 2mm</td><td>修磨匀顺</td></tr>
<tr><td>> 2mm</td><td>磨出坡口补焊后修磨匀顺</td></tr>
<tr><td>4</td><td colspan="2">弯曲加工产生的边缘裂纹</td><td>清除裂纹，补焊后修磨匀顺</td></tr>
<tr><td rowspan="2">5</td><td rowspan="2">焊缝的咬边</td><td>≤ 1mm</td><td>修磨匀顺</td></tr>
<tr><td>> 1mm</td><td>补焊后修磨匀顺</td></tr>
<tr><td rowspan="2">6</td><td rowspan="2">焊缝电弧擦伤</td><td>≤ 05mm</td><td>修磨匀顺</td></tr>
<tr><td>> 0.5mm</td><td>补焊后修磨匀顺</td></tr>
<tr><td>7</td><td colspan="2">焊缝表面裂纹</td><td>补焊后修磨匀顺</td></tr>
<tr><td>8</td><td colspan="2">焊缝凹坑</td><td>补焊后修磨匀顺</td></tr>
</table>

续表

序号	缺陷种类		修补方法
9	焊瘤		清除后修磨匀顺
10	拆除吊具等临时连接残留痕迹	≤ 1mm	修磨匀顺
		> 1mm	补焊后修磨匀顺
11	角焊缝焊趾不足		补焊后修磨匀顺
12	对接焊未填满		补焊后修磨匀顺

9.1.3 钢梁顶推施工要点

1 工艺流程

临时结构布置→顶推设备安装→导梁拼装→梁段制作→成品梁段运输→梁段拼装焊接→梁段顶推（单点顶推 / 多点顶推 / 连续顶推 / 间断顶推 / 棘块式顶推 / 履带式顶推）→拆除导梁→落梁。

2 施工要点

1）一般规定

应根据钢箱梁结构类型、梁体长度等因素，选择采用单点顶推、多点顶推、间断顶推、连续顶推等方式，顶推方式的选定宜符合下列规定：

（1）顶推跨数较少、墩身刚度较大的桥梁选择单点顶推。

（2）顶推跨数较多、墩身刚度较小的桥梁选择多点顶推。

（2）结构复杂、规模较大的桥梁选择可精确同步控制顶推力和位移的多点间断顶推。顶推装置可采用棘块式、履带式、步履式和拖拉式等顶推形式。

2）临时结构施工

临时结构施工应符合现行国家标准《钢结构设计标准》GB 50017 和现行行业标准《公路桥涵施工技术规范》JTG/T 3650 的相关规定。

在各墩顶安装滑动装置、控制装置和导向（横向限位）装置等顶推装置，调整高程使滑道顶面标高与施工控制标高相符。

在顶推平台与临时墩处两侧均设置人行通道，并设置护栏，安装防护网，确保钢箱梁拼装和顶推时作业人员高空安全。

在作业地段设置施工警示标识。

临时结构的安装与拆除应不影响通行及通航。

3）钢箱梁拼装及顶推

（1）将梁段按照顺序吊装至拼装平台，调整钢箱梁高程、线形，并进行环缝焊接、检测，在钢箱梁前端安装导梁。

（2）顶推施工前应对顶推设备如千斤顶、高压油泵、控制装置及梁段中线、各滑道顶的标高等进行检测，并做好顶推的各项准备工作。

（3）正式顶推施工前，先进行预顶调试，全面检验顶推系统的性能和可靠性，满足要求后方可按设定的顶推力和行程进行顶推作业。

（4）多点顶推时，应对顶推千斤顶的同步性进行集中控制，确保各点的顶推千斤顶同步运行。

（5）钢箱梁在平（竖）曲线上顶推时，顶推平台顶面应符合平（竖）曲线的设计线形要求。

（6）顶推时应使梁体保持匀速前移，并应保证对称和各点同步。

（7）顶推时竖向千斤顶均应采用有保险装置的千斤顶。如遇顶推故障，需要采用竖向千斤顶将钢箱梁顶高，最大顶升高度不得超过设计规定，起顶的反力值不得超过设计规定。

（8）对梁体进行最后一次顶推时，宜采用竖向千斤顶及横向千斤顶对梁体各点标高及桥轴线进行微调，使梁体能精确就位。

（9）采用棘块式顶推时，滑板与钢箱梁之间采用螺栓进行连接，并作为顶推施力点；每个墩处的齿槽位置均应满足各墩顶推油缸行程同步的要求，各个墩上的顶推装置应安装在沿顶推步距整模数的位置上。

（10）采用履带式顶推时，履带沿滑道环形布设，履带齿槽间距根据顶推油缸确定，并作为顶推施力点；滑道两侧宜设置横向纠偏装置。

（11）采用步履顶推时，垫梁应有足够的长度和刚度，且应与梁体底部完全接触，保证梁体腹板受力均匀。顶推过程中竖向顶升和水平顶推各墩同步精度应控制在 5mm 以内，同墩两侧的同步精度应控制在 4mm 以内。

（12）采用拖拉式施工时，拉杆的截面积和根数应满足拖拉力的要求，拉锚器的锚固和放松应方便、快速，设置在各墩顶的反力台应牢固且满足拖拉反力的要求。

（13）钢箱梁施工质量应符合现行行业标准《公路工程质量检验评定标准》JTG F80 的规定。

（14）顶推过程中须符合下列规定：

①顶推过程中，宜对梁体的轴线位置、墩台的变形、主梁及导梁控制截面的挠度和应力变化等 进行施工监测；发生异常情况时，应停止顶推，查明原因并进行处理后方可继续施工。

②纠偏宜在钢箱梁向前推进过程中进行，必要时可采用横向水平千斤顶纠偏。梁体轴线偏差宜控制在 10mm 以内。

③顶推速度宜控制在 50 ~ 150mm/min。

④顶推过程中应加强滑板润滑措施，保证滑板完好平整，滑板磨损较大时应及时更换。

4）落梁

钢箱梁顶推到位，符合设计要求，将梁落到永久支座上时，应符合下列规定：

（1）当顶推装置占用永久支座位置时，须拆除顶推装置进行体系转换。拆除时，各支点应均匀顶起，其顶力应按照设计支点反力大小进行控制，顶起时相邻墩各点的高差不大于 5mm；

（2）当落梁时，应根据钢箱梁的受力情况，按设计规定的顺序和每次的下落量分步进行，同一墩台的千斤顶应同步进行；落梁反力的允许偏差为设计反力的 ±10%。

5）施工监测

在顶推施工前，应编制施工监控方案，保证钢箱梁、墩台在施工过程中始终处于安全可控范围内，使成桥后的线形和内力符合设计要求。

施工监控应贯穿顶推施工全过程，应以控制梁段轴线、高程为目标，控制精度符合相关规范要求。

在顶推施工时，对下列部位或项目进行监控：

（1）导梁挠度；

（2）梁段、导梁的横向位移；

（3）梁段关键截面以及应力集中点的应力；

（4）临时墩支承反力；

（5）临时墩竖向、纵向、横向位移；

（6）顶推力大小与同步性；

（7）落梁时永久支座反力；

（8）温度监测。

6）施工要点

（1）临时支架（墩）地基承载力应满足要求，当不符合要求时，应考虑采用碎石、碎石类土、流态固化土等措施进行地基处理，确保其地基承载力满足要求。

（2）安装支架前应对地基做相应处理，设置横坡，便于及时排掉雨水，在两侧设排水沟，排水沟分段开挖形成坡度，低点设集水坑，保证基础不受雨水浸泡。

（3）顶推平台基础可采用扩大基础或桩基础。根据地质和水文条件，选择合理的基础方案和防、排水措施，避免基础不均匀沉降。

（4）临时支架（墩）应与独立基础预埋件连接固定牢靠。

（5）临时支架（墩）采用钢管立柱，钢管立柱进场后，应严格检查钢管质量的完好性，临时支架各构件间的连接，通过连接板焊接为整体结构，确保钢管立柱支架的整体稳定性（图 9-10）。

（6）对临时支架应进行监测，并做好记录。

（7）横向分配梁采用双拼规格 HN588 × 300 × 12 × 20 工字钢，按要求组拼焊接完成后吊装至柱头上，再进行焊接，与钢管桩形成整体。纵向分配梁采用四拼规格 HN588 × 300 × 12 × 20 工字钢，按要求组拼焊接完成后吊装至横向分配梁上进行焊接。

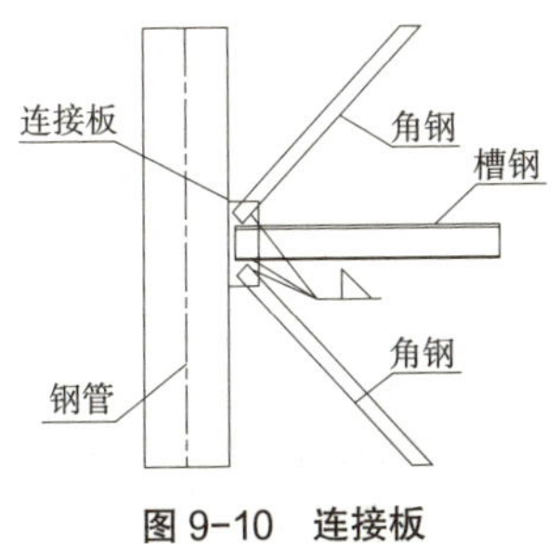

图 9-10 连接板

（8）操作平台主要框架采用 5 号槽钢、30mm×3mm 方管、3mm 厚花纹钢板，搭设牢固可靠，确保安全稳固（图 9-11）。

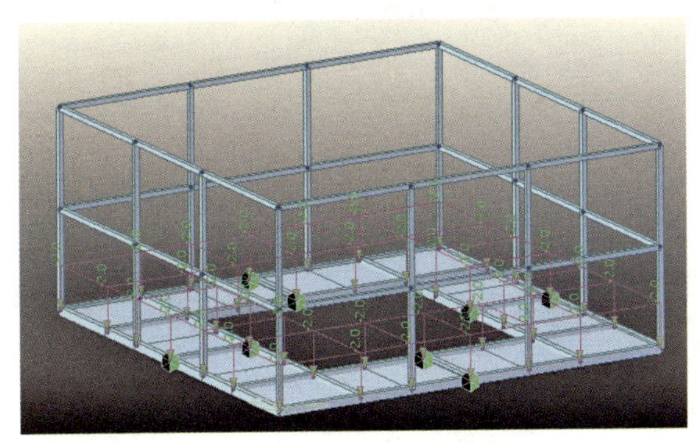

图 9-11 操作平台示意图

（9）为方便施工时人员上下桥面，确保施工安全，桥梁外侧须安装临时爬梯（图 9-12）。

（10）钢箱梁顶面两侧必须设置安全防护栏杆及安全网，并悬挂安全警示标语。

（11）导梁安装连接时应进行测量定位，保证导梁线形与顶推曲线线形保持一致，导梁与钢梁对接缝处采用大型马板连接，以增加连接强度。

（12）在步履机安装前，应确认步履机的安装平台水平，再放出顶推方向线和平面位置线。步履机顶推方向线应与桥梁推动方向一致（图 9-13）。

图 9-12 临时爬梯

图 9-13 步履机安装

（13）钢箱梁拼焊必须在温度稳定、日照强度不大的情况下进行，以避免温度、日照等因素对梁段变形、梁长等的影响。

（14）顶推系统使用前，应进行整体调试和演练，确保顶推过程中所有油缸、油路、控制系统的正常运行。

（15）千斤顶使用之前按要求进行校定，油表应进行标定。

（16）正式顶推前应进行试顶推，试顶推距离为步履机一个顶推循环滑移长度，记录试顶时间和速度，根据实测结果与计算结果比对调整速度，记录、分析数据并得到相应结论，为正式顶推提供参考依据。

（17）顶推前，应和设计、监控等单位沟通，确定好顶推过程中各点的竖向力、水平顶推力等理论数据，设定好每个点的受力、位移允许偏差范围，输入到中央控制器数据库中，作为控制参数。

（18）每次顶推前，应仔细检查中央控制系统和各墩位处顶推设备的性能，顶推过程中通过顶推位移和顶推力进行双控，以顶推位移为主，确保钢梁左右侧前行位移量协调统一，确保同步顶推（图 9-14）。

图 9-14　顶推中央控制系统

（19）顶推过程中顶推设备必须同步，顶推过程中必须控制好顶推方向及高程，确保钢梁在顶推过程中定位准确及顶推设备均匀受力，注意记录顶推过程中的油压最大、最小值。并随时检查钢梁是否存在局部变形问题（图 9-15）。

图 9-15　钢梁顶推

（20）顶推时，应派专人检查导梁及箱梁，如果导梁构件有变形、螺栓松动、导梁与钢箱梁连接处有变形或箱梁局部变形等情况发生时，应立即停止顶推，进行分析处理。

（21）钢梁顶推过程中应进行连续监测，纵向中心线的监测应满足每拼装 1 个节段测量 1 次，每完成一个轮次顶推作业测量 1 次。钢梁挠度监测为每完成 1 个轮次顶推作业测量 1 次。横断面监测为每跨中测 1 断面 。

（22）在钢梁前端和尾端顶面设中线偏移监测点，顶推过程中连续观测，防止中线偏移。

（23）每个顶推设备中设置了 2 个横向调节油缸，可以对梁段位置进行横向调节，随时纠正顶推过程中出现的偏差。

（24）落梁时要对每个墩柱的支座反力进行验算，满足设计要求后方可落梁。

7）钢梁顶推施工安全保障措施

（1）必须按照培训教育及交底制度对新入场人员集中进行入场教育和三级安全技术交底。

（2）作业现场要整洁有序，各种机械物料应整齐放置在规定区域，道路畅通，路面平坦，保证司机视野开阔，并满足消防要求，施工人员劳保用品穿戴整齐，戴好安全帽。施工现场周围配备、架立必要的安全生产标志牌。

（3）所有接线作业由专业电工操作，电工必须持证上岗。施工用电总体采用“三相五线”架设，用电设备遵循“一机一闸一漏一箱”原则配备。

（4）施工人员严格遵守项目及业主、地方的安全规定，凡是高空作业必须系好安全带，并在牢固的位置挂好安全挂钩。

（5）起重机械操作人员必须持证上岗，严禁非持起重作业操作证人员从事起重作业。

（6）雨天和 6 级以上大风等恶劣环境下禁止进行高空作业。

（7）高空作业人员必须穿防滑鞋。

（8）从事高处作业人员须定期进行体格检查。凡患有高血压、心脏病、贫血、弱视以及其他不适合高空作业的疾病者，不得从事高空作业，饮酒后禁止从事高空作业。

（9）作业人员上、下通行必须经人行斜道。不得攀登模板、脚手架、绳索。禁止跟随起重物件或者由井架等运送材料的设备上下。

（10）高空作业与地面联络、指挥，应有统一规定的信号、旗语、手势、哨声或报话器等，不得以喊话取代指挥。

（11）钢梁施工时在四周布置高空防落网，防落网采用两层细目安全网，防止高空直接坠落。

（12）千斤顶不允许在超过规定负荷和行程的情况下使用。

（13）所有焊接设备必须做重复接地；不可在特别潮湿的环境中进行电焊作业。

（14）电焊作业时都必须对周围的易燃、易爆物品采取防护或隔离措施，配备足够数量的 ABC 干粉灭火器。

（15）雨期施工时，安排专人在工地值守，以组织、领导防洪工作。

9.1.4 主要控制措施

1 质量控制措施

1）钢箱梁使用的原材必须要有出场合格证，所有原材按照规定取样标准进行见证取样，合格后方可使用于本项目。

2）钢箱梁的加工生产过程中，操作人员必须持证上岗，特别是焊接与热切割作业、起重吊装作业，管理重点就是查持证情况。

3）钢箱梁单元间较多，制作精度要求高，必须对参与人员进行详尽的安全技术交底，明确生产工艺、质量要求、安全规程。

4）对成品过程每次质量检查后建立销项清单,针对问题逐一销项。

5）场内和桥址现场配备的检测人员均须经过专业培训且考核合格，人员数量满足要求。

6）切割作业与焊接的机械设备须严格按照使用说明书进行操作，定期进行标定。

7）低温情况下施工需要进行预热，对焊剂需要按照焊接工艺评定要求进行烘焙，如实填写烘焙记录。

8）焊接工艺评定须与现场实际相符，所用材料不得轻易变更，材料发生变化时应重新进行焊接工艺评定。

2 文明施工措施

1）生产加工钢箱梁时必须配备焊烟收集装置，减少污染物排放；除锈、喷漆须在专用的操作间进行。

2）时刻关注当地环保部门的政策信息及环境预警情况，积极响应落实，避免违规。

3）现场喷漆时做好防护，须在晴朗无风的环境下进行；必要时创造封闭的作业空间，减少油漆的扩散。

4）临边防护、孔洞防护必须使用成品构件，使用红白油漆进行涂刷。

5）现场的气瓶分类存放，存放场地须有搭设遮阳棚等设施。

6）严格执行企业标准化作业手册。

3 安全保证措施

1）所有人员进场必须经过三级安全教育，考核合格才能上岗。

2）特种作业人员做到 100% 的持证上岗。

3）严格落实专项方案的管理要求，方案变更时须取得项目技术负责人的同意。

4）所有机械设备不得带病作业，进场时核对安全资料，包括操作人员的持证情况。

5）易燃易爆的物料分类存放，按照标准采取保护措施。

6）有限空间作业时须做好通风措施，防止缺氧、中毒。

9.2　钢桁梁施工

9.2.1　工艺流程

焊接工艺评定 / 钢梁制造规则 / 制造方案→钢桁梁预制→钢桁梁安装→质量验收。

9.2.2　施工要点

1 施工准备

1）设计图纸审核

设计遗漏：检查是否有遗漏的细节（如详细标注节点连接方式、焊缝尺寸和螺栓布置；加劲板、排水孔、检修通道的布置等）。

标高控制：检查桥梁的标高设计是否符合地形条件和通航、通车以及相关河流管委会的要求，预拱度的数值是否合理，是否在标高标注中明确体现。

钢材型号：确认钢材的型号、强度等级是否明确，执行标准是否与项目所在地的规范一致，核查使用的钢材型号是否被淘汰等。

防腐设计：是否明确了表面处理方式（如喷砂除锈、抛丸除锈），是否明确了特殊部位（如焊缝、螺栓连接处、角落）的防腐措施（如增加涂层厚度、使用密封胶）。

2）施工方案审核

施工难度：考虑现场施工条件，如吊装空间、运输限制，调查附近架空线路产权、距离及迁改难度等。

确认钢桁梁的安装方法（如整体吊装、分段吊装）是否合理。审核焊接工艺规程，确保焊缝质量满足规范要求。检查高强度螺栓的安装工艺和扭矩控制是否符合标准。

检查桥梁是否预留了机电设备、管线的安装空间。审核施工期间的交通组织方案是否合理，是否会影响周边交通。

3）材料采购

在钢桁梁施工准备阶段，材料采购是确保施工质量和进度的关键环节。钢材、焊材、螺栓等材料的采购需要严格把控：检查钢材表面是否有裂纹、夹渣、气泡等缺陷；确认是否需要预涂防腐涂层，并检查涂层质量。

2 钢桁梁预制

在加工过程中，应严格按照工艺要求进行放样、下料、切割、制孔、组装和焊接等操作。同时，对焊缝、焊疤等应进行细致处理，确保平台的稳固性和承重能力。

1）放样下料

（1）标识与存放（图 9-16）

图 9-16　标识与存放

①材料进场后，必须按照相关规定进行复验并做好记录，复验合格并报监理批准后方能使用。

②按照各种材料相关要求进行存放、使用和回收，保证使用的材料合格可靠。

③钢材采用油漆色带标识，每种色宽大于或等于50mm，标识位置在板的端侧面上。

（2）平台搭建（图9-17）

平台应具备足够的承载能力和稳定性，确保能承受钢桁梁的重量及加工设备的荷载；平台表面应平整，便于钢构件的拼装和焊接；须预留足够的操作空间，方便吊装和运输；同时，平台应设置安全防护设施，如护栏和防滑措施，确保施工安全；此外，平台位置应靠近原材料堆放区和成品存放区，以提高加工效率。

图9-17 平台搭建

（3）下料切割（图9-18～图9-23）

切割前应仔细核对图纸尺寸，确保下料精度；选择合适的切割设备（如数控切割机、火焰切割机）并调整参数，保证切割面平整光滑；切割过程中须控制热变形，避免影响构件尺寸；切割后应及时清理毛刺和熔渣，并对切割面进行防锈处理。同时，切割余料应分类存放，便于后续利用，确保材料利用最大化。

铣边前应检查材料尺寸和边缘状况，确保符合设计要求；选择合适的铣边设备并调整参数，保证铣边精度和表面质量；铣边过程中须控制切削速度和进给量，避免产生毛刺或变形；铣边后应及时清理碎屑，并对边缘进行防锈处理；同时，铣边尺寸和角度须严格按照图纸要求，确保后续拼装和焊接的精度。

图 9-18　材料下车

图 9-19　钢板预处理

图 9-20　尺寸复核

图 9-21　下料切割

图 9-22　材料铣边

图 9-23　下料切割后尺寸复核

2）制孔组装

（1）钻孔打磨（图 9-24）

图 9-24　钻孔打磨

钻孔前应准确定位并标记孔位，确保孔距和孔径符合设计要求；选择合适的钻头和设备，控制钻孔速度和进给量，避免孔壁粗糙或变形；打磨时须使用合适的工具，确保表面光滑无毛刺，特别是焊缝和边缘部位；钻孔和打磨后应及时清理碎屑和粉尘，并对加工部位进行防锈处理，确保后续拼装和涂装的质量。

（2）临时固定（图 9-25）

预制场地应平整、坚实（图 9-26），并设置拼装平台。平台表面水平度误差控制在 ±2mm 以内。按设计图纸和拼装方案，确定拼装顺序。使用临时支撑固定构件，确保拼装过程中的稳定性。

（3）精度控制（图 9-27）

使用全站仪或激光测量仪等，确保构件的几何尺寸和位置精度。

图 9-25　临时固定

图 9-26　场地准备

图 9-27 精度控制

（4）构件矫正

矫正前应检查构件的变形情况，确定矫正方法和顺序；使用合适的矫正设备（如液压机、火焰矫正设备），控制矫正力度和温度，避免过度矫正或产生新的变形；矫正过程中须实时测量，确保构件尺寸和形状符合设计要求；矫正后应进行复检，并对矫正部位进行必要的防锈处理，确保后续拼装和涂装的质量。

（5）拼装

在钢桁梁加工厂内组立时，首先要确保拼装平台平整稳固，并按设计图纸要求精确放样和布置构件，使用临时螺栓或夹具固定，防止位移；拼装过程中须严格控制几何尺寸和节点位置，确保误差在允许范围内（图 9-28、图 9-29）。

图 9-28 组立

图 9-29　拼装

3）焊接与检验

（1）焊工考试

由持证焊工按工艺规程施焊，确保焊缝质量。考试前应确认焊工资质和技能水平，选择符合项目要求的焊接方法和材料；考试试板的材质、厚度和坡口形式应与实际工程一致；严格按照焊接工艺规程操作，控制焊接参数（如电流、电压、速度）；焊接完成后须进行外观检查和无损检测（如超声波、射线检测），确保焊缝质量符合标准；考试结果应记录并归档，作为焊工上岗的依据（图 9-30）。

图 9-30　组织焊工考试

（2）焊接要求

①焊接环境温度：低合金高强度结构钢不得低于 5℃，普通碳素

结构钢不得低于 0℃。

②主要杆件应在组装后 24h 内焊接（图 9-31）。

图 9-31　杆件焊接

③焊接材料应通过焊接工艺评定确定；焊剂、焊条必须按产品说明书烘干使用；焊剂中的脏物、焊丝上的油锈等必须清除干净；CO_2 气体纯度应大于 99.5%。

④焊前预热温度和道间温度应按焊接工艺评定试验确定；预热范围一般为焊缝每侧 100mm 以上，距焊缝 30 ~ 50mm 范围内测温。

⑤焊接前必须彻底清除待焊区（包括定位焊）内的有害物；焊接时严禁在母材的非焊接部位引弧，焊接后应清理焊缝表面的熔渣及两侧的飞溅。

⑥焊工施焊时应做焊接记录，记录的内容包括杆件号、焊缝部位、焊缝编号、焊接参数、操作者、焊接日期。

（3）焊缝检验

检测前应清理焊缝表面，确保无杂物和氧化层；根据设计要求选择合适的检测方法，如超声波探伤、射线探伤（图 9-32）、磁粉探伤（图 9-33）；检测人员须具备相应资质，严格按照规范操作；检测过程中应重点关注焊缝的完整性、气孔、夹渣和裂纹等缺陷；检测结果须有详细记录，并对不合格焊缝进行返修和复检，确保焊缝质量符合标准。

力学性能检测：抽样进行拉伸、弯曲和冲击试验，确保焊缝强度达标（图 9-34）。

图 9-32　射线探伤

图 9-33　磁粉探伤

图 9-34　力学性能检测

4）防腐处理

（1）表面处理

处理前应彻底清除钢材表面的油污、锈蚀和氧化皮，采用喷砂或抛丸处理达到规定的清洁度等级（如 Sa2.5 或 Sa3）；处理后的表面粗糙度应符合涂层要求；处理完成后须及时清理粉尘，并在规定时间内进行底漆涂装，避免二次污染或返锈；处理过程中须严格控制环境湿度，确保表面处理质量满足防腐涂装要求（图 9-35）。

（2）底漆喷涂

喷涂前应确保表面处理达标，环境温度、湿度符合涂料要求；选择合适的喷涂设备，调整喷涂压力和距离，保证涂层均匀；底漆厚度须符合设计要求，避免过厚或过薄；喷涂后须检查涂层表面，确保无流挂、气泡等缺陷；涂层未干前应防止灰尘和水分污染，干燥后及时进行中间漆涂装，确保防腐效果（图 9-36）。

图 9-35　表面处理

图 9-36　底漆喷涂

（3）中间漆喷涂

喷涂前须检查底漆是否完全干燥并清洁表面，确保无污染；环境温度、湿度应符合涂料要求；选择合适的喷涂设备，控制喷涂厚度，确保均匀覆盖；中间漆厚度须符合设计要求，避免过厚或过薄；喷涂后检查涂层表面，确保无流挂、气泡等缺陷；干燥后及时进行面漆涂装，确保防腐体系的完整性和耐久性（图 9-37）。

（4）面漆喷涂

喷涂前须确保中间漆完全干燥并清洁表面，避免污染；环境温度、湿度应符合涂料要求；选择合适的喷涂设备，控制喷涂厚度，确保涂层均匀、光滑；面漆厚度须符合设计要求，避免过厚或过薄；喷涂后检查涂层表面，确保无流挂、气泡、色差等缺陷；干燥后须进行保护，避免划伤或污染，确保防腐和美观效果（图 9-38）。

图 9-37　中间漆喷涂

图 9-38　面漆喷涂

（5）涂层检测

检测前须确保涂层完全干燥，表面清洁无污染；使用干膜测厚仪检测涂层厚度，确保符合设计要求；检查涂层表面是否均匀、光滑，无流挂、气泡、裂纹等缺陷；附着力测试须按规范进行，确保涂层粘结牢固；检测结果须有详细记录，并对不合格区域进行修补和复检，确保防腐涂层质量达标（图 9-39）。

5）预制节段验收及预拼装

（1）尺寸检查

检查前应核对设计图纸，明确关键尺寸和公差要求；使用高精度测量工具（如全站仪、激光测距仪）进行检测，确保数据准确；重点检查节段长度、宽度、高度、对角线尺寸及孔位间距，确保符合设计要求；检查过程中须记录实测数据，并与设计值对比，对超差部位及时调整或返修，确保节段拼装精度（图 9-40）。

（2）工厂试装

在批量生产构件前应先制作试装件进行试装，以检验设计图、施工图的正确性和工厂制造工艺、工装的合理性。试装前应清理节段表面，确保无杂物影响拼装；按设计顺序进行试装，重点检查节段间的对接精度、螺栓孔对位情况及焊缝间隙；试装过程中须测量整体尺寸和线形，确保符合设计要求；试装后记录发现的问题，并及时调整或返修，确保现场安装顺利进行，避免返工和延误工期（图 9-41）。

图 9-39 涂层检测

图 9-40 尺寸检查

图 9-41 工厂试装

（3）试装的基本要求

①首批制造的钢桥或改变工艺装备时，均应进行有代表性的局部试装。试装前应绘制各部分试装图，编写详细的试装工艺。

②提交试装的钢桁梁构件应是经验收合格的产品，且将构件飞刺、电焊熔渣及飞溅清除干净。标准件（相同规格的构件或拼接板）应具有互换性，不宜采用连续配制孔工艺，并应在构件涂装之前进行试装。

③试装应具备足够面积的拼装场地和配套的起吊设备，拼装场地应平整、坚实，在试装过程中不应发生支点下沉。

④构件试装应在测量平台的台凳上进行，构件应处于自由状态。

⑤试装时，必须使板层密贴。所用冲钉不宜少于螺栓孔总数的10%，螺栓不宜少于螺栓孔总数的20%。

⑥试装过程中应检查拼接处有无相互抵触情况，有无不易施拧的螺栓处。

⑦试装时，必须用试孔器检查所有螺栓孔。主桁梁的螺栓孔应100%自由通过较设计孔径小0.75mm的试孔器；桥面系和连接系的螺栓孔应100%自由通过较设计孔径小1.0mm的试孔器。

⑧磨光顶紧处应有75%以上的面积密贴，用0.2mm塞尺检查，其塞入面积不得超过25%。

⑨试装检测时，应避开日照的影响。

6）预制节段运输与存放

（1）运输保护

使用专用运输车辆，确保节段在运输过程中不变形或损坏。对涂层易损部位进行保护。运输前应检查节段固定是否牢固，避免碰撞和变形；选择合适车辆和路线，确保运输平稳（图9-42）。

（2）存放管理

预制节段应存放在平整、干燥的场地上，避免积水。使用垫木、台凳支撑，防止节段变形。存放场地应平整坚实，节段须垫高并支撑稳固，防止沉降或变形；节段间应留有足够间隙，便于吊装和检查；存放期间须定期检查，做好防锈和防污染措施，确保节段质量不受影响。

图 9-42　节段运输

3 钢桁梁二次拼装

1）二次拼装场地准备

（1）场地平整（图 9-43）

桥址处可设置二次拼装场地，主要用于桥面结构现场加工。场地应平整坚实，承载力满足要求，并设置排水设施；临时支撑须稳固，确保拼装安全；精确测量放样，设置控制点，保证拼装精度；按设计顺序拼装，严格控制焊接和螺栓连接质量；吊装前检查设备和节段，确保安全。

（2）吊装设备安装（图 9-44）

选择符合荷载要求的起重机和索具，确保设备状态良好；吊装设备基础应稳固，承载力满足要求；检查钢丝绳、吊钩等部件，确保无

图 9-43　场地平整

图 9-44　吊装设备安装

磨损或损坏；吊装前进行试吊，确认设备运行正常；设置安全警戒区域，确保吊装过程中人员安全；操作人员须持证上岗，严格按照规程操作，避免事故发生。

（3）胎架制作（图 9-45）

胎架基础必须有足够的承载力，确保在使用过程中不发生沉降。胎架要有足够的刚度，避免在使用过程中变形。胎架设置定位措施，避免拼装过程中移位，要求固定支墩与地面混凝土采用膨胀螺栓连接，牢固不松动。

整节段拼装胎架的纵向各点标高按设计拱度设置。整节段拼装胎架设横纵向监控线，用于控制隔板、桥面板定位。

每轮次整节段下胎架后，应用水平仪、经纬仪、钢尺重新对胎架标高、位置精度进行检测，做好检测记录，确认合格后方可进行下一轮次的组拼。

整节段拼装胎架应满足转运平车的进出，以能够实现整节段的场内转运。

图 9-45　胎架制作

2）二次拼装场地拼装

（1）拼装流程

隔板定位→隔板焊接→纵梁组装→纵梁焊接→顶板组装→顶板焊接（顶板隔板焊接）→整体修整补漆→转运。

（2）进二次拼装场验收

检查桥面板单元的尺寸、平整度、孔位是否符合设计要求；确认防腐涂层完好无损，无锈蚀或污染；核对编号和数量，确保与图纸一致；检查运输过程中是否有变形或损坏；验收时须记录实测数据，对不合格部位及时处理，确保桥面板单元质量满足拼装要求（图 9-46）。

图 9-46　检查桥面板单元

（3）横隔板就位（图 9-47）

将横隔板放置在总拼胎架上，铅锤方向用水平尺对齐，平面方向

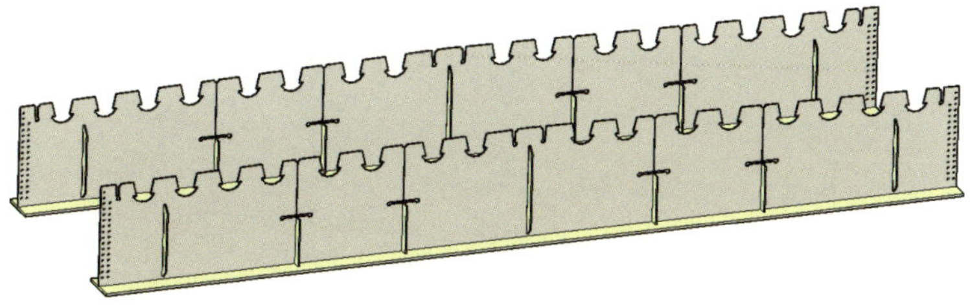

图 9-47　横隔板就位

通过横纵基线定位。宽度方向采用工艺拼接板进行连接，预留 2mm 收缩量保证横梁整体宽度，定位完成后将胎架侧向增加支撑，防止横梁位置移动、倾倒。横梁下翼缘板放置在拼装胎架立柱上，横梁两侧栓孔用冲钉和螺栓定位于拼装胎架定位墩上，接口两侧的定位墩之间预留工艺间隙，用螺栓紧固。纵梁与胎架上横基线对准就位，相邻节间的纵梁用工艺拼接板定位连接。

（4）纵梁就位（图 9-48）

横隔板位置确定后将纵梁穿入、定位。

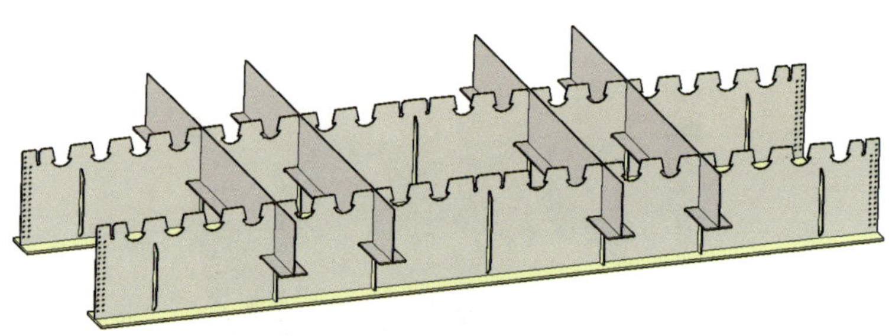

图 9-48 纵梁就位

（5）组焊桥面板单元（图 9-49）

纵梁安装完成后依次进行桥面板单元安装，首先安装中心桥面板单元，通过测量网精确定位，保证梁段轴线方向不出偏差。将第一块

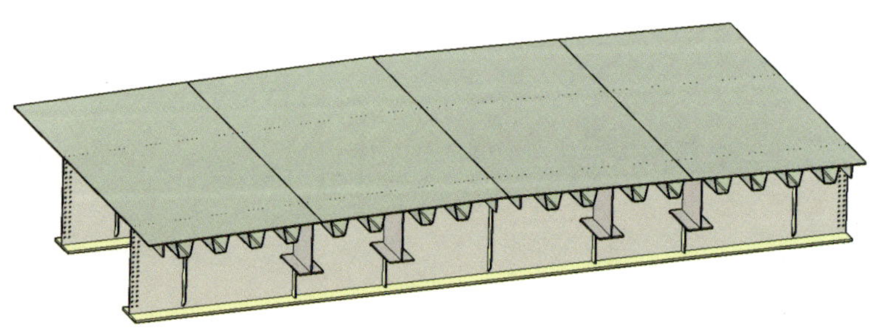

图 9-49 组焊桥面板单元

桥面板块上的横基线与测量网上的横基线对准就位。相邻梁段之间桥面板单元用经纬仪进行定位，并用横基线验证定位精度。

先焊接桥面板纵向对接焊缝，再采用 CO_2 气体保护焊对称施焊横梁与桥面板连接焊缝，最后对称焊接纵梁腹板与桥面板间角焊缝，焊接横梁（肋）腹板与纵梁腹板间角焊缝，减小焊接收缩对横坡精度的影响。

3）转运（图 9-50）

转运前检查钢桁梁固定是否牢固，避免碰撞和变形；选择合适的运输车辆和路线，确保平稳运输；运输过程中实时监控钢桁梁状态，防止移位或损坏；桥址处提前准备吊装设备和临时支撑，确保顺利卸货和安装；转运过程中设置安全警戒区域，确保人员和设备安全，避免意外发生。必要时须报请相关部门审批。

图 9-50 转运

4 钢桁梁桥址安装

1）作业平台搭建

安装前桥址处的作业平台搭建须首先进行场地平整和基础处理，确保场地承载力满足要求并设置排水设施。

根据设计图纸确定作业平台的位置和尺寸，安装临时支撑结构，包括钻孔桩和钢管桩，确保其垂直度和稳定性。在钢管桩顶部安装纵桥向和横桥向分配梁，分配梁之间采用斜撑加固，形成稳定的支撑体系。滑道梁安装在钢梁主桁片正下方，确保其与钢梁的竖曲线和纵坡对应。

钢管桩与钻孔桩通过预埋件连接，预埋件底部锚固钢筋与钻孔桩钢筋对应连接，钢管桩焊接在预埋件上并定位准确，再浇筑干封混凝土。作业平台表面应平整，便于操作和检查，确保钢桁梁安装的精度和安全。搭建过程中须实时测量和调整，确保各部件位置和尺寸符合设计要求。作业平台完成后须进行全面检查，确保其稳定性和安全性，为钢桁梁安装提供可靠支撑。

2）杆件进场

钢桁梁杆件或杆件单元由制造厂公路运输至桥址堆料区存储（图 9-51），由运梁车将杆件运至拼装平台吊装区域，然后用吊装设备吊装，杆件的吊装姿态和安装姿态保持一致。运梁车也可直接开行吊装区域，直接起吊安装。

图 9-51　钢桁梁杆件存储

整体桥面板块（板单元、纵横梁）由制造厂经公路运输转运至桥址二次拼装场的临时存放区（图 9-52），板单元通过在胎架上组拼、焊接、涂装后，形成整体桥面板块。再通过运梁车运输至拼装平台吊装区域，然后在吊装区域喂梁，用吊装设备起吊安装。

图 9-52 整体桥面板块转运

3）吊耳设置

根据杆件的重心位置，设置装卸车吊耳。吊耳布置图如图 9-53 ~ 图 9-55 所示。

由于桁梁杆件、桥面板为异型构件，吊耳位置受构件加劲板和重心位置制约，正常起吊后，还须进行空中姿态的微调。为方便安装时调平，采用手拉捯链调整桁梁杆件、桥面板的空中姿态。

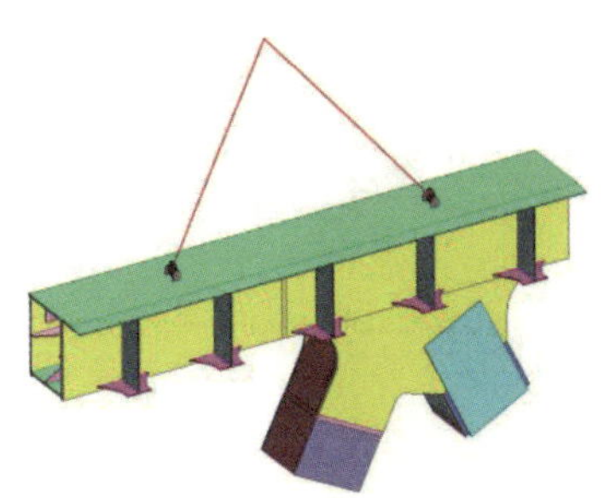

图 9-53 上弦杆吊耳布置图

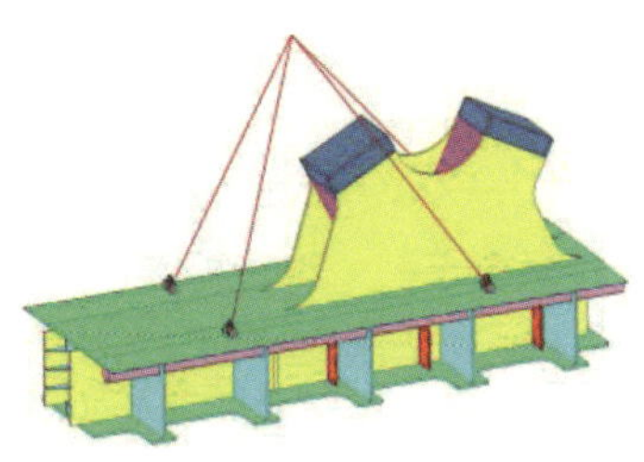

图 9-54 下弦杆吊耳布置图

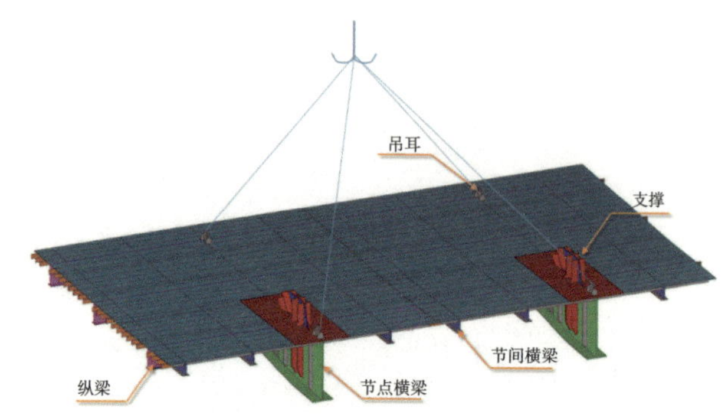

图 9-55　桥面单元吊耳布置图

4）吊装

将节段吊离地面约 0.5m，检查吊具、起重机和节段的稳定性。确认无异常后，方可正式吊装。

钢桁梁安装吊装前须检查钢桁梁节段的尺寸、焊缝质量和螺栓孔对位情况，确保符合设计要求。选择合适的吊装设备，检查起重机、索具和吊钩的状态，确保满足荷载要求。吊装前进行试吊（图 9-56），确认吊装设备运行正常，钢桁梁节段平衡稳定。吊装过程中须实时监控钢桁梁状态，防止碰撞或变形。钢桁梁节段吊装至设计位置后，使用临时支撑进行固定，确保位置准确。调整钢桁梁节段的标高和轴线，确保符合设计要求。吊装完成后，进行最终固定，确保结构稳定。吊

图 9-56　试吊

装过程中须设置安全警戒区域，确保人员和设备安全。

5）高强度螺栓连接

钢桁梁安装高强度螺栓连接前须清理连接部位的表面，确保无油污、锈蚀和杂物。检查螺栓孔对位情况，安装冲钉进行初步固定（图 9-57），确保孔位对齐。

安装高强度螺栓时（图 9-58），须按设计要求的顺序和方向插入，确保螺栓长度合适，螺纹部分涂适量润滑剂。初拧螺栓时使用手动扳手，确保螺栓初步紧固。终拧时使用扭矩扳手或液压扳手，按设计要求的扭矩值分阶段拧紧，确保螺栓预紧力均匀达标。

终拧完成后，检查螺栓外露长度和拧紧标记，确保符合规范要求。对连接部位进行最终检查，确保无漏拧、过拧或松动现象。高强度螺栓连接过程中须严格控制环境温度和湿度，避免影响螺栓性能。连接完成后，及时进行防腐处理，确保连接部位耐久性。

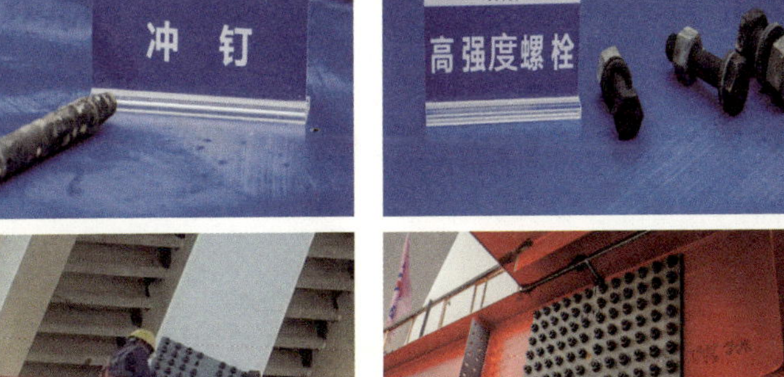

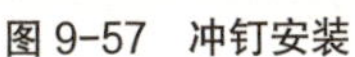
图 9-57　冲钉安装

图 9-58　高强度螺栓安装

6）焊接

桁梁安装焊接前须清理焊接部位的表面，确保无油污、锈蚀和杂物。根据设计要求设置马板，马板用于固定钢桁梁节段，确保拼装精度和焊接间隙符合要求（图 9-59）。焊接前须进行预热，控制预热温度和时间，避免焊接应力集中。

图 9-59 马板焊接

选择合适的焊接方法和焊材，严格按照焊接工艺规程操作，控制焊接电流、电压和速度。焊接过程中须实时检查焊缝质量，确保无气孔、夹渣和裂纹等缺陷。多层焊接时，每层焊后须清理焊渣并检查焊缝质量。焊接完成后进行后热处理，消除焊接残余应力。对焊缝进行外观检查和无损检测，确保焊缝质量符合规范要求。焊接过程中须严格控制环境温度和湿度，避免影响焊接质量。焊接完成后，及时对焊缝进行打磨（图 9-60），确保其耐久性。

图 9-60 焊缝打磨

7）调整定位

（1）测量定位（图 9-61）

使用全站仪或水准仪，测量钢桁梁节段的位置和标高。调整节段的位置，确保与设计位置的偏差在允许范围内（如 ±5mm）。

图 9-61　测量定位

（2）微调操作

使用千斤顶或调整垫片，对节段进行微调。调整过程中，实时监控节段的位置变化，避免过度调整。

9.2.3　质量、安全、环保控制措施

1 质量控制措施

1）桥面板块质量控制

（1）横隔板定位

横隔板对准测量网进行精确定位，保证节段总宽度。

（2）桥面板单元的组装

桥面板单元的组装，以测量网横纵基线就位，并采取临时定位装置，保证与相邻桥面板横向对接焊缝间隙准确。首先进行顶板中心板单元定位，在无日照影响的情况下，采用经纬仪、测量标志塔、定位基线以及计算机模拟得到定位基线间距离，连续确定所有梁段中心顶

板单元精确位置，作为其他顶板单元定位基准。为了保证周边板单元的横纵方向定位准确，均以中心板单元横纵基线为基准，要求板单元定位从中心向两边依次完成，这种匹配定位方法能够保证梁段所有加劲肋和其他内部结构顺畅连接。

（3）焊接变形的控制

严格控制桥面板拼装中心尺寸，可利用焊接间隙调整面板拼装正负公差，防止累计形成较大的尺寸误差，影响拼装，在拼装焊接完成后，按照工艺要求划线切割，保证钢桥面宽度。组装横梁时设置适当的上拱度（14mm），以防焊接后桥面板块下挠。

（4）拼装线形控制

在梁段桥址拼装时，钢桥面板的板单元与弦杆熔透焊接，钢桥面板的 T 形横纵梁与弦杆、纵梁之间栓接。为了保证梁段整体成型质量及全桥线形尺寸，在拼装桥面过程中要综合考虑全桥线形数据。在每一轮拼装前，拼装胎架须根据技术部提供的高程数据进行胎架改造，以保证铁路桥面的成型能够满足后续桥址拼装的线形要求。

2）杆件质量控制

（1）钢桁梁箱形杆件内隔板精度对策

对于整体节点杆件及其他箱形杆件来说，杆件精度很大程度上依赖于对内隔板精度的准确控制。在我们的制造工艺中，内隔板是作为箱形杆件几何精度控制的一种胎型存在于箱体之中，内隔板的存在，对于箱体整体宽度、高度以及直线度等几何项点起到决定性的控制作用。因此，内隔板的制造精度意义重大。

根据结构形式的不同，隔板采用数控切割或精密切割下料，下料后矫平钢板，用划线样板精确划线机加工隔板四边。通过机加工来保证隔板宽度、高度精度及相邻边缘的垂直度。为保证精确度，对于同一杆件的内隔板需要同批次机加工，并在同一边缘作标记，以便杆件组装时根据标记同向组装隔板，从而保证杆件直度，防止杆件扭曲。

（2）节点板精度控制对策

对于整体节点弦杆来说，节点板外形往往是箱体零件外形中最为复杂的，它作为与相邻弦杆、竖腹杆、斜腹杆等主桁杆件连接的零件，是最主要的受力零件。同时，节点板在下料加工后，需要与箱体平直段的竖板焊接成一个整体而形成竖板单元，之后参与箱体的组装和焊接。因此，节点板的制造须考虑到后续焊接施工可能产生的变形对节点板外形的影响。

节点板采用数控切割下料。对于个别宽度较大的节点板，先完成钢板接料并探伤后再整体数控切割下料，以保证节点板外形，接料位置注意按现行规范避开孔群及杆件主要焊缝位置。为保证杆件焊接后制孔时节点板孔边距公差，对于非机加工的孔群临边，切割时应预加合理的工艺量。

节点板完成下料经赶平机赶平后，进行精确划线，主要包括节点中心线（竖杆轴线）、斜杆轴线、水平中心线、对接端机加工线等。机加工与竖板平直段的对接端头，使之与水平中心线垂直，以保证与竖板平直段对接焊，然后机加工对接端头的对接斜坡及其坡口，加工时注意斜坡与坡口所在板面的方向。

（3）整体节点杆件组装与焊接精度控制对策

杆件的组装精度水平首先建立在零件及组焊单元件的精度控制基础上，然后通过对杆件整体组装机焊接过程的有效控制，达到最终杆件的整体精度要求。作为本项目的杆件，整体节点杆件仍是最复杂、制造精度最不易控制的杆件。通过合理的组装与焊接方法，尽可能地减少杆件在组焊过程中的变形，有效地控制杆件的整体尺寸精度。

整体节点弦杆主要由节点板及竖板单元、上下水平板单元、箱内横隔板、箱外各类接头板等组成。

根据不同的杆件结构选用正位或倒位组装的方法，尽量避免采用倒位组装，从而更利于杆件在组焊过程中不产生旁弯变形。隔板必须划线组装，从而保证竖板的直线度。

杆件的组装必须在平台上完成，根据不同的杆件结构，在平台上设置相应的定位及固定装置。组装时，重点控制杆件直线度、两端箱口平顺度、节点板间距等尺寸点。

箱体的主焊缝必须采用 CO_2 气体保护焊打底，四条主焊缝同向施焊，施焊顺序应尽量满足使箱体对称施焊。

箱外接头板、节点腹杆加强板等结构应在最后安装，保证整体精度满足要求。

3）梁段整体组焊变形控制

（1）焊接残余变形

焊接时一般采用集中热源在局部加热，因此在焊件上产生不均匀温度场。这种温度场在绝大多数情况下是非线性分布的。不均匀温度场使材料不均匀膨胀，处于高温区域的材料在加热过程中的膨胀量大，受到周围温度较低、膨胀量较小的材料的限制而不能自由地进行焊接。于是焊件中出现内应力，使高温区的材料受到挤压，产生局部压缩塑性应变。在冷却过程中，经受压缩塑性应变的材料，由于不能自由收缩而受到拉伸，于是焊件中出现一个与焊接加热时方向大致相反的内应力场。

在焊接过程中，随时间而变化的内应力为焊接瞬时应力。焊后当焊件温度降至常温时，残存于焊件中的内应力则为焊接残余应力。焊后残留于焊件上的变形则为焊接残余变形。焊接应力和应变是形成各种焊接裂纹的重要因素，又是造成热应变脆化的根源。焊接残余应力和变形在一定条件下还会严重影响焊件的强度、刚度、受压时的稳定性、加工精度和尺寸稳定性等。

焊接应力及变形的分布和大小取决于：材料的线膨胀系数、弹性模量、屈服点，焊件的形状、尺寸和温度场。而温度场又与材料的导热系数、比热、密度以及焊接工艺参量和条件密切相关。由于焊接过程的温度变化范围大，上述材料的各种系数有很大的起伏，特别是牵涉到材料的相变时，可能引起焊接应力的反复。这些情况使焊接应力变形十分复杂，因此在实践中往往采用理论和数值分析与实验相结合的方法来掌握焊接应力变形的规律和影响因素，最终达到预测、控制和调整它们的目的。实际结构中，焊接残余变形呈现出由这些基本形式组合的复杂状态。

（2）影响焊接变形的因素

焊接方法：钢桥的焊接连接通常采用手工弧焊、CO_2 气体保护焊、埋弧自动焊等焊接方法（包括针对不同焊接接头形式选用的施焊工艺参数）。因这些焊接方法输入的热量不同，引起的焊接残余变形量也不同。

接头形式：钢桥接头通常有对接接头、T 形接头、十字形接头、角接头、搭接接头和拼装板接头。一般采用对接焊缝的角焊缝，包括板厚、焊缝尺寸、坡口形式及其根部间隙、熔透或不熔透等，即焊缝断面积及影响散热（冷却速度）的各项因素。

焊接条件：预热和回火处理、环境温度等对钢材冷却时温度梯度的影响因素。

焊接顺序及拘束条件：对于一个立体的结构，先焊的部件对后焊的部件将产生不同程度的拘束，其焊接变形也不相同。为防止扭曲变形，应采用对称施焊顺序。

（3）桥位栓接连接精度控制对策

桥面板块体间连接方式为 U 形肋栓接、与弦杆栓接、桥面钢板焊接。桥面板 U 形肋采用热轧 U 形肋，焊接收缩较冷压 U 形肋不稳定。

栓焊结合的连接部位通常施工顺序有三种：先栓接后焊接、先焊接后栓接、初拧后焊接最后终拧。其中先焊接后栓接对整体结构受力比较好，焊接应力能更大地释放，但是桥面板块预拼过程中的 U 形肋孔距与实际焊接完成后的 U 形肋孔距相差较大，如果提前预制拼接板须做好测量和预留焊接收缩量。通过以往经验，预拼和现场焊接完成后的孔距误差较大，如果先制作拼接板会导致部分拼接板无法安装，需要现场铣孔或配钻，这样会增加拼接板损耗和影响现场施工进度。为更多地释放焊接收缩应力和保障现场安装精度，减小拼接板受到的摩擦力，本桥采用焊接完成后安装拼接板栓接的顺序施工。为提高施工效率，桥面板安装定位时将桥面板块和弦杆之间的拼接板全部连接，保证安装固定。在桥面板焊接收缩完成后统一测量 U 形肋孔距，数据返回制作基地，用平面数控钻床进行拼接板配钻。这样既保证了结构受力，又能控制安装精度，降低现场拼板配钻的时间和减小拼接板的消耗。

2 安全控制措施

安全教育培训：对所有参与施工的人员进行入场安全教育，内容包括安全法规、操作规程、事故案例等。针对特殊工种，如焊工、架子工、起重工等，开展专项技能与安全培训，确保其持证上岗。

安全设施检查：在施工前，对施工现场的安全防护设施进行全面检查，如安全帽、安全带、安全网等，确保其质量合格且数量满足施工需求。同时，检查临时用电设施、消防器材等是否配备齐全并能正常使用。

高处作业安全：钢桁梁施工多为高处作业，须设置牢固的操作平台与防护栏杆，防护栏杆高度不低于 1.2m，并挂设安全网。作业人员必须正确佩戴安全带，且安全带应高挂低用。在进行钢桁梁安装时，可采用挂篮、吊篮等辅助设施，确保作业人员安全。

交叉作业管理：由于钢桁梁施工涉及多工种交叉作业，须制定详细的交叉作业管理办法。明确各工种的作业区域与时间，避免垂直方向上的交叉作业。如无法避免，应设置有效的防护棚，防止物体坠落伤人。

动火作业管控：施工过程中，焊接等动火作业频繁。动火作业前，必须办理动火审批手续，清除作业区域内的易燃物，并配备灭火器材与看火人员。作业结束后，对作业现场进行全面检查，确认无火灾隐患后方可离开。

起重设备安全：选用符合施工要求的起重设备，设备安装完成后须经专业机构检测合格方可使用。起重作业前，对设备的安全装置进行检查，如限位器、制动器等。在吊装过程中，严格遵守“十不吊”原则，设专人指挥，确保吊装作业安全。

临时用电安全：施工现场临时用电采用 TN-S 系统，做到“三级配电、两级保护”。配电箱、开关箱应符合规范要求，门锁齐全，防雨、防尘。定期对用电设备与线路进行检查维护，及时更换老化、破损的设备与线路。

3 环保控制措施

施工现场围挡：沿施工现场周边设置连续、密闭的围挡，高度一般不低于 2.5m，阻挡施工过程中产生的粉尘向外扩散，减少对周边环境的影响。

物料覆盖与密闭存放：对施工现场堆放的砂石、水泥、钢材等易产生扬尘的物料，采用帆布、土工布等进行严密覆盖。水泥等粉状材料应存放在密闭的库房内，防止粉尘飞扬。

合理安排施工时间：避免在居民休息时间（如夜间 22：00 ~次日 6：00）进行高噪声作业。如因工艺要求必须连续施工，应提前办理相关手续，并向周边居民公告。

烟尘控制：使用焊接烟尘净化设备，如移动式烟尘净化器或集中式排烟系统，及时吸收和过滤焊接过程中产生的烟尘，减少对空气的污染。

9.3 钢混叠合梁施工

9.3.1 工艺流程

工字梁组立及焊接→工字梁涂装→工字梁进场验收→工字梁地面拼装→工字梁吊装→高空组装焊接→预制桥面板进场验收及卸车堆放→预制桥面板吊装→预留筋连接→湿接缝浇筑。

9.3.2 施工要点

1 工字梁组立及焊接

1）数控下料（图 9-62），钢板对接，组装工字梁腹板与顶底板成工字形（图 9-63）。组装前应彻底清除待焊区域的铁锈、氧化铁皮、油污、水分等有害物，使其表面显露出金属光泽。

2）焊接工字梁腹板与顶板间坡口角焊缝时，首先采用 CO_2 气体保护焊在平位焊接打底焊道（图 9-64），由焊缝中间向两端对称施焊，然后采用埋弧自动焊（图 9-65），在 60°坡口船位焊接填充及盖面焊道，同向施焊，工字梁腹板与顶板熔透角焊缝坡口形式及尺寸见表 9-5。

工字梁腹板与顶板熔透角焊缝坡口形式及尺寸　　表 9-5

熔敷简图	焊接位置	焊接材料	焊道	电流（A）	电压（V）	焊速（m/h）	CO_2 流量（L/min）
其他 其他	平位 + 船位	G49A3C1S6（ER50-6）（ϕ1.2）	1，1'	240 ± 20	28 ± 2	—	15~20
		H08Mn（ϕ5）+SJ101q	其他	700 ± 30	32 ± 2	22 ± 2	—

注：1. 埋弧自动焊 60°船位施焊，坡口焊满后盖板侧匀顺焊接焊脚≥ 6 ~ 8mm。
2. 相应焊接工艺评定号：P1。

3）焊接工字梁腹板与底板间熔透角焊缝时，首先采用 CO_2 气体保护焊在平位焊接打底焊道，由焊缝中间向两端对称施焊，然后采用埋弧自动焊，在 60°坡口船位焊接填充及盖面焊道，同向施焊。腹板与底板间熔透角焊缝在焊接背面，须用碳弧气刨清根，工字梁腹板与底板熔透角焊缝坡口形式及尺寸见表 9-6。

工字梁腹板与底板熔透角焊缝坡口形式及尺寸　　表 9-6

熔敷简图	焊接位置	焊接材料	焊道	电流（A）	电压（V）	焊速（m/h）	CO_2 流量（L/min）
其他 1'~2' 1~2 其他	平位 + 船位	G49A3C1S6（ER50-6）（ϕ1.2）	1 ~ 2	240 ± 20	28 ± 2	—	15 ~ 20
			1'~ 2'	240 ± 20	28 ± 2	—	15 ~ 20
		H08Mn（ϕ5）+SJ101q	其他	700 ± 30	32 ± 2	22 ± 2	—

注：1. 埋弧自动焊 60°船位施焊，坡口焊满后盖板侧匀顺焊接焊脚≥ 6 ~ 8mm。
2. 相应焊接工艺评定号：R5、R6。

4）组装腹板加劲肋、支座处加劲肋等，焊接时由腹板中心向两侧同向对称施焊如图 9-66 所示，临时支点横梁加劲肋、支点处支撑加劲肋与工字梁腹板坡口角焊缝坡口形式及尺寸表 9-7。对于双面带加劲肋的，第二面的焊接顺序同第一面。

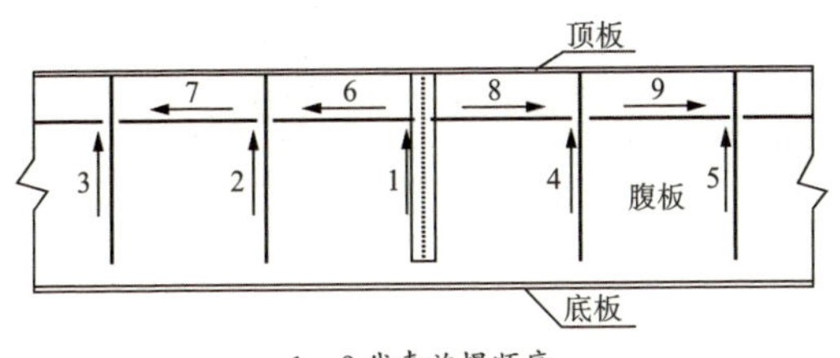

1～9 代表施焊顺序

图 9-66　工字梁对称施焊顺序图

临时支点横梁加劲肋、支点处支撑加劲肋与工字梁腹板坡口角焊缝坡口形式及尺寸　　**表 9-7**

熔敷简图	焊接位置	焊接材料	焊道	电流（A）	电压（V）	CO_2 流量（L/min）
1 其他	平位	G49A3C1S6（ER50-6）（ϕ1.2）	1	240 ± 20	28 ± 2	15~20
			其他	260 ± 20	30 ± 2	15~20
	立位	T492T-1C1A（E501T-1）（ϕ1.2）	1	160 ± 20	24 ± 2	15~20
			其他	180 ± 20	26 ± 2	15~20

注：相应焊接工艺评定号：P2、P3。

5）支点横梁、普通横联焊接顺序（图 9-67）为：（1）组装横梁、横联腹板、上下翼缘板成工形，焊接其主角焊缝。（2）组焊横梁腹板竖向加劲肋、人孔加劲肋，焊接时由腹板中心向两侧同向对称施焊，对于双面带加劲肋的，第二面的焊接顺序同第一面。对焊缝质量进行全程跟踪检验，焊缝施焊 24h，经外观检验合格后，再进行无损检验。无损检测采用超声波探伤、射线探伤和磁粉探伤三种方法对焊缝进行检测，达到各自的质量要求后，该焊缝方可认为合格。

图 9-62　数控下料

图 9-63　主梁组立

图 9-64　打底焊道

图 9-65　埋弧焊接

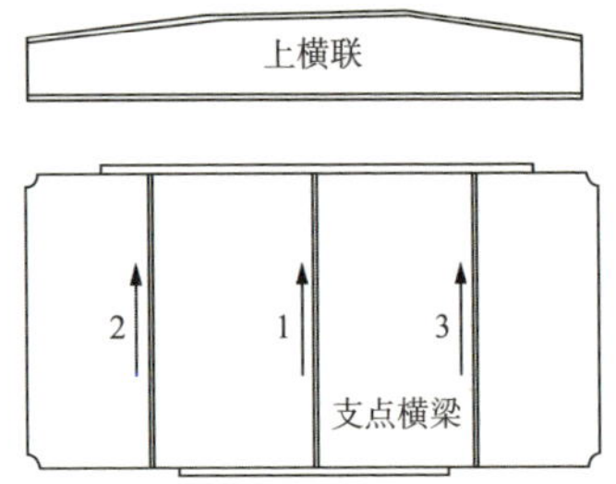

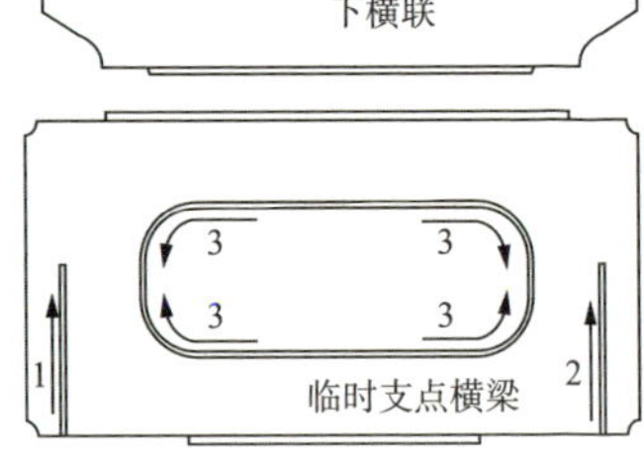

图 9-67　支点横梁、普通横联焊接顺序图

6）在加工过程中发现钢材缺陷需要修补时，其超标缺陷修补方法应符合表 9-8 的要求。

超标缺陷修补方法 表 9-8

序号	缺陷种类	修补方法
1	钢材表面麻坑、划痕等	深度为 0.3 ~ 1mm 时，可修磨匀顺（栓接面位置可不打磨）；深度超过 1mm 时，应在补焊后修磨匀顺
2	切割边缘的缺口（或崩坑）	深度 2mm 以内的，用砂轮磨顺，超过 2mm 的，磨出坡口补焊后修磨匀顺
3	焊缝裂纹及弯曲加工时产生的边缘裂纹	清除裂纹，按补焊工艺补焊后修磨匀顺
4	电弧擦伤	深度不大于 0.5mm 的缺陷，用砂轮修磨匀顺；深度大于 0.5mm 的缺陷，补焊后用砂轮磨平
5	焊瘤	用砂轮磨掉或用气刨清除掉后修磨匀顺

注：补焊的预热温度应较正常要求的预热温度提高 50℃。

7）按设计图纸要求，在工字梁上相应位置焊接剪力钉（图 9-68），剪刀钉施焊时，应与钢板应保持垂直，焊枪保持稳定不动直至焊接金属完全固化，焊缝冷却过程中不得受到冲击或振动。

图 9-68 剪力钉施焊

2 工字梁涂装

1）所有钢板的外露边缘必须倒半径 2mm 以上的圆弧。所有的焊缝必须打磨匀顺。

2）涂装环境温度在 5 ~ 35℃之间，相对湿度 85% 以下（当与说明书要求不符时，应按涂料产品说明书执行）。杆件表面结露不得涂装，待涂装表面温度高于露点 3℃以上方可施工，涂装后 4h 内应保护免受雨淋。

3）涂装施工前，应进行涂装工艺试验，工艺试验合格后方可进行正式涂装施工。

4）涂装材料、工艺要求应遵守下列规定：

（1）应按图纸规定的涂层配套进行喷涂，涂装材料、工艺及性能要求等亦应符合图纸要求。涂装的油漆应按批次送国家检验机构进行抽样检验。施工方案必须符合油漆厂商提供的使用说明所规定的要求。

（2）涂装前应仔细确认涂料的种类、名称、质量及施工位置，并对批量油漆的主要性能指标进行检验。

（3）对双组分涂料要明确混合比例，并搅拌均匀、熟化后使用。混合后如超过使用期，则不得使用。

（4）对留出的工地焊缝处不涂油漆，以免影响焊接质量。

（5）杆件在运输和安装过程中。对损坏的油漆应进行补涂，对大面积损伤的，必须重新打砂按层修补。局部小面积损伤者用手工打磨，进行修补。

3 工字梁地面拼装

1）工字梁分段在现场支撑胎架上拼装（图 9-69），胎架线形要求按照钢梁的实际横坡度、纵坡、预拱度来设置，采用全站仪测量检查无误后方可进行组装。

2）节段就位后，按照先平面、再高程的顺序进行调节。为防止钢梁产生横向位移，要在梁体两侧及两端的平台上焊接限位板，用来调节左右位置及固定梁体。

3）拼装前，应按图纸和工艺文件检查各零件的几何尺寸、坡口大小，确认无误后方可组装。

4）拼装前，应彻底清除待焊区域的铁锈、氧化铁皮、油污、水分等，使其表面显露出金属光泽。

5）采用埋弧焊焊接的焊缝，应在焊缝的端部连接引板、熄弧板；引板的材质、厚度、坡口应与焊件相同，引板长度应不小于 100mm（图 9-70）。

图 9-69　工字梁拼装焊接

图 9-70　引板构造

6）钢混叠合梁组装的允许偏差应符合表 9-9 的规定。

钢混叠合梁组装的允许偏差（mm）　　　表 9-9

序号	项目		允许偏差		简图
1	接料对接高低差 Δ_1	$t<25$	$\leqslant 0.5$		
		$t \geqslant 25$	$\leqslant 1.0$		
	对接间隙 Δ_2		$\leqslant 1.0$		
2	钢衬垫或陶质衬垫对接焊接头组装		α	$\pm 5°$	
			Δ	0.5（钢衬垫）	
			S	+6.0，-2.0	

续表

序号	项目	允许偏差	简图
3	盖板中心和腹板中心线的偏移 Δ	≤ 1.0	
4	腹板的局部平面度 Δ	≤ 1.0	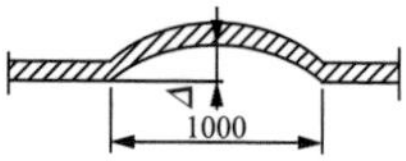 1000
5	盖板倾斜 Δ	≤ 0.5	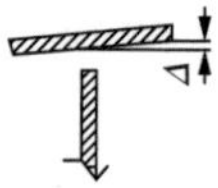
6	组装间隙 Δ	≤ 1.0	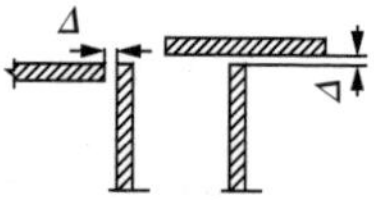
7	加劲肋间距 S	± 1.0 有拼接时	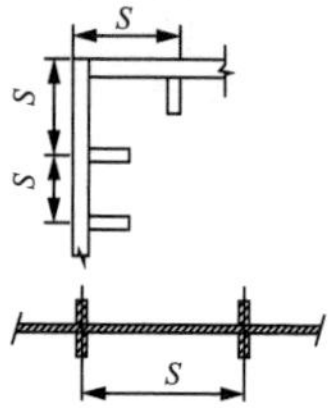
		± 3.0 无拼接时	

7）钢混叠合梁矫正的允许偏差应符合表 9-10 的规定。

钢混叠合梁矫正的允许偏差（mm） 表 9-10

序号	图例	项目		允许偏差
1	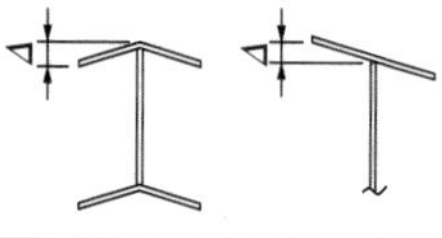	盖板对腹板的垂直度 Δ	连接部位	≤ 1.0
			其余部位	≤ 2.0
2	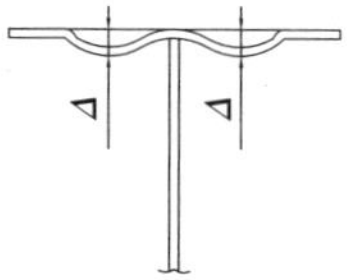	盖板平面度 Δ	有孔部位	≤ 0.5
			其余部位	≤ 1.0

续表

序号	图例	项目	允许偏差
3	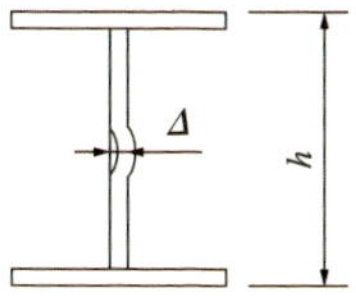	工形杆件腹板平面度 Δ	$h/500$ 且 ≤ 2.0
4	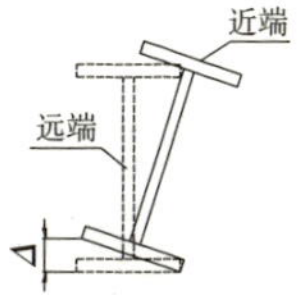	工形杆件的扭曲 Δ	3.0
5	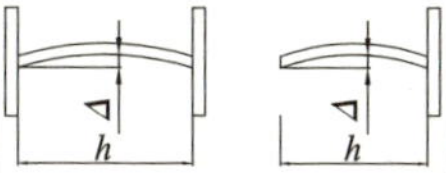	纵梁、横梁、腹板平面度 Δ	$h/500$ 且 ≤ 5.0
6	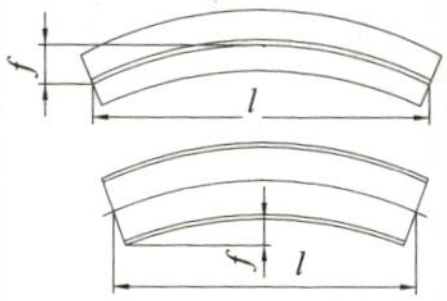	T 形、工形杆件的弯曲；纵梁、横梁的旁弯 f	2.0（$l \leq 4000$） 3.0（$4000 < l \leq 16000$） 5.0（$l > 16000$）
7	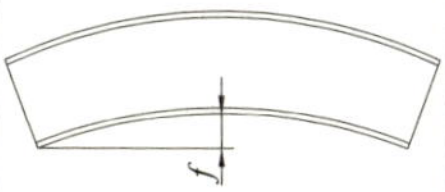	纵梁、横梁拱度 f	≤ 5.0

8）拼装后要对整体尺寸及位置进行测量检验，要求拼接精度和总体尺寸要符合设计要求，高差不超过 2mm。

4 工字梁吊装

1）工字梁验收合格后，方可组织吊装。

2）根据施工现场实际情况制定吊装机械平面位置布置图及吊装顺序，并根据现场实际起吊重量，复核吊装机械是否满足要求。

3）吊装现场应设置安全警戒标志，并设专人监护，非作业人员禁止入内，提前设立安全维护及交通引导标识，并安排好专职人员引导车辆通行。

4）正式吊装前，应对工字梁进行试吊装检验。

试吊装检验要求：仔细查询天气情况，确保试吊安全。起吊设备按照指定位置就位，试吊前复核起重性能，确保试吊的安全。试吊构件起吊后，起吊构件正下方拉设安全防护绳，确保行人安全。构件起吊后静置 12min，并派专人看护，实时监测。构件试吊顺利通过后，可进行正常吊装（图 9-71）。

图 9-71　工字梁吊装

5）工字梁的焊接主要以高空组装焊接为主，进行支点横梁、普通横梁焊接，焊接要求同工字梁组立及焊接（图 9-72）。

图 9-72　工字梁焊接

6）钢梁连接接缝经检验合格后，其外表面应用喷砂除锈。焊缝防腐处理结束后对整桥涂装最后一道面漆，力求集中调色，一次喷涂成膜。面漆涂装完毕，待面漆干燥后应及时对面漆的外观、厚度、结合力等指标进行检查，不合格处及时返工处理，不得有漏涂、流挂等外观缺陷。

7）在工字梁合龙前，复测两侧已完成单元与合龙单元交界箱梁控制坐标，记录偏差值。实测合龙段连接构件之间的实际长度，并与理论构件长度进行比较、修正，以便对实际制作长度进行调整。

5 预制桥面板进场验收及卸车堆放

1）桥面板采用工厂预制，存放期不得超过 6 个月。桥面板的板厚公差为 0 ~ 5mm，平整度为 ±3mm，用 2.0m 的靠尺检验，桥面板对角相对高差须小于 2mm。

2）桥面板进场后首先对桥面板的尺寸（长、宽、厚），钢筋的型号及规格大小，桥面板的表面平整度，无缺棱、掉角、露筋、麻面、孔洞和裂缝等缺陷，对角线差，预留孔洞及侧向弯曲等进行检验。

3）检查桥面板的出厂合格证、混凝土的抗压强度、钢筋的力学性能和工艺性能、外观质量、结构性能等。

4）试验报告：28d 混凝土抗压强度试验报告（混凝土强度到达设计强度的 100%）、钢材试验报告（力学性能、弯曲性能、重量偏差试验）。

5）预制桥面板经验收合格后开始卸车，卸车顺序与运输顺序及安装顺序相同，即首先堆放边部板，其次堆放次中部板，最后堆放中部板，堆放高度不超过 5 层。预制桥面板放置于提前处理好的混凝土面上（图 9-73）。

6 预制桥面板吊装

1）吊装前应在混凝土预制桥面板和钢混叠合梁上翼缘板两侧边缘顺桥向通长粘贴可压缩的防腐橡胶条，采用液体胶将橡胶条粘结于钢混叠合梁上翼缘板两侧边缘处（图 9-74）。

图 9-73 预制桥面板堆放

图 9-74 橡胶条粘结

2）必须对安装的桥面板外露的钢筋水泥浆等杂物清除，并进行除锈处理，吊装前应检查每块预制板是否异常，以便及时妥善处理。

3）吊装顺序为：先内侧后外侧（靠近履带吊为外侧），整体吊装桥面板呈扇形依次展开吊装（图 9-75）。

4）预制桥面板吊装结束后，检查所有板宽大小及位置是否正确；检查桥面板与桥面板之间间距是否符合设计要求；检查所有桥面板间的预埋主钢筋是否焊接牢固；检查橡胶条四周是否压紧，避免出现浇筑湿接缝混凝土出现漏浆现象。上述均符合要求后将吊环钢筋切割，履带吊挪出吊装区域，预制桥面板吊装完成（图 9-76）。

图 9-75　预制桥面板吊装

图 9-76　预制桥面板吊装完成

7 湿接缝施工

1）在桥面板吊装完成后，进行桥面板间钢筋的连接（图 9-77）。

2）接缝两侧混凝土板的侧面应凿毛露出粗骨料，浇筑湿接缝混凝土时应清除残渣、垃圾、杂物，并用水湿润后再浇筑混凝土。

3）墩顶处湿接缝纵向钢筋接头处采用焊接，焊接长度满足单面焊不小于 10d，双面焊不小于 5d，焊缝接头不应在同一平面，宜错开。

4）支模时，需要在横向最边缘、纵向伸缩缝处进行支模，支模时采用木模，木模支设报检完成后，方可进行混凝土浇筑。

图 9-77　桥面板间钢筋的连接

5）湿接缝浇筑须采用微膨胀混凝土一次浇筑完成（图 9-78）。

图 9-78　湿接缝浇筑示意图

6）后浇混凝土应进行均匀、充分地振捣，确保混凝土的密实性。

8 预埋件及临时连接件

1）施工前整理预埋件的类型数量及安装次序，不得遗漏。

2）两边侧的桥面板边沿，须预留防撞护栏混凝土挡墙的钢筋接头。

3）焊接安装临时匹配件、马板、吊耳等的位置应经设计单位同意后方可施工。拆除时须离主结构件 1cm 处割除，然后再打磨平整，不得伤及结构板件。

9.3.3　质量、安全控制措施

1 质量控制措施

1）须提前与设计人员沟通，避免桥面板预留筋与工字钢梁剪力钉冲突。

2）须做好钢构件存放质量控制，钢构件堆放场地应平整稳固，排水良好，杆件底面与地面应留有 10 ~ 25cm 的净空。

3）钢材加工阶段，要确保钢材的质量和尺寸符合设计要求。在零部件制造和组装阶段，确保每一个零部件的质量和组装精度。

4）高温或低温环境下，要对不同温度条件下工字梁与测量仪器的变形量进行估算，根据估算结果对测量数据与吊装高程进行修正。

5）正常吊装时在钢梁下放过程中，应注意避免碰撞支座导致偏位。

6）预制桥面板吊装时须对混凝土板编号仔细校对，对号入座。用吊钩连接至桥面板预埋吊环处缓慢吊起，离地 20 ~ 30cm 处观察无误后方可起吊，就位时桥面板要从上垂直向下安装，在作业层上空 50cm 处略作停顿，施工人员手扶桥面板调整方向，将桥面板的边线与叠合梁上的剪力钉安放位置线对准，注意避免叠合梁上的剪力钉与桥面板预留钢筋碰撞，不得损坏剪力钉，更不允许因对位不准确而切割钢筋或剪力钉。放下时要停稳慢放，严禁快速猛放，板的两侧边支承在钢梁上的宽度应均匀。5 级风以上时应停止吊装。起吊就位应垂直平稳，四点起吊时吊索与桥面板水平面所成夹角不宜小于 60°，不应小于 45°。

7）浇筑混凝土湿接缝时要防止过分振捣出现混凝土的离析现象。

2 安全控制措施

1）工字梁上须设置立杆安全绳（图 9-79）。钢梁吊装就位后供人员在工字梁上通行时系挂安全带。人员在高空时须保证安全带始终挂设在安全绳上。安全绳立杆通过螺栓固定在工字梁翼缘上，须保证螺栓紧固。当钢梁施工完成后，预制梁板施工前拆除立杆安全绳。

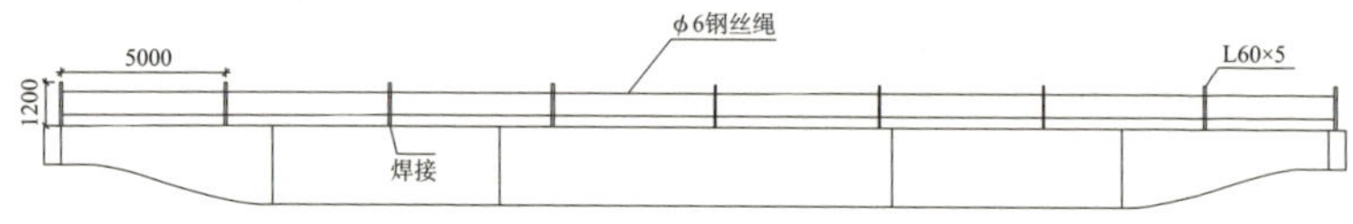

图 9-79　立杆安全绳布设图

2）工字梁露空部分须设置安全防护网（图 9-80）。吊装区域要设置一定范围的施工禁区，禁止与吊装无关人员通过。

图 9-80　安全防护网布设图

3）工字梁吊装就位后，焊接工作全部是在露天进行，因此在高温季节和雨季应采取防护措施，根据实际情况设计隔热防雨棚。框架为轻型结构，框架设计为活动式，便于工人拆卸扩展。

3 环保控制措施

1）施工准备阶段环保措施

在施工前，应充分做好各种准备工作，对沿线涉及的道路、供电、通信、给水排水及其他有关地下管线进行详细调查，并协同有关部门确定拆迁、改移方案，做好各项应急准备工作，确保社会生活的正常状态。拆迁时必须做到有序进行，及时运走建筑垃圾，并做好堆放时的覆盖工作，严防扬尘、污水等造成周围环境的污染。

2）施工期环保措施

减少噪声污染：在施工过程中，应尽量减少噪声的产生。例如，可以采取低噪声的设备和工艺，合理安排作业时间，避免在夜间施工，以减少对周围居民的影响。

减少尘土污染：施工过程中的尘土污染比较严重，可以采取洒水降尘、遮挡覆盖等措施，减少尘土污染。

减少废气污染：施工过程中会产生一些废气，应采取有效的措施进行处理。例如，可以使用环保型的燃料，避免产生有害气体。

减少固体废弃物污染：施工过程中的固体废弃物可以采取分类处理、回收再利用等措施，避免对环境造成污染。

3）水土保护措施

为减少工程土地占用面积以利于保持水土，尽可能维持原地貌，减少挖填，减少土石方量，降低工程造价，尽量利用原有植被保持水土。

避免不合理堆填。

总体布置上尽量减少工程占地。对工程用地必须破坏的植被要做好规划，禁止随意破坏施工区内的植物，施工完成能恢复的要尽量恢复。同时做好施工期间的排水措施，避免大雨引起的水土流失。

临时施工弃土场四周设置必要的排洪沟、排洪沟管道或挡土墙等设施，以缓冲并减少弃土的流失量。

建立环保管理制度：建立完善的环保管理制度，确保各项环保措施的落实和执行。同时，需要对施工人员进行环保培训，提高人员环保意识和责任心。

第 10 章　系杆拱桥

10.1　混凝土拱桥施工（上承式）

本章节只适用于支架法现浇拱桥施工。

10.1.1　工艺流程

拱座施工→拱架搭设→拱圈模板安装→拱圈钢筋安装→拱圈混凝土浇筑→间隔槽及合龙→拱架拆除→拱上结构施工。

10.1.2　施工要点

1 拱座施工

1）拱座基础开挖时应尽可能不超挖后回填软土，若超挖采用混凝土回填，以确保较强的水平抗力；拱座开挖到设计标高后，对拱座基底及拱背进行物探，确保无不良地质，并检测承载力是否满足设计要求。

2）拱座钢筋与拱脚钢筋冲突时，以拱座钢筋避让拱脚钢筋为原则。

3）拱座浇筑前必须严格控制拱脚预埋钢筋位置，并采用定位架进行加固定位。

4）拱座一般为大体积混凝土，应严格按照设计及现行国家标准《大体积混凝土施工标准》GB 50496 进行浇筑和养护，防止混凝土裂缝，确保混凝土施工质量满足要求（图 10-1）。

2 拱架搭设

1）拱架根据现场施工条件一般采用钢管满堂支架（图 10-2）、复合支架及拱形钢桁架，支撑体系必须编制专项施工方案并按有关规定进行专家论证、审批后实施。

图 10-1　拱座施工

图 10-2　钢拱架

2）支架搭设完成后，应按照设计进行支架预压（图 10-3、图 10-4），设计无要求时预压重量宜采用拱圈总重的 1.1 ~ 1.2 倍，预压前工程测量人员在拱圈控制断面（拱圈的拱脚、拱跨 1/8、拱跨 1/4、拱跨 3/8、拱顶以及拱上立柱位置）布置测量观测点，每个截面应布置不少于 4 个测点，在加载过程中使用全站仪、水准仪对预压前后位移情况进行观测，及时记录沉降数据，从而算出施工时应当采用的预拱度及底模标高，为下步工序提供准确指导数据（图 10-5）。

图 10-3　拱架砂袋预压

图 10-4　拱架水箱预压

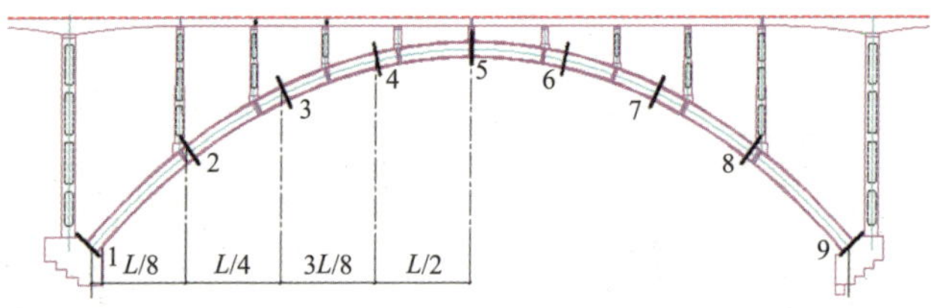

图 10-5　位移监测断面示意图

3 拱圈模板安装（图 10-6）

1）支架法施工拱圈可采用木模板或钢模板，对于截面高度较大的板拱、肋拱及箱形拱外膜宜采用钢模，木模板厚度不宜小于 10mm。

2）模板下纵横梁之间的三角形间隙应采用木屑填塞，不得出现脱空现象，模板铺设时木模板的长度方向与桥跨方向应一致铺设。

3）木模板铺设长边沿跨度方向铺设，接缝处必须采用钉子钉在下设方木分配梁上，并采用胶带或腻子处理平顺不漏浆。

4）钢拱架或支架顶托上承重主梁宜采用型钢横向布置，以便两侧设置安全平台及侧模加固，其次有利于底膜弧形线性调整。

5）预压完成后必须对模板标高及模板平面轴线进行严格检查验收，模板标高须根据预压情况设置预拱度，预拱度按照二次抛物线分配。

图 10-6　拱圈模板安装

4 拱圈钢筋安装

1）拱圈纵向钢筋应在厂内加工弯曲，弯曲弧度与拱圈设计保持一致。

2）钢筋安装前在底模上准确放出钢筋位置线，确保安装位置准确无误。

3）底层钢筋保护层采用同强度混凝土垫块或水平架立筋来保障，垫块应与钢筋绑扎牢固。

4）拱圈分段施工时（图10-7），纵向钢筋不得采用通长钢筋，钢筋接头应设在后浇的间隔槽内，在浇筑间隔槽时焊接连接。

5）拱圈钢筋采用套筒连接，接头按规范要求错开布置。

5 拱圈混凝土浇筑

1）跨度大于16m的拱圈宜采用分段浇筑，分段施工可使拱架变形比较均匀，并可避免拱圈的反复变形，分段位置一般在1/4跨径、拱顶及拱脚拱架支点断面处，各分段间设置0.5～1m间隔槽，每段整体浇筑，间隔槽位置的纵向钢筋断开以保证每段拱圈自由变形。

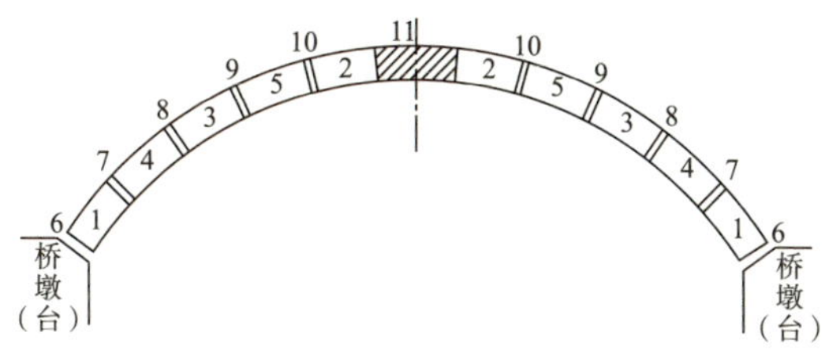

图10-7 拱圈分段施工顺序图

2）在浇筑前对混凝土浇筑设备、预埋件位置、钢筋、模板全面进行检查。

3）拱圈混凝土由低处到高处分层连续浇筑，每层厚度不超过30cm，拱圈混凝土浇筑过程中须保持均衡对称的原则。

4）浇筑过程中测量监测人员应对拱架变形情况进行观测，若变形超过规定值或异常情况应立即停止浇筑并上报技术负责人进行处理。

5）为了防止拱架的拱顶部分上翘，可在拱顶区段预先压重。

6）对于截面高大的组合截面（如箱形）采用分环分段浇筑，分环浇筑时上下环间的混凝土浇筑间隔时间不宜超过 10d。

6 间隔槽及合龙

1）间隔槽钢筋除纵桥向在绑扎分段钢筋时一次成型外，其余的横桥向钢筋和箍筋可在浇筑前绑扎，纵向钢筋接头采用焊接或挤压套筒连接。

2）拱圈所有分段浇筑完成，混凝土强度达到 85% 以上后方可灌注间隔槽，间隔槽由拱脚向拱顶对称浇筑完成，混凝土采用微膨胀混凝土浇筑。

3）间隔槽施工前应将两端混凝土表面凿毛外露出粗骨料，清洗干净，浇筑前充分湿润。

4）合龙前对线形进行复测，若不满足要求应采取措施，必须达到预定合龙条件后方可进行合龙混凝土浇筑，浇筑时环境温度应达到设计要求的气温，无要求时选择一天中相对较低的时间段进行浇筑。

7 拱架拆除

拱圈混凝土强度达到设计要求后，即进行拱架拆除，横桥向必须同时均匀卸落，在纵桥向从拱顶向拱脚逐排卸落，并保持拱顶两侧对称同步进行。

钢拱架拆除可采用在上预留卸落孔的方法，在拱圈施工完成并达到设计强度后，将绳索从拱顶穿过吊装孔系挂在预拆除的钢架段，通过起重吊装设备缓慢吊下落到地面。

8 拱上结构施工

1）主拱圈混凝土达到设计强度后开始拱上结构施工。

2）拱上建筑施工应按设计要求的加载顺序，均衡对称实施。

3）施工前应对拱上立柱或横墙位置和高程复测检查，拱上立柱或横墙应设置预抬高值。

4）拱上立柱及横墙底座应与主拱圈同时浇筑施工，腹拱横墙应由拱脚至拱顶依次对称施工完成，然后再由两端向跨中对称进行腹拱圈施工。

10.1.3 质量保障措施

1 对拱架材料应进行检测和组织验收，确保有足够强度、刚度和稳定性，拱架在施工过程中应设专人进行维护。

2 拱圈混凝土应加强混凝土的养护工作，根据不同季节气温情况制定养护措施，并由专人养护，养护时间不少于 7d。

3 间隔槽钢筋接头焊接困难时可采用挤压套筒连接。

4 拱上墩柱、盖梁及梁板应严格按照加载程序从两端向跨中对称进行。

10.1.4 安全保障措施

1 拱架设计时其抗稳定性系数不得小于 1.5。拱架卸载必须通过混凝土强度检测，确保达到设计及规范要求后方可进行拆除。

2 拱上构造施工前应安装稳定安全的施工平台，在安全措施制定时应特别考虑风力对支架及模板的水平作用，防止其发生倾覆。

10.2 钢管（钢箱）混凝土系杆拱桥施工（中承式）

10.2.1 工艺流程

拱座及边墩施工→拱脚段施工→拱上立柱施工→纵梁（主梁）施工→主梁上安装拱肋支架→拱肋制作及分段吊装→测量精调位置、垂直度→横撑安装→焊接→钢管混凝土压注→支架拆除→吊杆安装并张拉。

10.2.2 施工要点

1 拱座及边墩施工

拱座及边墩施工主要是在先梁后拱施工方法中为主梁施工提供前

提条件，施工要点详见 11.1.2 节及墩柱施工相关章节。

2 拱脚段施工

1）拱脚段（斜腿）施工前，首先按照方案进行支架基础处理及支架搭设（图 10-8）。

2）若为混凝土拱脚，施工前对拱脚处的拱座衔接面进行凿毛并冲洗干净。拱座斜面上或拱脚设置支撑时须提前设置支撑预埋件，采用满堂支架法进行支模浇筑。

3）若拱脚为钢拱肋时，拱座施工应预埋拱脚钢板及锚固钢筋等，并预留拱脚安装槽口，在拱脚段安装并焊接完成后进行预留槽口浇筑。

4）边跨若设计有斜腿，主跨斜腿和边跨斜腿同步施工。

5）斜腿放样时应结合施工方法考虑预拱度，在设计坐标的基础上增加预拱值进行调整。

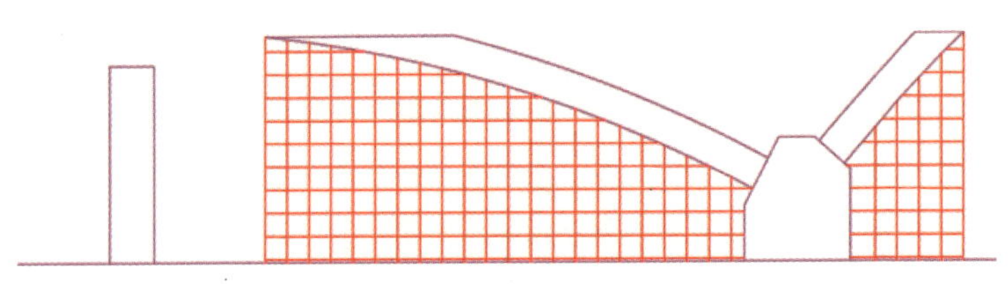

图 10-8　拱脚段支架法施工

3 拱上立柱施工

立柱施工按照第 3 章一般墩柱施工要求及质量安全措施进行施工，立柱施工时拱脚段混凝土强度须达到设计强度方可进行（图 10-9）。

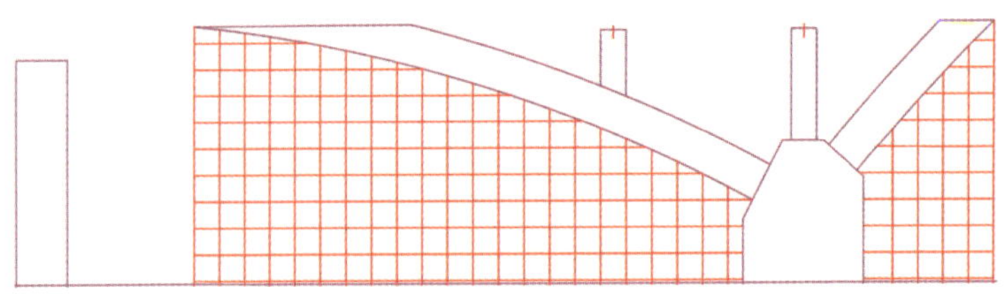

图 10-9　立柱施工

4 主梁施工

1）主梁在支架上现场按照设计分段或一次浇筑，施工严格按照设计图纸要求的施工顺序进行。

2）主梁施工前根据论证审批通过的专项方案搭设支架，如有通航要求应满足，并考虑防止船只撞击。

3）主梁钢筋安装过程中，当钢筋和预应力管道在空间发生干扰时，可适当移动普通钢筋以保证预应力钢束管道位置准确，但不可随意截断钢筋。钢束锚固处的普通钢筋如影响预应力混凝土施工时，可适当弯折，若钢筋空间位置发生矛盾，可允许进行适当调整布置，但混凝土保护层厚度应予以保证。

4）主梁应按施工规范严格控制主梁各部分尺寸，防止梁段自重误差过大造成拱梁受力不均。主梁浇筑或安装完成后按照设计或以下顺序进行张拉：

（1）横梁预应力张拉顺序：由中间向两侧对称张拉，即首先张拉中支点横梁、跨中拱肋处横梁、边支点横梁，然后由每跨中间开始向两侧对称张拉吊杆处横梁。

（2）系杆（系梁）张拉根据设计分批次张拉，第一次一般在混凝土强度达到设计要求后并在拱肋支架拆除前张拉，以后在灌注钢管拱肋混凝土后及吊杆张拉调整后，配合工序进行系梁预应力张拉。

5 拱肋制作及安装

1）拱肋制作

（1）钢管拱肋制作由专业钢结构加工厂家或队伍进行场内加工，加工前须对图纸进行深化设计，应由专业厂家制定详细的专项方案。

（2）拱肋分段应根据设计及施工工艺、运输、吊装等因素综合考虑（图10-10），划分后应由设计单位进行确认，确保受力安全。

（3）钢拱肋节段制作工艺流程：加工台座、预拼地胎放样→节段胎架架设、弯制台座布置→地胎套样→检查、调整→主弦杆、腹杆组拼单片拱肋节段→各节段对接预拼装检查→钢结构防腐处理→存放。

图 10-10　拱肋分段

（4）拱肋在整体连续预拼装合格后方可进行防腐处理施工（图 10-11）。

（5）钢拱在场内分段节段组拼装应在胎架上完成，并对每个节段及组件进行编号，场内预拼并经过验收后发货到现场，用汽车式起重机或浮动起重机卸货，转运到拼拱场地，场内分段由于运输及加工方便可能分段较多，运至拼装现场后根据起重能力及现场条件可组拼成长段，有利于施工进度和质量控制。

图 10-11　拱肋加工预拼装

2）支架安装

支架安装应编制专项施工方案并论证（图 10-12），支架的结构应根据现场地形地貌、搭设高度、荷载分布、拱肋分段长度等进行确定。

图 10-12　支架安装

3）拱肋吊装

（1）本桥钢拱肋安装程序为：节段质量检查合格后→运输钢拱肋到起吊位置、定位→双吊点垂直起吊运输→就位调整→临时固定→吊装下一节段。

（2）拱肋在装卸运输中要根据尺寸及定位情况，做好枕木铺垫，支垫位置应使拱肋平稳，且受力均匀不变形，不得发生较大晃动及翻转。

（3）拱肋安装前根据拱肋安装位置提前移动吊机就位，吊机支点应坚实，必要时进行处理。水上吊装无法使用汽车式起重机时也可采用浮动起重机进行施工。

（4）拱肋运至现场指定位置后在其两端上下游分别设置 1 根缆风绳（图 10-13），在起吊过程中及调整定位时通过缆风绳来稳定拱肋，拱肋基本稳定后将缆风绳另一端固定于提前设置好的地锚上，地锚端应设置可以调节长度的捯链、花篮螺栓等。缆风绳与拱肋的平面夹角不应小于 50°。

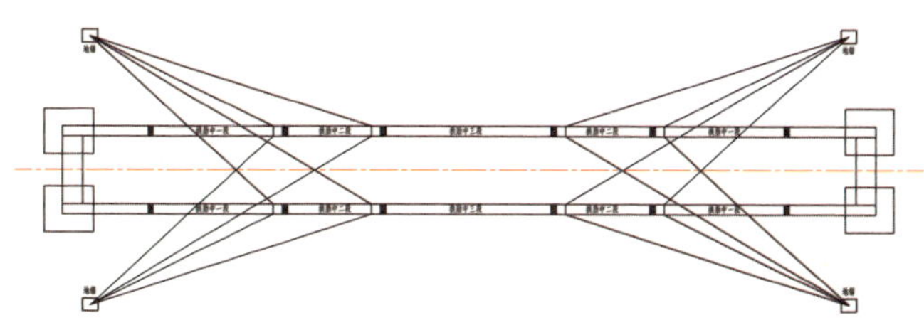

图 10-13　缆风绳设置示意图

（5）拱肋落在支架上初步定位后，用全站仪放线及测量标高，并采用支架上的纠偏千斤顶、反力架等再次进行定位调整（图 10-14），对位后再次复测轴线确定符合设计和规范要求，采用码板进行拱肋节段间的临时固定，并调整缆风绳固定后焊接，同样的方法吊装剩余第二段、第三段……直至全部吊装完成。

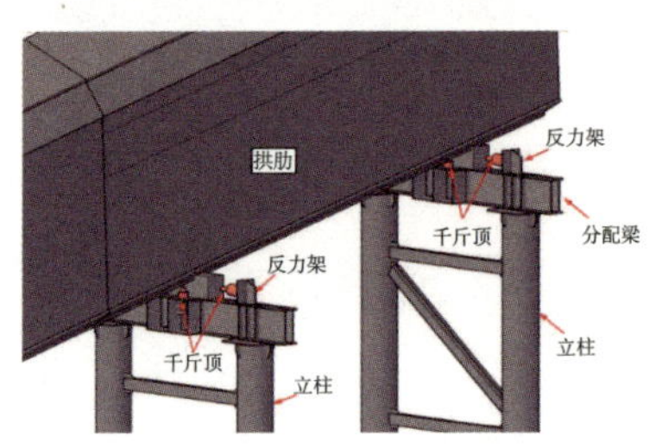

图 10-14　拱肋支架上定位调整

（6）拱肋节段焊接还应根据设计及气候条件确定，如拱肋跨度小，受力简单，可以采取边焊装边焊接，对于空间异形、跨度较大且受力复杂的拱肋，则采用码板先临时固定，待拱肋节段全部安装或部分安装完成后分批焊接成拱，每条环缝必须进行检测。

（7）合龙段拱肋安装，设计有要求时尽可能按照设计要求的合龙温度合龙。若无要求或条件限制时应选择在一天之中环境温度相对稳定的时间段内快速完成，并取得设计单位认可。合龙时，应对接头的高程、轴线进行测量，以控制并调整拱轴线，钢管拱肋安装质量检测标准应符合表 10-1 的要求。

钢管拱肋安装质量检测标准　　表 10-1

序号	检查项目	允许偏差（mm）
1	轴线偏差	$L/6000$
2	拱圈高程	$\pm L/3000$
3	对称点高差	$L/3000$
4	拱肋接缝错边	1/10 壁厚且不大于 2

注：L 为跨径。

（8）钢拱肋安装时，采用双肋交错安装施工，并及时安设临时（或永久）横撑（联）及横向缆风增加横向稳定性。每成对安装完成一段，横撑即可安装一段，为便于横撑安装，拱肋在厂内加工时，其侧面先焊接约 30cm 长的短接头，并在挑出的横撑短接头外侧下方焊接风撑限位板。横撑通过起重机按照安装顺序吊装（图 10-15），只需将风撑缓慢放下搁置于限位板上即可（增焊加固码板）准确就位，最后工人在空中操作平台上焊接风撑对接焊缝。

图 10-15　拱肋吊装

6 钢管混凝土压注

1）拱内混凝土压注工艺流程

安装拱内预埋管、闸阀→安装混凝土输送管（并加固）→泵车就位→清水湿润混凝土输送泵管→泵入同配合比减石砂浆→同时对称泵注→通气冒浆孔冒出新鲜混凝土→停止泵送、关闭闸阀→拆除泵管、混凝土养护。

2）拱内混凝土施工要点

（1）在拱肋混凝土压注前首先对拱肋的轴线、标高集合尺寸进行检查，同时在两端拱脚处设带闸门进料支管（图 10-16），直接与泵车输送管相接，保持泵管进入钢管拱角度 30° ~ 35° 为宜，并在拱肋钢管顶隔板两侧顶面设增压排浆钢管（图 10-17），钢管高度应在 1.5 ~ 2m，其次对设备的运行及材料质量进行检查确认，配备足够的备用设备机具。

图 10-16 带闸门进料支管

图 10-17 拱顶排浆钢管

（2）在灌注混凝土前从拱顶排浆管压注适量的水对管内进行清洗湿润，拱内锈渣及多余的水通过设在拱脚的最低处的出渣孔排出。

（3）钢管混凝土压注采用泵送顶升灌注法浇筑拱肋钢管混凝土，过程中要连续间断。大跨度钢管拱根据设计可采用分段顶升压注法，分段处设置隔板。

（4）每道钢管拱应由两端两拱脚处两个泵同时对称泵送进行，泵送过程中用手锤轻敲钢管检查混凝土顶升高度，同一钢管拱两端压注高差不超过 1m，施工中应严格控制水灰比及坍落度，严格按照设计配合比施工。

（5）灌注混凝土时遵守对称加载的原则，即顺桥向以拱顶为对称线，两半跨对称加载，横桥向以桥中心线为对称线，桥两侧对称加载。

（6）拱肋混凝土浇筑中途如有停顿，可每隔 3 ~ 4min 泵几下，如发生机械故障或因机械动力不足导致一次性灌注无法完成时，只能采取二次灌注。先关闭截止阀，应在已灌注混凝土下方约 60 ~ 70cm 处开孔，放出混凝土上表层浮浆，待已灌注混凝土强度达到 10MPa 后再焊接灌注孔，接阀门，重新灌注混凝土。

（7）当混凝土浇到钢管顶端，增压管内冒出正常混凝土时，两侧泵同时暂停 5min，要求输送泵稳住压力，然后再向管内压注适量混凝土方可关闭阀门，在确定阀门不漏浆的前提下拆除泵管，待混凝土强度达到设计要求的 50% 后，再将封顶板按设计要求进行补焊。

（8）在压注过程中，由测量人员采用全站仪对拱脚水平位移、钢管拱竖向位移进行观测，并与设计进行比较查看是否相符，否则应及时暂停混凝土压注，同时上报并采取措施。

（9）压注钢管灌注时，环境气温应不低于 5℃。当环境气温高于 30℃时，应采取降温措施（图 10-18），或选择考虑在天气凉爽时灌注。

（10）钢管拱肋分上弦管和下弦管时，先完成下弦管压注，下弦管混凝土强度到达 80% 时再压注上弦。

图 10-18 顶升灌注过程中洒水降温

7 拱肋支架拆除

拱肋混凝土达到设计强度并进行密实度检测符合规范要求后开始

拆除拱肋支架，拆除从跨中向两侧对称进行。

支架拆除前，在梁顶做好梁体沉降的观测点，拆除前进行标高测量，在支架拆除过程中观察标高变化情况。当有异常时应暂停拆除，查明原因并采取相应措施后方可继续进行，拆除后架体的稳定性不被破坏。

8 吊杆安装并张拉

1）吊杆的安装工艺流程

施工准备→吊杆放盘→测量吊杆实际长度在螺母上做标记→安装吊杆→吊杆张拉→索力测试→吊杆防护。

2）吊杆安装要点

（1）成拱后须对主拱标高进行测量，吊杆索体的下料长度还须按照实际拱轴线计算确定，并结合厂家提供的细部构造要求，经过厂家及监理确认后方可下料。

（2）吊杆索采用专业生产厂家制好的成品索，应有质量保证书、原材料检验单等质量证明文件。运至工地的吊杆必须符合设计和规范要求并经检验合格后方可使用。

（3）吊杆一般在厂家卷盘成捆后运至现场，现场必须制作专用放索盘，吊杆索到场固定在放索盘上后旋转展开（图 10-19），但在展开过程中不得触地拖拽，防止索体磨损，展开后再次对吊索长度、质量进行检查(图 10-20)，并根据实际情况标出实际拱顶及主梁标高，计算后标出吊杆两端锚头螺母的位置。

图 10-19　放索盘固定吊杆索

图 10-20　吊杆索展开施工

（4）安装前，对吊杆索的上、下锚箱及孔道进行清理，防止安装吊杆索时受污染或受阻。

（5）对于靠近拱脚的中短吊杆（图 10-21），可用吊篮起吊后从拱背上向下穿，吊杆从拱背竖直对准吊杆预埋管后徐徐下降，下端锚头快接近主梁吊杆孔时，人工引导贯入，吊杆下放到位后在梁底操作平台上安装下锚头锚杯、螺母等。对于靠近拱顶的长吊杆，由于起吊净空高度不够，可将吊杆从拱腹下向上穿，首先在拱背上正对吊杆孔高度约 50cm 处设一转向轮，将提升吊杆的牵引绳通过转向轮从吊杆上螺母、上球铰、拱肋预埋管穿过备用。同时将吊杆运至待挂索吊杆孔下，将上锚头内锚环吊具与吊杆牵引绳相连。然后缓缓收紧（可采用吊篮或卷扬机）牵引绳将吊杆从拱下提升穿过拱肋预埋管，当上锚头露出拱背锚垫板后，即可边提升边旋上上端锚头螺母，直至达到螺母标记位置，吊杆继续提升下端锚头高出主梁上对应的吊杆孔后对中，缓慢放松牵引绳将吊杆悬挂于拱背上。

图 10-21　中短吊杆索挂索

（6）吊装的过程中吊杆索应尽可能置于预埋管的中心，上下应有人员及时摆正吊杆索的位置，以防吊杆索剐碰损伤。

（7）吊杆全部安装完成后进行对称调索，张拉顺序应符合设计要求。为了保证拱肋纵向和横向的稳定性，吊杆张拉必须遵循对称、慢、细、严的原则，必须对称、分次分步骤多次张拉，以逐步接近达到设计索力。

（8）对吊杆的张拉严格控制其内力和伸长量，实际索力和设计索力的误差不得超过 2%。张拉过程中，吊杆在桥跨结构中应保证前后左右对称（图 10-22）。

（9）吊杆张拉及体系转换过程中各索力和拱肋、系梁变形互相影响，对桥梁质量安全影响较大，应由专业监测单位对全过程进行监测并提出调索方案。吊杆初张拉后，在桥面系施工过程中桥面线形和索力的变化由监测单位监测，然后根据监测单位给出的吊杆调整索力进行吊杆张拉，对称调索到位后，锚固吊杆张拉螺母。

图 10-22　吊杆张拉

10.2.3　质量保障措施

1 施工前对钢管拱、系杆吊杆、风撑等主要构件的加工制作、安装及管内混凝土的施工必须编制有针对性的技术方案，并对施工各环节进行技术交底。

2 拱肋制作应选择具有相应资质的厂家，由厂家出具深化图纸，编制制作工艺文件以及焊接工艺文件，并经过专家论证后实施。

3 钢管对接的环形焊缝施焊应对称进行，且不得采用堆焊，尽可能采用能减少焊接变形和残余应力的工艺措施。

4 钢管拱肋所有焊缝均应进行超声检测及外观检测，焊缝质量应符合现行国家标准《钢管混凝土拱桥技术规范》GB 50923 规定的焊缝质量要求。

5 拱肋混凝土应满足现行行业标准《自密实混凝土应用技术规程》JGJ/T 283，拱肋混凝土压注时应缓慢匀速，严格控制顶升压力。顶升压力必须经过计算确定，应综合考虑设备工作能力、拱肋钢管承压能力等防止爆仓，并在压注过程中不间断监测拱肋线形及应力是否满足规范及设计要求，并设专人记录混凝土数量，两岸随时通气，尽可能保障两岸压注速度相同。

6 混凝土顶升宜选择晚间进行，防止混凝土因高温凝结中断顶升。在泵注过程中，若出现拱轴线或高程偏位，应及时对缆风绳及拱架上千斤顶进行微调以使偏差符合规范限差。混凝土压注完毕以后，对整个拱肋混凝土浇筑部位质量进行全面敲击检查，声音沉而哑者，表明混凝土充填饱满。浇筑完成 20min 后，再度检查混凝土冒浆孔是否与新鲜混凝土面平齐，若略低，则应再进行泵入。

7 为保护吊索，应在桥面上拉索与运索小车之间放置柔软垫物。

8 吊杆长度的确定应考虑主梁及拱肋变形的工况，吊杆张拉时应保障 4 个对称吊杆张拉千斤顶同步张拉。

10.2.4 安全保障措施

1 应对施工中存在的风险进行辨识分析，制定对应的安全管理措施和技术措施。

2 安装前对所有需要使用的机械设备进行检查，确保其工作正常。吊机必须进行试吊检验。

3 拱肋安装过程中应及时了解掌握所在区域的气象水文信息，避开可能导致安全事故的恶劣天气，并采取必要的防隐患措施。

4 拱肋顶部上人作业时必须设置防护栏杆及人行踏板，并与拱肋临时焊接固定牢固，支架顶部应按规范设置可以站人的操作平台，确保人员在焊接接头及定位过程中的安全操作空间，平台底部及防护栏杆四周满挂防坠网和安全网（图 10-23）。

5 吊装施工过程中现场设置警戒区，采用围栏和警示标志进行隔离作业，并有专人看守，严禁非作业人员进入。

图 10-23　拱肋顶部安全防护

6 为了保障拱肋的稳定性，风撑可以在拱肋安装过程中同步安装。

7 拱肋吊装过程中应设专人指挥，并配置对讲设备，确保指令清晰，动作统一。

8 拱肋施工全过程中应对支架拱肋的变形及应力情况实时监测。

9 吊杆索放盘时应采取措施防止吊杆弹出伤人。

第 11 章　桥面系

11.1　桥面防排水设施

11.1.1　工艺流程

防水材料进场验收→清扫下承层→防水粘结层施工→铺设防水层→养护。

11.1.2　施工要点

桥面应采用柔性防水，不宜单独铺设刚性防水层。桥面防水层使用的涂料、卷材、胶粘剂及辅助材料必须符合环保要求。

桥面防水层应在现浇桥面结构混凝土或垫层混凝土达到设计要求强度，经验收合格后方可施工。

桥面防水层应直接铺设在混凝土表面上，不得在二者间加铺砂浆找平层。

防水基层面应坚实、平整、光滑、干燥，阴、阳角处应按规定半径做成圆弧。施工防水层前应将浮尘及松散物质清除干净，并应涂刷基层处理剂。基层处理剂应使用与卷材或涂料性质配套的材料。涂层应均匀、全面覆盖，待渗入基层且表面干燥后方可施作卷材或涂膜防水层。

防水卷材和防水涂膜均应具有高延伸率、高抗拉强度、良好的弹塑性、耐高温和低温与抗老化性能。防水卷材及防水涂料应符合现行国家标准和设计要求。

桥面采用热铺沥青混合料作磨耗层时，应使用可耐 140 ~ 160℃高温的高聚物改性沥青等防水卷材及防水涂料。

桥面防水层应采用满贴法；防水层总厚度和卷材或胎体层数应符

合设计要求；缘石、地袱、变形缝、汇水槽和泄水口等部位应按设计和防水规范细部要求做局部加强处理。防水层与汇水槽、泄水口之间必须粘结牢固、封闭严密。

防水层完成后应加强成品保护，防止压碎、刺穿、划痕损坏防水层，并及时经验收合格后铺设桥面铺装层。

防水层严禁在雨天、雪天和5级（含）以上大风天气施工。气温低于 –5℃时不宜施工。

1 涂膜防水层施工应符合下列规定：

基层处理剂干燥后，方可涂防水涂料，铺贴胎体增强材料。涂膜防水层应与基层粘结牢固。

涂膜防水层的胎体材料，应顺流水方向搭接，搭接宽度长边不得小于50mm，短边不得小于70mm，上下层胎体搭接缝应错开1/3幅宽。

下层干燥后，方可进行上层施工。每一涂层应厚度均匀、表面平整。

2 卷材防水层施工应符合下列规定：

胶粘剂应与卷材和基层处理剂相互匹配，进场后应取样检验合格方可使用。

基层处理剂干燥后，方可涂胶粘剂，卷材应与基层粘结牢固，各层卷材之间也应相互粘结牢固。卷材铺贴应不皱不折。

卷材应顺桥方向铺贴，应沿边缘最低处开始，顺流水方向搭接，长边搭接宽度宜为70～80mm，短边搭接宽度宜为100mm，上下层搭接缝错开距离不应小于300mm。

3 防水粘结层施工应符合下列规定：

防水粘结材料的品种、规格、性能应符合设计要求和现行国家标准的规定。

粘结层宜采用高黏度的改性沥青、环氧沥青防水涂料。

防水粘结层施工时的环境温度和相对湿度应符合防水粘结材料产品说明书的要求。

施工时严格控制防水粘结层材料的加热温度和洒布温度。

11.2　桥面铺装层

11.2.1　工艺流程

清扫下承层→洒布沥青粘层油→沥青摊铺碾压→养护。

11.2.2　施工要点

桥面防水层经验收合格后应及时进行桥面铺装层施工（图 11-1）。雨天和雨后桥面未干燥时，不得进行桥面铺装层施工。

铺装层应在纵向 100cm、横向 40cm 范围内，逐渐降坡，与汇水槽、泄水口平顺相接。

图 11-1　防水涂料滩涂

沥青混合料桥面铺装层施工应符合下列规定：

1 在水泥混凝土桥面上铺筑沥青铺装层应符合下列要求：

1）铺筑前应在桥面防水层上撒布一层沥青石屑保护层，或在防水粘结层上撒布一层石屑保护层，并用轻碾慢压。

2）沥青铺装宜采用双层式，底层宜采用高温稳定性较好的中粒式密级配热拌沥青混合料，表层应采用防滑面层。

3）铺装宜采用轮胎或钢筒式压路机碾压（图 11-2）。

图 11-2　钢筒式压路机碾压

2 在钢桥面上铺筑沥青铺装层应符合下列要求：

1）铺装材料应防水性能良好；具有高温抗流动变形和低温抗裂性能；具有较好的抗疲劳性能和表面抗滑性能；与钢板粘结良好，具有较好的抗水平剪切、重复荷载和蠕变变形能力。

2）桥面铺装宜采用改性沥青，其压实设备和工艺应通过试验确定。

3）桥面铺装宜在无雨、少雾季节、干燥状态下施工。施工气温不得低于 15℃。

4）桥面铺筑沥青铺装层前应涂刷防水粘结层。涂防水粘结层前应磨平焊缝、除锈、除污，涂防锈层。

11.3　桥面伸缩装置

11.3.1　工艺流程

测量放线→切割沥青→清理切缝内填充物→伸缩缝安装及绑扎钢筋→浇筑混凝土→养护。

11.3.2　施工要点

1 选择伸缩装置应符合下列规定：

1）伸缩装置与设计伸缩量应相匹配；

2）具有足够强度，能承受与设计标准相一致的荷载；

3）城市桥梁伸缩装置应具有良好的防水、防噪声性能；

4）安装、维护、保养、更换简便。

2 伸缩装置安装前应检查修正梁端预留缝的间隙，缝宽应符合设计要求，上下必须贯通，不得堵塞。伸缩装置应锚固可靠，浇筑锚固段（过渡段）混凝土时应采取措施防止堵塞梁端伸缩缝隙。

3 伸缩装置安装前应对照设计要求、产品说明，对成品进行验收，合格后方可使用。安装伸缩装置时应按安装时气温确定安装定位值，保证设计伸缩量。

4 伸缩装置宜采用后嵌法安装，即先铺桥面层，再切割出预留槽安装伸缩装置（图 11-3）。

图 11-3 切割预留槽

5 填充式伸缩装置施工应符合下列规定：

1）预留槽宜为 50cm 宽、5cm 深，安装前对预留槽基面和侧面应进行清洗和烘干（图 11-4）。

2）梁端伸缩缝处应粘固止水密封条。

图 11-4 预留槽清洗

3）填料填充前应在预留槽基面上涂刷底胶，热拌混合料应分层摊铺在槽内并捣实。

4）填料顶面应略高于桥面，并撒布一层黑色碎石，用压路机碾压成型。

6 橡胶伸缩装置安装应符合下列规定：

1）安装橡胶伸缩装置应尽量避免预压工艺。橡胶伸缩装置在 5℃以下气温不宜安装。

2）安装前应对伸缩装置预留槽进行修整，使其尺寸、高程符合设计要求。

3）锚固螺栓位置应准确，焊接必须牢固。

4）伸缩装置安装合格后应及时浇筑两侧过渡段混凝土，并与桥面铺装接顺。每侧混凝土宽度不宜小于 0.5m。

7 齿形钢板伸缩装置施工应符合下列规定：

1）底层支撑角钢应与梁端锚固筋焊接。

2）支撑角钢与底层钢板焊接时，应采取防止钢板局部变形措施。

3）齿形钢板宜采用整块钢板仿形切割成型，经加工后对号入座。

4）安装顶部齿形钢板，应按安装时气温经计算确定定位值。齿形钢板与底层钢板端部焊缝应采用间隔跳焊，中部塞孔焊应间隔分层满焊。焊接后齿形钢板与底层钢板应密贴。

5）齿形钢板伸缩装置宜在梁端伸缩缝处采用 U 形铝板或橡胶板止水带防水。

8 模数式伸缩装置施工应符合下列规定：

1）模数式伸缩装置在工厂组装成型后运至工地，应按现行行业标准《公路桥梁伸缩装置通用技术条件》JT/T 327 对成品进行验收，合格后方可安装。

2）伸缩装置安装时其间隙量定位值应由厂家根据施工时气温在工厂完成，用定位卡固定。如需在现场调整间隙量应在厂家专业人员指导下进行，调整定位并固定后应及时安装。

3）伸缩装置应使用专用车辆运输，按厂家标明的吊点进行吊装，防止变形。现场堆放场地应平整，并避免雨淋暴晒和防尘。

4）安装前应按设计和产品说明书要求检查锚固筋规格和间距、预留槽尺寸，确认符合设计要求，并清理预留槽。

5）分段安装的长伸缩装置需现场焊接时，宜由厂家专业人员施焊。

6）伸缩装置中心线与梁段间隙中心线应对正重合。伸缩装置顶面各点高程应与桥面横断面高程对应一致。

7）伸缩装置的边梁和支承箱应焊接锚固，并应在作业中采取防止变形的措施。

8）过渡段混凝土与伸缩装置相接处应粘固密封条。

9）混凝土达到设计强度后，方可拆除定位卡。

11.4 地袱、缘石、挂板

11.4.1 工艺流程

材料进场验收→测量放线→构件安装→养护。

11.4.2 施工要点

预制钢筋混凝土地袱、缘石及挂板加工应在预制场内进行，钢筋混凝土地袱、缘石及挂板应质量符合要求，对于有裂缝、平整度不够或有蜂窝、麻面等质量缺陷的构件不得进场。地袱、缘石及挂板砌筑砂浆应符合设计要求，当设计无要求时，砌筑地袱、挂板宜采用 M20 水泥砂浆，砌筑缘石不得小于 M10。

桥面梁板顶面清理凿毛，基面的浆皮、浮灰、杂物等应彻底清除干净；基面应坚实平整粗糙，不得有积水、空鼓开裂、脱皮等缺陷。地袱、缘石及挂板应选择桥梁两伸缩缝作为一个安装段的起止控制点按预制构件大小，依次依序弹线、划分。构件安装应根据构件重量、形状大小，采用起重机、小型机具或人工安装，安装时注意构件及梁的保护，不得损伤构件，构件安装时必须全桥平顺，外表美观，不得有明显下垂和拱起。伸缩缝的设置应与主梁伸缩缝处于同一位置。地袱构件安装后及时进行钢筋电焊连接，焊缝长度和焊接方法应符合设计要求。焊接安装完毕后进行勾缝处理，灰缝应密实饱满，光滑美观。

11.5 桥梁防护设施

11.5.1 工艺流程

模板制作→测量放样→模板安装→混凝土浇筑→拆模→养护。

11.5.2 施工要点

防撞护栏应在桥面的两侧对称进行施工：对结构重心位于梁体以外的悬臂式防撞护栏，应在与主梁横向连接或拱上结构完成后方可施工（图 11-5）。

对就地现浇的防撞护栏，宜在顺桥向每间隔 5 ~ 8m 设一道断缝或假缝；在温差较大的地区，断缝或假缝的设置间距宜再适当减小。

防撞护栏的钢筋应与梁体的预留钢筋可靠连接。

模板宜采用钢模，支模时宜在其顶部和底部各设一道对拉螺杆，或采用其他固定模板的可靠装置。

宜采用坍落度较低的干硬性混凝土，浇筑时应分层进行，分层厚度宜不超过 200mm；振捣时应采取适当的措施使模板表面的气泡逸出。

图 11-5 护栏施工

对预制安装的防撞护栏，在搬运和安装时，应采取适当的保护措施，防止损伤棱角处的混凝土。连接钢板的焊接质量应符合设计要求和相关标准规范的规定。

施工完成后的防撞护栏，其顶面高程和位置应准确，位于弯道上的护栏其线形应平顺。

11.6 人行道

11.6.1 工艺流程

测量放样→纵、横挂线→分行、分段铺装→养护。

11.6.2 施工要点

人行道结构应在栏杆、地袱完成后施工，且在桥面铺装层施工前完成。悬臂式人行道构件必须在主梁横向连接或拱上建筑完成后方可安装。人行道板必须在人行道梁锚固后方可铺设。

施工时，须十字挂线，保证接缝顺直、方向一致，表面平顺，按设计顺坡无积洼或鼓包，并安装牢固，无松动现象。按水平线定出砂浆虚铺厚度（经试验确定），拉好十字线，即可铺筑砂浆。铺装时应轻轻平放，用橡胶锤敲打稳定，但不得损伤边角。铺好后应沿线检查平整度，如发现有位移、不稳、翘角、与相邻板不平等现象，立即修正，最后用干砂均匀将缝填满并在表面洒水使灰砂沉实，直至灰砂灌满为止，同时要保持砖面清洁。

石材铺装施工完毕后，须及时养护，养护期一般不少于 3d，在此期间内应严禁行人、车辆等走动和碰撞。

11.6.3　安全文明质量控制措施

1 桥面泄水孔的进水口应略低于桥面面层，其数量不得低于设计要求；泄水孔下周围 10m 范围有房屋、通道的，一律设置引水管道至桥下排水沟（图 11-6）。

图 11-6　桥面泄水孔

2 铺装层表面无脱皮、印痕、裂纹、石子外露等缺陷。

3 除施工缝外，铺装层面无干缩或湿缩产生的裂纹。

4 施工接缝密贴、平整，无错台。

5 建立健全安全保证体系，对现场工作人员进行安全文明教育，强化安全意识。

6 在桥梁边缘设置安全网，桥头设安全责任、警示标识牌，施工人员进场必须佩戴安全帽，为在桥梁边缘作业的工人配备安全带。

7 针对桥面钢筋多且面广的特点，设专职电工每天对用电设备、线路进行全面检查。

8 桥头设栅栏，非施工人员和外来车辆严禁入内。

11.6.4 质量保证措施

1 质量目标设计

通过质量管理工作做到从生产到服务的所有阶段不会出现不合格现象，以确保本标段工程达到“工程一次交验100%合格率，争创国优工程”的目标。

2 自检方法及验收标准

当桥梁变形使伸缩装置产生显著的横向错位或者竖向错位时，宜通过专题研究确定伸缩装置的平面转角和竖向转角要求并进行变形性能测量。

3 质量依据

现行行业标准《公路工程质量检验评定标准 第一册 土建工程》JTG F80/1、《公路桥涵施工技术规范》JTG/T 3650、施工图纸、合同文件项目管理书、监理工程师的质量指标规定。

11.6.5 安全保证措施

1 现场操作人员必须持证上岗，并按规定穿戴防护用品。

2 施工所用的各种机具设备（电焊机、电表箱、氧焰等）要定期进行检查和检验，保证其处于完好状态。

3 施工现场保持整洁，不用的材料尽快清理干净。施工现场所用物品材料堆放整齐。

4 封闭交通（图11-7）。已开槽的桥梁不得通行，并在伸缩缝处派专人把守。在浇筑前用塑料布铺好缝口两侧的沥青路面，并用胶带粘贴牢固。在浇筑时，在罐车下要垫彩条布，防止遗漏污染路面。

图 11-7　封闭交通

5 所有现场施工人员及管理人员必须穿戴反光服，在离桥梁两端 100m 处安设反光锥及施工安全路标，并派专人看守，确保施工路段无车辆通行，实现安全施工。

第 12 章　附属结构

12.1　隔声和防眩装置

12.1.1　工艺流程

1 隔声装置工艺流程

施工准备→基础验收→安全防护设施搭设→测量放线→钢架安装→高强度螺栓连接→龙骨连接板安装→经向龙骨安装→纬向次龙骨安装→防腐处理→隔声板安装→收边处理→检查验收。

2 防眩装置工艺流程

施工准备→基础验收→防眩板安装→螺栓连接→检查验收。

12.1.2　施工要点

1 施工准备、基础验收

1）桥梁工程隔声和防眩装置安装前，其防撞隔离墩混凝土已达到设计强度。施工中应加强产品保护，不得损伤隔声和防眩板面及其防护涂层。

2）检查地脚螺栓，对预埋地脚螺栓交接记录进行检查，检查定位轴线，轴线必须闭合，纵横轴线应垂直平行，检查标高预留值是否正确（图 12-1）。

3）构件配套进场，按作业流水段进场，以流水段所需要的钢构件配套集中进场、统一存放，以便吊装。

4）隔声屏在产品订货前，应依据材料规格长度，先按两道伸缩缝之间的长度进行模数调整，出现零数时，应及时与产品生产厂家和设计单位协调处理或采用分配法调整。

图 12-1　隔声屏预埋螺栓

2 钢架安装

1）钢柱吊点设置在柱与柱连接耳板螺栓孔的位置。钢柱就位后用临时连接板螺栓进行固定，柱底中心线与柱轴线标记对齐，如有偏差进行调正，对轴线标高偏差调整到规范允许范围内，对位完毕后，在布置于柱相邻垂直两侧的两台经纬仪的控制下，对柱的垂直度进行校正。并依据相对标高控制柱的安装高度，无误后紧固连接板，依次进行钢柱调安。

2）钢梁的吊装采用优先形成钢框架的顺序，即先主梁后次梁。钢梁起吊到位后，先用撬棍对正，再用冲头调整构件的位置，连接板螺栓孔对正后，放入临时螺栓固定，待钢梁校正后用高强度螺栓进行初拧和终拧。

3 高强度螺栓安装

1）高强度螺栓施工前进场后，必须有产品合格证及试验报告。按规定进行抽样复检（见证取样）。应按施工规范进行摩擦面抗滑移系数试验，摩擦面试验由生产厂家负责，并提供试验报告。

2）安装前必须检查和处理摩擦面后，清除锈和污物杂质等，安装时严禁硬性打入，必须自由穿入。

3）钢梁就位后，为了使螺栓能够自由穿入螺栓孔，可以使用两个过铿冲对螺栓孔进行校正。对余下的螺栓孔直接用高强度螺栓穿入，用扳手拧紧后拔出冲头，再进行其他高强度螺栓的安装。

4）对已安装的高强度螺栓进行扭矩测试，测试结果符合规范及设计要求，并经验收后才可进行下道工序。

4 经纬向龙骨安装

1）经纬向龙骨进场后，根据放线实测尺寸，进行全面核验、校正。按施工图将经纬向龙骨预装配，对不合理之处及时修正。

2）按安装位置在经向主龙骨扣盖上铣出槽口，并钻制纬向次龙骨安装孔。将经向主龙骨按安装位置，用机制螺栓与连接板紧固。校准主龙骨尺寸后，用扭力扳手将螺母拧紧到规定的力矩标准。将经向主龙骨扣盖合上，形成完整龙骨。

3）经向主龙骨安装完毕，经调整无误后，即可插入安装纬向次龙骨。在纬向次龙骨两端加防水橡胶垫片。用自攻螺钉将纬向次龙骨与经向主龙骨连接紧固。

5 隔声板安装

1）骨架及附件安装完毕，沿坡度方向自上而下安装隔声板（图 12-2），用自垂直运输设备将隔声板运至指定地点，隔声板安装前应将表面尘土和污物擦拭干净，将经纬向龙骨框内侧四周清理干净，在龙骨、隔声板接触表面安装密封胶条，其断口应留在四角、斜面断开后拼成预定的设计角度，再粘结牢固。

2）将隔声板就位，使隔声板四边均匀上框，缝隙均匀，板面平整，隔声板嵌入量及空隙应符合设计要求。在压盖与隔声板接触面粘贴密封胶条，用自攻螺钉将压盖固定于龙骨上，使隔声板安装稳固。

3）立柱、屏体等构件在运输、安装过程中，应采取有效措施防止擦伤、损坏或变形。当立柱在现场就位时，应进行防松处理。

4）当声屏障屏体安装插入立柱时，应沿道路轴线方向垂直于道路平面。固定用卡件应与立柱内壁顶紧，并应处于弹性变形状态，卡件不得外露于立柱内壁。

图 12-2 隔声板

6 防眩板

1）防眩板安装应与桥梁线形一致，防眩板的荧光标识面应迎向行车方向，板间距、遮光角应符合设计要求（图 12-3）。

图 12-3 防眩板

2）防眩设施的几何尺寸及遮光角应满足设计要求，防眩设施应安装牢固。防眩板或防眩网外观不应有划痕、颜色不均、变色等外观缺陷。表面不得有气泡、裂纹、疤痕、断面分层、毛刺等缺陷。

12.1.3　控制措施

1 安全控制措施

1）声屏障必须与钢筋混凝土预埋件牢固连接。声屏障应连续安装，不得留有间隙，在桥梁伸缩缝部位应按设计要求处理。

2）5 级（含）以上大风时不得进行声屏障安装。

3）当声屏障位于电力设施附近时，应采取可靠措施以符合安全规定。声屏障结构的支撑构件的防火等级宜高于声学构件的防火等级。声屏障宜设置防雷接地装置，防雷接地应符合现行国家标准《建筑物防雷设计规范》GB 50057 和《建筑物防雷工程施工与质量验收规范》GB 50601 的相关规定。

4）声屏障应定期进行维护和保养，并应定期对声屏障结构的安全进行检查和检测。

2 文明施工控制措施

1）在不影响交通安全的情况下,脆性透明材料宜采用具有防撞击、防破损及其他具有防坠功能的高分子板材。在城市高架、跨线桥及人群密集区应内置加筋条，山区及自然保护区段应设置防鸟撞标识。

2）吸声材料应采用吸声系数满足设计要求的材料，不应采用耐久性差、对人体有危害的材料。

3）防止人为野蛮施工等产生的噪声，减少噪声扰民现象。

4）安装隔声装置时，应在桥下相应位置设置防护栏，并设专人疏导社会交通。

12.2　梯道

12.2.1　现浇梯道

1 工艺流程

测量放线→搭设支架→铺设底模横梁→铺设底模→绑扎钢筋→安

装梯段板侧模→安装踏步侧模→模板支撑加固→混凝土浇筑。

2 施工要点

1）测量放线及准备工作

（1）根据施工图纸的要求弹好梯柱、梯梁等尺寸线和水平标高线。

（2）根据弹好的线检查预留搭接钢筋的位置、数量、长度，对不符合要求的预留筋进行处理，将钢筋上的锈皮、水泥浆等污垢清扫干净。对基层混凝土表面松散不实之处进行凿除，清理干净并湿润。

2）支架搭设要求

（1）脚手架的搭设场地应平整、坚实，场地排水应顺畅，不应有积水。脚手架附着于建筑结构处混凝土强度应满足安全承载要求。模板支撑立杆基础应整平硬化，满足承载要求。

（2）架体搭设应安排专业架子工按要求进行施工，并配合木工处理梁板底杆件的衔接。

（3）模板支撑立杆接头竖向应垂直，同时严禁接头布置在同一平面上。

（4）作业脚手架底部立杆上应设置纵向和横向扫地杆。

（5）支撑脚手架的水平杆应按步距沿纵横向通长连续设置，不得缺失。在支撑脚手架立杆底部应设置纵向和横向扫地杆，水平杆和扫地杆应与相邻立杆连接牢固。

3）模板制作及安装

（1）根据设计图纸对模板下料时，应特别注意扣除模板厚度。

（2）安装好保护层垫块后开始安装模板，且底模与侧模接缝处应封堵，以防漏浆。

4）绑扎钢筋

（1）梯梁钢筋绑扎：梁中箍筋与主筋垂直，箍筋的接头交错设置，箍筋转角与纵向钢筋的交叉点均扎牢。箍筋弯钩的叠合处，在梁中交错绑扎。弯起钢筋与负弯矩钢筋位置正确；梁与柱交接处，梁钢筋锚入柱内长度符合设计要求。梁与次梁的上部纵向钢筋相遇处，次梁钢筋应放在主梁钢筋之上。

（2）板钢筋绑扎：楼梯板底钢筋不允许搭接，下料时必须考虑一跨楼梯底筋一次到位。按设计主筋和分布筋的排列，先绑扎主筋，后绑扎分布筋，每个交点均绑扎。遇到楼梯梁时，先绑扎梁，后绑扎板钢筋，板筋锚固到梁内。底板钢筋绑扎完，待踏步模板支好后，再绑扎踏步钢筋，并垫好塑料垫块。主筋接头数量和位置，均应符合设计要求和施工验收规范的规定。

5）混凝土浇筑

（1）模板表面的浮土和砂浆应清理干净，若有油污，可用 10% NaOH 溶液刷净，并用压力水冲洗干净。同时，应将落地灰浆和影响面层厚度的凸出部位剔凿平整。

（2）浇筑混凝土时控制卸料厚度及浇筑方向，均匀布料。

（3）浇筑混凝土时应控制结构尺寸和浇筑标高，并先振实底板部分，达到踏步位置后将踏步混凝土一同浇捣，再自下而上逐一浇筑，同时适当减小楼梯混凝土坍落度。

3 控制措施

1）脚手架操作面要满铺脚手板，下层兜设水平网，外侧设一道护身栏，立挂安全网，下口封严。

2）安排专人在操作区域外巡查模板受力情况，发现异常及时通报处理。避免质量、安全事故发生。

3）吊装作业时，要有安全人员在场监护，严禁非作业人员进入危险区，拆下的材料要及时清理，运至指定地点码放。

12.2.2 预制梯道

1 工艺流程

预制构件制作→预制构件的运输与码放→放线找平→构件吊装→位置校正→灌浆封堵。

2 施工要点

1）预制构件制作（预制构件的检查验收、成品检验、现场检验、相关质量证明文件）

（1）预制楼梯应委托具有相应资质的水泥（混凝土）制品企业负责生产加工。预制厂主要负责预制楼梯生产的前期准备，包括钢筋、模板、混凝土等材料的准备和材料的实验检验，楼梯生产过程中的质量控制和资料整理归档，楼梯的养护及成品保护，楼梯混凝土试件的检测及楼体的结构性能检测，并依照施工进度计划按时、按量运送符合质量要求的楼梯到场进行吊装等工作。

（2）预制楼梯生产过程中工程监理单位及总包单位要安排预制厂驻场人员，监督检查每部楼梯生产的质量，对模板工程、钢筋工程和混凝土工程等进行验收，跟踪预制厂的生产进度情况，确保楼梯生产的速度及质量满足工程施工需求。

2）预制构件的运输与码放

（1）预制构件的码放应预埋吊件向上，标志向外（图 12-4）；垫木或垫块在构件下的位置应与吊装、脱模时的位置一致。

（2）构件不得重叠堆放，应做专用钢构件栏放置。

（3）预制构件在码放时严禁损坏构件面层，应做好成品保护。

（4）堆放区周边设置防护栏杆，并于醒目位置提醒非吊装作业人员严禁入内，预制构件与地面成 90°垂直稳固码放。

图 12-4　预制构件码放

3）预制构件吊装（图 12-5）

（1）在预制构件吊装前，对吊具及钢丝绳全面检查，主要检查吊具的外观是否有开裂及磨损情况，钢丝绳是否存在断股、破损等问题，对于不能满足施工的吊具及钢丝绳须按照相关标准予以报废。

（2）安全、快速、平稳地吊至就位地点上方。将楼梯板的边线与梯梁上的安装控制线对准，放下时要停稳慢放，严禁快速猛放。基本位置就位后用撬棍微调楼梯板，直到位置正确，搁置平实，注意标高正确，校正后再脱钩。

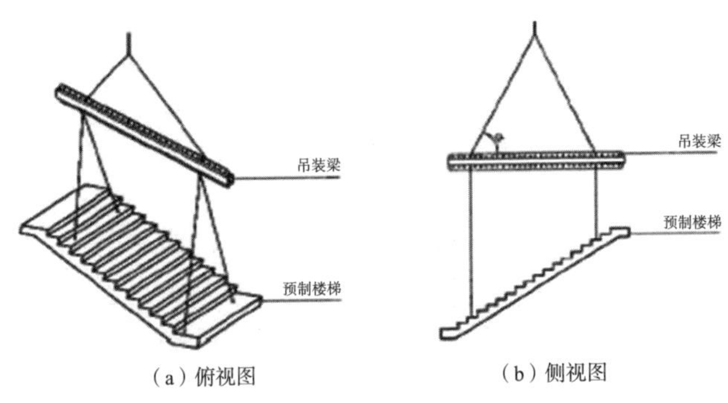

图 12-5　预制构件吊装示意图

4）灌浆封堵（图 12-6）

（1）楼梯下落前应保持混凝土接触面无灰渣、无油污、无杂物。清理场地并提前洒水湿润，安装时不得有积水，并检查地面露出钢筋的位置及高度是否合格。

（2）灌浆时要求每个孔都必须注满，有浆料从溢浆孔连续流出（且无气泡）视为该套筒注浆注满。

（3）灌浆完成并及时清理干净现场，进行个别补注。注浆完成后，由旁站监理进行检查，合格后进行注浆孔的封堵，封堵要求平整。

图 12-6　灌浆封堵

3 控制措施

1）预制构件堆场区域内应设封闭围挡和安全警示标志，非操作人员不准进入吊装区。

2）构件起吊前，操作人员应认真检验吊具各部件，做好构件吊装的事前工作。

3）起吊时，堆场区及起吊区的信号指挥与塔式起重机司机的联络通信应使用标准、规范的普通话，防止因语言误解产生误判而发生意外。起吊与下降的全过程应始终由当班信号统一指挥，严禁他人干扰。

4）构件起吊至安装位置上空时，操作人员和信号指挥应严密监控构件下降过程。防止构件与竖向钢筋或立杆碰撞。下降过程应缓慢进行，降至可操控高度后，操作人员迅速扶正预制构件方向，导引至安装位置。在构件安装前，塔式起重机不得有任何动作及移动。

5）吊装施工时，在其安装区域内行走应注意周边环境是否安全。

6）安装作业开始前，应对安装作业区进行围护并作出明显的标示，拉警戒线，并派专人看管，严禁与安装作业无关人员进入。

12.3　桥头搭板

12.3.1　工艺流程

测量放线→基底填筑→钢筋绑扎→安装侧模→浇筑混凝土→拆模

养护→检查验收。

12.3.2 施工要点

1 测量放线

施工前，由项目部测量人员对路基中心高程、位置进行复测，复测无误后报请监理工程师进行验收。

2 基底填筑

1）桥涵台背、锥坡、护坡及拱上各种填料，宜采用透水性材料，不得采用含有泥草、腐殖物或冻土块的土。

2）台背填土顺路线方向长度，应自台身起，顶面不小于桥台高度加 2m，底面不小于 2m，拱桥台背填土长度不应小于台高的 3 ~ 4 倍。锥坡填土应与台背填土同时进行，并应按设计宽度一次填足。

3）台背填土的质量直接关系到竣工后行车的舒适与安全，应严格控制分层厚度和密实度，应设专人负责监督检查，检查频率每 $50m^2$ 检验 1 点，不足 $50m^2$ 时至少检验 1 点，每点都应合格，宜采用小型机械压实。

4）透水性材料不足时，可采用石灰土或水泥稳定土回填；回填土的分层厚度宜为 0.1 ~ 0.2m。高速公路和一级公路的桥台、涵身背后和涵洞顶部的填土压实度标准，从填方基底或涵洞顶部至路床顶面均为 95%，其他公路为 93%。软土地基的台背填土应符合设计要求。

3 钢筋绑扎（图 12-7）

1）钢筋加工前，要调直并清除表面油渍、锈迹。同时对施工图纸中各种规格钢筋长度、数量进行核对，确认无误后方可进行下料。

2）根据钢筋原材长度与施工图纸中钢筋设计长度，结合规范要求，在满足设计规范要求的同时，尽量减少钢筋损耗及钢筋接头数量。

3）钢筋焊接前必须进行试焊，试焊合格后方可正式施焊，焊工必须持证上岗。

4）搭板钢筋与其下的垫层间宜设置垫块并应交错布置。在上、下两层钢筋之间应设置支撑，保证其位置的准确。

图 12-7　钢筋绑扎

4 安装侧模

1）模板位置要按测量放样的墨线支搭，模板安装要直顺、平整，接缝采用密封胶条贴实，保证接缝严密、不漏浆。模板外侧采用钉设钢筋进行固定，斜向支设木条。确保结构尺寸满足设计要求。

2）模板安装完成后，对模板高程及各部件尺寸、钢筋保护层、结构四角坐标点进行检查、复核，由项目部质控人员对其各部件尺寸、钢筋保护层自检，测量人员对高程点四角坐标点进行复核后，报请监理工程师进行浇筑前验收，合格后方可进行混凝土浇筑。

5 浇筑混凝土

1）混凝土浇筑前，须对模板支撑（固定钢筋与斜撑）、模板进行检查，确保支撑牢固可靠。模板内的杂物、积水和钢筋上的污垢须清理干净。

2）浇筑搭板混凝土时应按搭板的坡度由低处向高处进行，振捣时应避免碰撞钢筋、模板。

3）搭板、枕梁支承处接触严密、稳固，相邻板之间的缝隙应嵌填密实。

4）保证桥梁伸缩缝贯通、不堵塞，且与地梁、桥台锚固牢固。

6 拆模养护

1）混凝土浇筑完成后，对表面进行整平，待定浆后，抹成粗糙面。待混凝土初凝后，采用土工布等保水材料覆盖洒水养护，养护期间安排专人进行洒水，确保混凝土养护期间表面始终处于湿润状态。

2）非承重侧模应在混凝土强度能保证结构棱角不损坏时方可拆除，混凝土强度宜为2.5MPa及以上。模板拆除后须及时包裹塑料薄膜或土工布继续洒水养护，直至达到设计强度。

3）模板、支架和拱架拆除应按设计要求的程序和措施进行，遵循“先支后拆、后支先拆”的原则。支架和拱架，应按几个循环卸落，卸落量宜由小渐大，每一循环中，在横向应同时卸落，在纵向应对称均衡卸落。

4）混凝土搭板、枕梁不得有蜂窝、露筋，板的表面应平整，板边缘应直顺。

12.3.3 控制措施

1 安全控制措施

拆除模板、支架和拱架时不得猛烈敲打、强拉和抛扔。模板、支架和拱架拆除后，应维护整理，分类妥善存放。

2 文明施工控制措施

1）施工中的泥浆、污水、废水，必须有可靠的储存、转运或科学的排放措施，杜绝任意外流，堵塞下水道，污染河道，高度重视对环境的保护。

2）做好施工现场各类机械设备和车辆分类划区安放停置工作；各种施工材料、构件均挂牌分类整齐堆放，按照不同材料相应要求确定其堆放方式及存放条件，建筑垃圾或回收的建材应堆集整齐并有标识。施工现场应做到工完场清。

3）在施工期间，对易飞扬的粉尘材料在运输和堆放时进行覆盖，防止粉尘对环境造成污染。

12.4 照明

12.4.1 工艺流程

路灯基础测量定位→钢筋、预埋件安装→模板安装→混凝土浇筑→基础回填→电缆井砌筑→路灯安装→灯杆组立→路灯控制箱安装→接线→防雷接地施工→系统调试送电→检查验收。

12.4.2 施工要点

1 路灯基础测量定位

1）施工前，由项目部测量人员根据控制点对路灯中心高程、位置进行定位，灯杆位置应合理选择，路灯线路与电力线路之间的最小安全距离、导线对建筑物的最小安全距离应符合表 12-1、表 12-2 的规定。复测无误后报请监理工程师进行验收。

路灯线路与电力线路之间的最小安全距离（m）　表 12-1

项目	线路电压（kV）	≤1		10		35～110	220	500
		裸线	绝缘线	裸线	绝缘线			
垂直距离	高压	2.0	1.0	2.0	1.0	3.0	4.0	6.0
	低压	1.0	0.5	2.0	1.0	3.0	4.0	6.0
水平距离	高压	2.5	—	2.5	—	5.0	7.0	—
	低压							

导线对建筑物的最小安全距离（m）　表 12-2

类别	裸绞线		绝缘线	
	高压	低压	高压	低压
垂直距离	3.0	2.5	2.5	2.0
水平距离	1.5	1.0	0.75	0.2

2）同一桥梁的路灯，从光源中心到地面的安装高度、仰角、装灯方向宜保持一致。灯具安装纵向中心线和灯臂纵向中心线应一致，灯具横向水平线应与地面平行。

2 基础开挖及浇筑

1）基础顶面标高应根据标桩确定。基础开挖后应将坑底夯实。若土质等条件无法满足上部结构承载力要求时，应采取相应的防沉降措施。

2）浇筑基础前，应排除坑内积水，并应保证基础坑内无碎土、石、砖以及其他杂物。

3）钢筋混凝土基础宜采用 C20 等级及以上的商品混凝土，电缆保护管应从基础中心穿出，并应超过混凝土基础平面 30 ~ 50mm，保护管穿电缆之前应将管口封堵。

4）灯杆基础螺栓高于地面时，灯杆紧固校正后，应对根部法兰、螺栓现浇厚度不小于 100mm 的混凝土保护或采取其他防腐措施，其表面平整光滑且不积水。

5）灯杆基础螺栓低于地面时，基础螺栓顶部宜低于地面 150mm，灯杆紧固校正后，将法兰、螺栓用混凝土包封或采取其他防腐措施。

3 灯具选取

1）道路照明灯具的效率不应低于 70%，泛光灯具效率不应低于 65%，灯具光源腔的防护等级不应低于 IP54，灯具电器腔的防护等级不应低于 IP43，且应符合下列规定：

（1）灯具配件应齐全，无机械损伤、变形、油漆剥落、灯罩破裂等现象。

（2）反光器应干净整洁、表面应无明显划痕。

（3）透明罩外观应无气泡、明显的划痕和裂纹。

（4）封闭灯具的灯头引线应采用耐热绝缘导线，灯具外壳与尾座连接紧密。

（5）灯具的温升和光学性能应符合现行国家标准《灯具 第 1 部分：一般要求与试验》GB 7000.1 的规定，并应具备省级及以上灯具检测资质机构出具的合格报告。

2）LED 道路照明灯具应符合下列规定：

（1）灯的额定功率分类应符合现行国家标准《道路照明用 LED 灯 性能要求》GB/T 24907 的规定。

（2）灯在额定电压和额定频率下工作时，其实际消耗的功率与额定功率之差不应大于 10%，功率因数实测值不应低于制造商标准值的 0.05。

（3）灯的安全性能应符合现行国家标准《普通照明用 LED 模块 安全要求》GB 24819 的要求，防护等级应达到 IP65。

（4）灯的无线电骚扰特性、输入电流谐波和电磁兼容要求属国家强制性标准，应符合现行国家标准《电气照明和类似设备的无线电骚扰特性的限值和测量方法》GB/T 17743、《电磁兼容 限值 第 1 部分：谐波电流发射限值（设备每相输入电流≤ 16A）》GB 17625.1、《一般照明用设备电磁兼容抗扰度要求》GB/T 18595 的规定。

（5）光通维持率在燃点 3000h 时不应低于 95%，在燃点 6000h 时不应低于 90%，同一批次的光源色温应一致。

（6）灯的光度分布应符合现行行业标准《城市道路照明设计标准》CJJ 45 规定的道路照明标准值的要求，供应商应完整提供灯的光学数据等计算资料。

（7）宜采用分体式道路照明用 LED 灯具，对于分体式 LED 灯中可替换的 LED 部件或模块光源，应符合现行国家标准《普通照明用 LED 模块 性能规范》GB/T 24823 和《普通照明用 LED 模块 安全要求》GB 24819 的规定。

4 路灯安装及灯杆组立

1）灯泡座应固定牢靠，可调灯泡座应调整至正确位置。绝缘外壳应无损伤、开裂；相线应接在灯泡座中心触点端子上，零线应接螺口端子。

2）灯具引至主线路的导线应使用额定电压不低于 500V 的铜芯绝缘线，最小允许线芯截面积不应小于 $1.5mm^2$，功率 400W 及以上的最小允许线芯截面积不宜小于 2.5mm^2。

3）在灯臂、灯杆内穿线不得有接头，穿线孔口或管口应光滑、无毛刺，并应采用绝缘套管或包带包扎（电缆、护套线除外），包扎长度不得小于 200mm。

4）每盏灯的相线应装设熔断器，熔断器应固定牢靠，熔断器及其他电器电源进线应上进下出或左进右出。

5）各种螺栓紧固，宜加垫片和防松装置。紧固后螺栓露出螺母不得少于两个螺距，最多不宜超过 5 个螺距。

6）路灯安装使用的灯杆、灯臂、抱箍、螺栓、压板等金属构件应进行热镀锌处理，防腐质量应符合现行国家标准的相关规定。

7）灯杆、灯臂等热镀锌后，外表涂层处理时，覆盖层外观应无鼓包、针孔、粗糙、裂纹或漏喷区等缺陷，覆盖层与基体应有牢固的结合强度。

5 接线及防雷接地施工

1）对气体放电灯的熔断器应安装在镇流器的进电侧，熔丝应符合下列规定：

（1）150W 及以下应为 4A；

（2）250W 应为 6A；

（3）400W 应为 10A；

（4）1000W 应为 15A。

2）气体放电灯应设无功补偿，宜采用单灯无功补偿。气体放电灯的灯泡、镇流器、触发器等应配套使用。镇流器、触发器等接线端子瓷柱不得破裂，外壳密封良好，无锈蚀现象。

3）灯具内各种接线端子不得超过两个线头，线头弯曲方向，应按顺时针方向并压在两垫圈之间。当采用多股导线接线时，多股导线不能散股。

6 路灯单独编号时应符合下列规定：

1）半高杆灯、高杆灯、单挑灯、双挑灯、庭院灯、杆上路灯等道路照明灯都应统一编号。

2）杆号牌可采用粘贴或直接喷涂的方式，号牌高度、规格宜统一，材质防腐、牢固耐用。

3）杆号牌宜标注“路灯”二字和编号、报修电话等内容，字迹清晰、不易脱落。

12.4.3 控制措施

1 安全控制措施

1）一般规定

（1）城市道路照明电气设备的下列金属部分均应接零或接地保护：

①变压器、配电柜（箱、屏）等的金属底座、外壳和金属门；

②室内外配电装置的金属构架及靠近带电部位的金属遮拦；

③电力电缆的金属铠装、接线盒和保护管；

④钢灯杆、金属灯座、Ⅰ类照明灯具的金属外壳；

⑤其他因绝缘破坏可能使其带电的外露导体。

（2）严禁采用裸铝导体作接地极或接地线。接地线严禁兼做他用。

（3）在同一台变压器低压配电网中，严禁将一部分电气设备或钢灯杆采用保护接地，而将另一部分采用保护接零。

（4）在市区内由公共配变供电的路灯配电系统采用的保护方式，应符合当地供电部门的统一规定。

2）接零和接地保护

（1）在保护接零系统中，当采用熔断器作保护装置时，单相短路电流不应小于熔断器熔体额定电流的 4 倍；当采用自动开关作保护装置时，单相短路电流不应小于自动开关瞬时或延时动作电流的 1.5 倍。

（2）当采用接零保护时，单相开关应装在相线上，零线上严禁装设开关或熔断器。

（3）道路照明配电系统宜选用 TN-S 接地制式，整个系统的中性线（N）应与保护线（PE）分开，在始端 PE 线与变压器中性点（N）连接，PE 线与每根路灯钢杆接地螺栓可靠连接，在线路分支、末端及中间适当位置处做重复接地形成联网。

（4）TT接地制式中工作接地和保护接地分开独立设置，保护接地宜采用联网TT系统，独立的PE接地线与每根路灯钢杆接地螺栓可靠连接，但配电系统必须安装漏电保护装置。

（5）道路照明配电系统中，采用TN或TT系统接零和接地保护，PE线与灯杆、配电箱等金属设备联结成网，在任一地点的接地电阻不应大于4Ω。

（6）在配电线路的分支、末端及中间适当位置做重复接地并形成联网，其重复接地电阻不应大于10Ω，系统接地电阻不应大于4Ω。

（7）采用TT系统接地保护，对于没有采用PE线连接成网的灯杆、配电箱等，其独立接地电阻不应大于4Ω。

（8）道路照明配电系统的变压器中性点（N）的接地电阻不应大于4Ω。

2 文明施工控制措施

1）路灯专用配电变压器应选用符合现行国家标准《电力变压器能效限定值及能效等级》GB 20052规定的节能产品。

2）照明器材的选择应符合下列规定：

光源及镇流器的能效指标应符合现行国家有关能效标准的要求。

选择灯具时，在满足灯具现行国家相关标准以及光强分布和眩光限制要求的前提下，采用传统光源的常规道路照明灯具效率不得低于70%；泛光灯效率不得低于65%。

3）气体放电灯应在灯具内设置补偿电容器，或在配电箱内采取集中补偿，补偿后系统的功率因数不应小于0.85。

4）宜根据所在道路的照明等级、夜间路面实时照明水平以及不同时间段的交通流量、车速、环境亮度的变化等因素，确定相应时段需要达到的照明水平，通过智能控制方式，调节路面照度或亮度。但经过调节后的快速路、主干路、次干路的平均照度不得低于10lx，支路的平均照度不得低于8lx。

5）采用双光源灯具照明的道路，可通过在深夜关闭一只光源的方法降低路面照明水平。中小城市中的道路可采用关闭不超过半数灯具的方法来降低路面照明水平，且不应同时关闭沿道路纵向相邻的两盏灯具。

6）应制定维护计划，定期进行灯具清扫、光源更换及其他设施的维护。

参考文献

[1] 中华人民共和国交通运输部 . 公路工程质量检验评定标准 第一册 土建工程 JTG F80/1—2017[S]. 北京：人民交通出版社，2017.

[2] 中华人民共和国交通运输部 . 公路桥涵施工技术规范 JTG/T 3650—2020[S]. 北京：人民交通出版社，2020.

[3] 中华人民共和国交通运输部 . 公路路面基层施工技术细则 JTG/T F20—2015[S]. 北京：人民交通出版社，2015.

[4] 中华人民共和国交通运输部 . 公路桥梁钢结构防腐涂装技术条件 JT/T 722—2023[S]. 北京：人民交通出版社，2023.

[5] 中国船舶工业综合技术经济研究院 . 涂覆涂料前钢材表面处理 表面清洁度的评定试验 第 3 部分：涂覆涂料前钢材表面的灰尘评定（压敏粘带法）GB/T 18570.3—2005[S]. 北京：中国标准出版社，2006.

[6] 国家质量技术监督局 . 焊接与切割安全 GB 9448—1999[S]. 北京：中国标准出版社，1999.

[7] 中华人民共和国交通运输部 . 公路钢结构桥梁制造和安装施工规范 JTG/T 3651—2022[S]. 北京：人民交通出版社，2022.

[8] 中冶建筑研究总院有限公司，等 . 钢结构焊接规范 GB 50661—2011[S]. 北京：中国建筑工业出版社，2012.

[9] 深圳市市政设计研究院有限公司，四川省交通运输厅公路勘测设计研究院，广西壮族自治区公路桥梁工程总公司，等 . 钢管混凝土拱桥技术规范 GB 50923—2013[S]. 北京：中国计划出版社，2014.